D1678517

Bonner Studien zur ländlichen
Entwicklung in der Dritten Welt

Bonn Studies on Rural
Development in the Third World

ISSN 0721-815 X

Herausgegeben von / Edited by

Prof. Dr. Herbert Kötter
Prof. Dr. Kurt-Heinz Junghans und
Dr. Hans Joachim Krekeler

Band / Vol. 12

Beate Scherrer

Bäuerliche Familien im Spannungsfeld der Industrialisierung – das Beispiel Südtaiwan

Verlag **breitenbach** Publishers
Saarbrücken · Fort Lauderdale
1987

D 5

Diese Arbeit wurde von der
Philosophischen Fakultät der Rheinischen
Friedrich-Wilhelms-Universität zu Bonn als
Dissertation angenommen unter dem Titel

»Bäuerliche Familien im Spannungsfeld der
Industrialisierung – das Beispiel Südtaiwan«

CIP-Kurztitelaufnahme der Deutschen Bibliothek

Scherrer, Beate:
Bäuerliche Familien im Spannungsfeld der Industrialisierung: das Beispiel Südtaiwan / Beate Scherrer. – Saarbrücken; Fort Lauderdale: Breitenbach, 1987.

   (Bonner Studien zur ländlichen Entwicklung in der dritten Welt; Bd. 12)
   ISBN 3-88156-386-5

NE: GT

ISBN 3-88156-386-5

© 1987 by Verlag **breitenbach** Publishers
Saarbrücken, Germany · Fort Lauderdale, USA
Design by marcello, Saarbrücken
Printed by **arco-druck** GmbH, Hallstadt

Inhalt	Seite
Hinweise	IV
Verzeichnis der Tabellen, Figuren und Karten	V
Verzeichnis der Abkürzungen	IX
Vorbemerkung	X

1. Problemstellung ... 1

2. Theoretische Überlegungen ... 10

   2.1 Systemtheoretische Ansätze zur Erklärung gesellschaftlicher Veränderung ... 10
   2.2 Kontextanalyse ... 12
   2.3 Die Familie als soziales System ... 14

3. Untersuchungsmethoden ... 17

   3.1 Sekundäranalyse ... 17
      3.1.1 Statistisches Material ... 17
      3.1.2 Literaturüberblick ... 20

   3.2 Methodik der Felderhebung ... 23
      3.2.1 Auswahl der Untersuchungsgemeinden ... 23
      3.2.2 Erstellung der Stichprobe ... 24
      3.2.3 Fragebogen und Befragung ... 27

4. Kulturelle Determinanten des sozio-ökonomischen Wandels in Taiwan ... 29

   4.1 Historische und politische Rahmenbedingungen ... 29
   4.2 Konfuzianische Leitbilder ... 32
   4.3 Sozialprogrammatik und Familienpolitik ... 34

5. Untersuchungsraum - die Region Südtaiwan ... 38

   5.1 Geographie ... 38
   5.2 Verwaltungsaufbau und Infrastruktur ... 39

Seite

- 5.3 Demographie — 43
  - 5.3.1 Bevölkerungsentwicklung — 43
  - 5.3.2 Ethnische Differenzierungen, Sprache und Konfession — 49
  - 5.3.3 Siedlungsstruktur — 54
- 5.4 Industrie — 57
  - 5.4.1 Phasen der industriellen Entwicklung in Taiwan — 57
  - 5.4.2 Regionale Industrialisierung in Südtaiwan — 58
- 5.5 Landwirtschaft — 60
  - 5.5.1 Entwicklung des Agrarsektors nach 1950 — 60
  - 5.5.2 Regionale Differenzierung der Produktionssysteme — 62
  - 5.5.3 Agrarstruktur — 64

6. Beschreibung der Untersuchungsgemeinden — 68

- 6.1 Linyuan — 68
- 6.2 Fangliao — 73
- 6.3 Checheng — 77
- 6.4 Meinung — 80
- 6.5 Putai — 84

7. Struktur- und Funktionswandel in den Familien — 89

- 7.1 Zur Problematik des Familienbegriffs — 89
- 7.2 Größe der Familien — 95
- 7.3 Familientypen und Generationsstruktur — 98
- 7.4 Funktionswandel in den Familienhaushalten — 105
  - 7.4.1 Phasen der Desaggregation — 106
  - 7.4.2 Organisationsformen der Familie — 117
- 7.5 Migration — 121
  - 7.5.1 Sozio-demographische Kennzeichen der Migranten — 122
  - 7.5.2 Wanderungsrichtung und -zeitpunkt — 130
  - 7.5.3 Auswirkungen auf Familie und Betrieb — 134

	Seite
8. Familie und Betrieb	141
8.1 Regionale Differenzierung der Betriebstypen	142
8.2 Familie und Bodenbesitz	146
8.3 Erwerbsstruktur der Familien	150
8.3.1 Landwirtschaftliche Arbeitsverfassung	153
8.3.2 Außerlandwirtschaftliche Erwerbstätigkeit	158
8.4 Einkommensformierung und -verwertung	165
8.4.1 Einkommensniveau und -formierung	165
8.4.2 Lebenshaltung	170
9. Soziale Beziehungen	173
9.1 Familienbeziehungen	174
9.1.1 Partnerwahl	176
9.1.2 Autoritätsstruktur	180
9.1.3 Alterssicherung und Hofnachfolge	185
9.2 Soziale Partizipation	190
9.2.1 Verwandtschaftsbeziehungen	191
9.2.2 Beziehungen in Dorf und Gemeinde	196
9.2.3 Einschätzungen der befragten Bauern	201
10. Zusammenfassung und Schlußfolgerungen	209
Anhang	218
Karte und Liste der Gemeinden in Südtaiwan	219
Fragebogen	222
Ausgewählte Profile bäuerlicher Familien	229
Literaturverzeichnis	236
Verzeichnis der Statistiken	247

Hinweise

Sofern sich nicht andere Schreibweisen im allgemeinen Gebrauch durchgesetzt haben, erfolgt die Umschrift der chinesischen Begriffe nach dem Wade-Giles-System. Da Namen und Institutionen zumeist in der englischen Übersetzung bekannt sind, wurden sie in dieser Sprache beibehalten.

Der Umrechnungskurs für 1 DM betrug 1983 16 Neue Taiwan Dollar.

Chinesische Flächenmaße wurden umgerechnet:

$$1 \text{ Chia } (甲) = 0.97 \text{ ha}$$
$$1 \text{ Ping } (坪) = 3.4 \text{ m}^2$$

Verzeichnis der Tabellen   Seite

Tab. 3.1 [1]	Stichprobengröße	27
Tab. 5.1	Entwicklung der Altersstruktur in Südtaiwan 1961 - 1981	46
Tab. 5.2	Allgemeine Bevölkerungsentwicklung in Südtaiwan 1961 - 1981	47
Tab. 5.3	Entwicklung der Erwerbstätigkeit in den Wirtschaftssektoren 1971 - 1981	48
Tab. 5.4	Umgangssprache in den bäuerlichen Familien der Untersuchungsgemeinden	51
Tab. 5.5	Konfessionszugehörigkeit der bäuerlichen Familien in den Untersuchungsgemeinden	53
Tab. 5.6	Ahnenverehrung in den bäuerlichen Familien der Untersuchungsgemeinden	54
Tab. 5.7	Bauweise bäuerlicher Gehöfte in den Untersuchungsgemeinden	56
Tab. 5.8	Agrarstrukturelle Veränderungen in Südtaiwan seit 1970	67
Tab. 6.1	Strukturwandel in den Untersuchungsgemeinden seit 1970	88
Tab. 7.1	Entwicklung der Haushaltsgröße in den Untersuchungsgemeinden 1961 - 1981	95
Tab. 7.2	Durchschnittliche Größe der bäuerlichen Familien in den Untersuchungsgemeinden	96
Tab. 7.3	Familiengrößenverteilung innerhalb der Untersuchungsgemeinden	97
Tab. 7.4	Regionale Differenzierung der Familientypen	102
Tab. 7.5	Altersstruktur der Familienoberhäupter in Kernfamilien	103
Tab. 7.6	Generationszugehörigkeit des Familienoberhauptes in erweiterten Familien	104
Tab. 7.7	Anteil der Familien mit registrierten Sekundärhaushalten	109
Tab. 7.8	Gründe für eine Neuregistrierung von Haushalten	110
Tab. 7.9	Anteil der Familien mit Verwandten in räumlicher Nähe	111
Tab. 7.10	Anlaß zur Teilung der Familien	113
Tab. 7.11	Organisationsformen der Familien	120

[1] Die erste Ziffer der Numerierung bezeichnet das Kapitel, die zweite bezieht sich auf die entsprechende Tabelle.

		Seite
Tab. 7.12	Durchschnittliches Alter der Migranten	122
Tab. 7.13	Umfang der Migration in den Untersuchungsgemeinden	123
Tab. 7.14	Abwanderungsgründe der Migranten	125
Tab. 7.15	Wanderungsrichtung der Migranten	131
Tab. 7.16	Abwanderungszeitpunkt der Migranten	131
Tab. 7.17	Transferzahlungen von Migranten	136
Tab. 7.18	Familienkontakte von Migranten	138
Tab. 7.19	Auswirkungen der Migration auf den Betrieb	139
Tab. 8.1	Regionale Differenzierung der Betriebstypen	144
Tab. 8.2	Durchschnittliche Flächenausstattung der Familienbetriebe	148
Tab. 8.3	Durchschnittlicher Arbeitskräftebesatz im Familienhaushalt	151
Tab. 8.4	Durchschnittliche betriebliche Arbeitskraft im Verhältnis zur Arbeitskraft im Haushalt	153
Tab. 8.5	Arbeitseinsatz von Familienmitgliedern im Betrieb	155
Tab. 8.6	Erwerbstätigkeit in den Familien	159
Tab. 8.7	Arbeitsorte der außerlandwirtschaftlich erwerbstätigen Familienmitglieder	162
Tab. 8.8	Anteil der vollbeschäftigten außerlandwirtschaftlich erwerbstätigen Familienmitglieder	164
Tab. 8.9	Einkommensformierung und durchschnittliches Einkommensniveau in den Familienhaushalten	167
Tab. 8.10	Lebenshaltung der Familien	171
Tab. 9.1	Veränderungen im Heiratsmodus zwischen Eltern- und Kindergeneration	178
Tab. 9.2	Entscheidungen über Familienangelegenheiten und finanzielle Unternehmungen	182
Tab. 9.3	Änderungen im Erbfolgeprinzip zwischen Eltern- und Sohngeneration	187
Tab. 9.4	Einschätzung der Zukunft des Betriebes	188
Tab. 9.5	Räumliche Nähe zu Verwandten	193
Tab. 9.6	Kooperation zwischen verwandten Familien	195
Tab. 9.7	Vermittlung in Streitfällen	197
Tab. 9.8	Partizipation der Bauern in Gruppen und Verbänden	199

Seite

Tab. 9.9	Teilnahme der Bauern an dörflichen Festen	201
Tab. 9.10	Wahrgenommene Veränderungen in der Familie	203
Tab. 9.11	Wahrgenommene Veränderungen im Betrieb	205
Tab. 9.12	Wahrgenommene Veränderungen in der Gemeinde und notwendige Entwicklungsmaßnahmen	207

Verzeichnis der Figuren

Fig. 2.1	Schematik der untersuchungsrelevanten Faktoren und Ebenen	15
Fig. 3.1	Schematische Ordnung der Untersuchungsgemeinden nach Auswahlkriterien	25
Fig. 7.1	Graphische Darstellung der Familientypen nach ihrer Verwandtschafts- und Generationsstruktur	93
Fig. 7.2	Verteilung der Familientypen in den Untersuchungsgemeinden	98
Fig. 7.3	Betrachtungsebenen und Strukturelemente im Prozeß der Familienteilung	107
Fig. 7.4	Grundmuster der Desaggregation	116
Fig. 7.5	Familiale Organisationsformen und Funktionsbereiche	118
Fig. 7.6	Vergleich der Bildungsstruktur von abgewanderten und nicht-abgewanderten Söhnen	126
Fig. 7.7	Vergleich der Bildungsstruktur von abgewanderten und nicht-abgewanderten Töchtern	127
Fig. 7.8	Vergleich der Erwerbsstruktur von abgewanderten und nicht-abgewanderten Söhnen	129
Fig. 8.1	Betriebstypologie nach der erwerbsstrukturellen Bedeutung des landwirtschaftlichen Betriebes	143
Fig. 8.2	Erwerbsstruktur der Familienoberhäupter und der Söhne in den Untersuchungsgemeinden	160
Fig. 9.1	Fünf Kardinalbeziehungen der konfuzianischen Ethik	174

Verzeichnis der Karten   Seite

Karte 1   Verkehrserschließung Südtaiwans   41
Karte 2   Industrieverteilung in Südtaiwan   59
Karte 3   Bodennutzungssysteme in Südtaiwan   63
Karte 4   Untersuchungsgemeinden in Südtaiwan   69
Karte 5   Linyuan   70
Karte 6   Fangliao   74
Karte 7   Checheng   78
Karte 8   Meinung   81
Karte 9   Putai   85
Karte 10   Kreise, Städte und Gemeinden in Südtaiwan   219
             (Anhang)

Verzeichnis der Abkürzungen

BML   Bundesministerium für Ernährung, Landwirtschaft
             und Forsten
CAFC   Committee of Agricultural and Fishery Census
CAPD   Council of Agricultural Planning and Development
CEPD   Council of Economic Planning and Development
CICC   Committee on Industrial and Commercial Censuses
COA   Council of Agriculture (früher CAPD)
COEY   Census Office of the Executive Yuan
DBASTPG   Department of Budget, Accounting and Statistics,
             Taiwan Provincial Government
DGBAS   Directorate General of Budget, Accounting and
             Statistics
KMT   Kuomintang (Nationale Volkspartei)
MOI   Ministry of the Interior

Vorbemerkung

Seit mehreren Jahren besteht eine rege wissenschaftliche Zusammenarbeit zwischen dem Lehrstuhl für Wirtschaftssoziologie der Universität Bonn und dem Research Institute of Agricultural Economics der National Chung Hsing University Taichung, Taiwan. Sie kam Ende der siebziger Jahre auf Anregung der Deutsch-Chinesischen Gesellschaft für Sozialökonomie e.V. zustande und ermöglichte in der Folge einen Austausch deutscher und chinesischer Wissenschaftler in Verbindung mit gemeinsamen Forschungsvorhaben. Gemäß der allgemeinen Zielsetzung dieser Kooperation - der Förderung interdisziplinärer wissenschaftlicher Forschung, Organisation der Zusammenarbeit mit den chinesischen Planungsbehörden, Publikation der Forschungsergebnisse in der deutschen und chinesischen Öffentlichkeit - wurde seit Mitte 1981 ein gemeinschaftliches Forschungsprojekt realisiert, das sich mit der Problematik des Industrialisierungsprozesses und seinen Auswirkungen auf die landwirtschaftliche Bevölkerung auseinandersetzte.

Innerhalb dieses organisatorischen Rahmens arbeitete die Verfasserin im Auftrag des Council of Agriculture vom Frühjahr 1982 bis zum Herbst 1983 in Taichung und Südtaiwan. Nach ausführlichen Vorbereitungen, die u.a. Literaturstudium und einen Chinesisch-Sprachkurs beinhalteten, wurde ab April 1982 in Taichung mit der Planung und Durchführung des Projektes begonnen. Die eigentliche Feldforschung erfolgte im Frühjahr 1983 und endete mit der Rückkehr der Verfasserin im Oktober 1983 in die Bundesrepublik.

In diesem Zusammenhang danke ich den zuständigen chinesischen Behörden für die Genehmigung, die Forschungsergebnisse im Rahmen einer Dissertation aufarbeiten zu können. Ihre Hilfe sowie die tatkräftige Unterstützung der Mitarbeiter am Research Institute of Agricultural Economics haben die praktische Umsetzung des Forschungsvorhabens sehr erleichtert.

Ferner gilt mein aufrichtiger Dank den mehr als achthundert taiwanesischen Landwirten, die bereit waren, in langen Gesprächen Auskunft über sich und ihre Familien zu geben. Ohne ihre freundliche Kooperation wäre mir der Zugang zu ihrem Alltag und ihren Problemen versperrt geblieben. Ich hoffe, daß die Ergebnisse dieser Untersuchung zu ihrem Nutzen Verwendung finden werden.

Auslandsaufenthalt und die Zeit für Datenauswertung und Abfassung der Dissertation wurden mir durch ein Stipendium der Konrad-Adenauer-Stiftung ermöglicht, der ich für den eingeräumten Forschungs- und Interessenspielraum sehr verpflichtet bin. Meine Anerkennung gilt Herrn Prof.Dr. K.H.Junghans, der sich der schwierigen Aufgabe gestellt hat, einer Ethnologin, deren Studiengang sich erheblich von dem eines Agrarwissenschaftlers unterschied, die Gelegenheit zu einer interdisziplinären Forschungsarbeit und agrarsoziologischen Weiterbildung zu geben. Herrn Prof.Dr. J.F.Thiel danke ich für die Offenheit, agrarsoziologische und im Ansatz fachübergreifende Fragen durchzudiskutieren und auf ihre ethnologische Relevanz hin zu überprüfen. Aufgrund dieser Gespräche konnte ich in beiden Fachrichtungen arbeiten und gemeinsame Aufgaben und Ziele in der entwicklungspolitischen Forschung kennenlernen.

Schließlich danke ich meinen deutschen und chinesischen Freunden und vor allem meinen Eltern, die sich während der vergangenen Jahre mit meinen Auslandserfahrungen auseinanderzusetzen hatten. Ihre Diskussionsbereitschaft und Geduld haben letztlich zum Gelingen dieser Arbeit beigetragen.

Bäuerliche Familien im Spannungsfeld der Industrialisierung - das Beispiel Südtaiwan

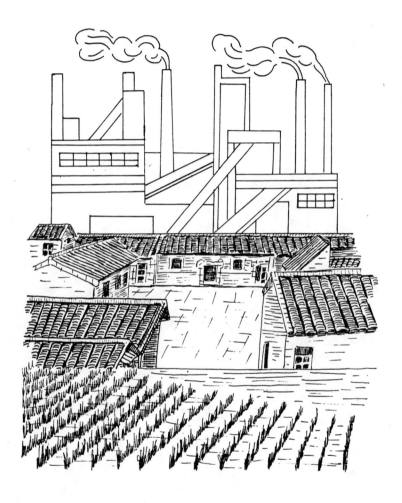

1. Problemstellung

Die meisten Diskussionen in der heutigen Entwicklungsländerforschung werden von der Beobachtung des Industrialisierungsprozesses und dem damit einhergehenden Bedeutungsschwund des Agrarsektors als wirtschaftlicher Basis des Staates beherrscht. Sie beschreiben drei grundlegende Entwicklungen [1]:

- die Umwandlung gesellschaftlicher Produktionsweisen mit den Merkmalen technischer Neuerungen, der Herausbildung eines gewerblichen bzw. Dienstleistungssektors und der Anpassung landwirtschaftlicher Betriebssysteme an die veränderten Bedingungen;
- die soziale und geographische Mobilisierung vormals in der Landwirtschaft beschäftigter Bevölkerungsgruppen und ihre Überführung in den industriellen Arbeitsprozeß;
- die Veränderung sozialer Verhältnisse durch den Zerfall traditioneller Verwandtschaftsverbände bei gleichzeitiger Herausbildung der Gattenfamilie als dem tragenden gesellschaftlichen Element sowie der Entwicklung eines auf Leistungs- und Wirtschaftlichkeitsorientierung beruhenden Wertsystems.

Die universelle Gültigkeit der beobachteten Phänomene wird mit uniformen Anforderungen des Industriesystems begründet, die ein ebenso uniformes soziales Antwortverhalten und in der Folge eine weltweit nivellierte Industriegesellschaft schaffen. Kulturelle Unterschiede sind demnach einem Angleichungszwang unterlegen. Andere Autoren halten dieser Position entgegen, daß trotz der gleichartigen Grundvoraussetzungen kulturelle Eigenständigkeiten bewahrt werden, aus denen sich kulturspezifische "dritte" Entwicklungswege herauskristallisieren [2].

---

[1] Henning, F.W. "Die Industrialisierung in Deutschland 1800 - 1914", Paderborn 1973, S. 111; Goode, W.J. "World Revolution and Family Patterns", London 1963, S. XI
[2] Vente, R.E./Chen, P.S.J. "Culture and Industrialization", Baden-Baden 1980; Kraus, W. "Geschichte, Tradition und Industrialisierung", in : Südasien-Institut Heidelberg (Hrsg.) "Ethnologie und Geschichte", Festschr. f. K.Jettmar, Wiesbaden 1983, S. 387 ff.

Beide Thesen sind auch zum Gegenstand politischer Diskussion
geworden, in der auf einer Seite die schwindende kulturelle
Vielfalt und ein Zerfall traditioneller Gesellschaftsstruktu-
ren beklagt werden, während auf der anderen Seite die Industrialisierung als erfolgversprechende Strategie zur Entwicklung der
sogenannten Dritten Welt gelobt und dem ökonomischen Fortschritt
uneingeschränkte Priorität gegenüber soziokulturellen Problemen
eingeräumt wird.
Auf dieser Auseinandersetzung und dem westlichen Paradigma, das
ihr zugrunde liegt, beruht das ethnologische Interesse an der
vorliegenden Studie. Ihr Anliegen ist es, das Verhalten der agrarischen Bevölkerung im Prozeß der Industrialisierung und in einer
außereuropäischen Kultur zu analysieren.

Kritiker des Kulturvergleichs argumentieren vor allem mit den
durchgängig schlechteren Startbedingungen der Entwicklungsländer
für eine Industrialisierung nach europäischem Muster und meinen
damit z.B. den niedrigen Organisationsgrad der Landwirtschaft,
hohen Bevölkerungsdruck, das Fehlen einer leistungsfähigen Infrastruktur, Verwaltung und Kapitalmärkten sowie kulturelle Unterschiede. Letztere werden generell als entwicklungshemmende
Faktoren ins Feld geführt. Ein wesentlicher Mangel dieses Ansat-
zes liegt in der eurozentrischen Bemessung und Wertung von "Ent-
wicklungsstandards" im Rahmen verschiedener Evolutionsschemata
und nachträglich zugeordneter Stadien, die den Strukturwandel
der Gesellschaft erklären sollen [1].
Dagegen hat sich die Ethnologie aus ihrem Selbstverständnis heraus
immer bemüht, die eigengeschichtlichen Veränderungen einer Kultur
und ihre jeweilige gesellschaftliche Ausgestaltung zu respektie-
ren. Von ihr konzipierte holistische Ansätze, die sowohl diachrone als auch synchrone Betrachtungsebenen kombinieren, haben sinn-
volle Erklärungen für menschliches Verhalten in der Auseinandersetzung mit sich wandelnden Umweltbedingungen geben können [2].

---

[1] Hemmer, H.R. "Wirtschaftsprobleme der Entwicklungsländer",
München 1978; zur Kritik der Stadienmodelle vgl. S. 238 ff.

[2] Schmied-Kowarzik, W./Stagl, J. (Hrsg.) "Grundfragen der Ethnologie", Berlin 1980, S. 1-38, 349-390

Dadurch läßt sich vermeiden, daß die zurückliegende Geschichte im Dunkel einer ahistorischen "traditionellen" Gesellschaft verschwindet und neuerdings beobachtete Veränderungen lediglich als lineare Anpassungsprozesse an eine "moderne" Kultur interpretiert werden. Eine solche dualistisch verengte Perspektive drückte sich bislang auch in der Gegenüberstellung von Agrargesellschaften versus Industriegesellschaften aus, ohne daß der gesamtgesellschaftlichen Verflechtung beider Bereiche und ihrer möglichen inneren Differenzierung Rechnung getragen wurde. Theoretiker, die die Industrialisierung generell als Strategie volkswirtschaftlicher Entwicklung in Frage stellen, kritisieren insbesondere die ungleichgewichtige Entwicklung einzelner Leitsektoren (z.B. der Schwerindustrie) und ihre Wachstumseffekte, in deren Folge ein Großteil der ländlichen Bevölkerung vom nationalen Fortschritt ausgeschlossen bleibt[1]. Demgegenüber gehen heute jedoch viele Autoren davon aus, daß regionale Industrialisierungsmaßnahmen sich langfristig und unter bestimmten Voraussetzungen durchaus zu einer integrativen und volkswirtschaftlich relevanten Größe entwickeln können:

"Der Erfolg solcher Industrialisierungsprojekte ist daher nicht allein an ihrem produktionstechnischen Ergebnis abzulesen, sondern vor allem am regionalen Entwicklungseffekt im agrarischen Hinterland. Nur wenn es gelingt, zahlreiche ungelernte ländliche Arbeitskräfte in den industriellen Produktionsprozeß einzugliedern, nur dort, wo die im Dorf verbliebenen bäuerlichen Produzenten die um die Industrie herum entstehenden Märkte als günstige Absatzmöglichkeit nutzen und nur dann, wenn große Teile des erworbenen industriellen und landwirtschaftlichen Einkommens wieder produktiven landwirtschaftlichen Zwecken zugeführt werden, kann man von einer erfolgreichen regionalen Industrialisierung sprechen."[2]

Damit kommt den wirtschafts- und ordnungspolitischen Rahmenbedingungen - vor allen Dingen der herrschenden Agrarverfassung -

---

1) vgl. z.B. Myrdal, G. "Asiatisches Drama. Eine Untersuchung über die Armut der Nationen", Frankfurt 1980 (2.), S. 286
2) Junghans, K.H./Nieländer, W. "Indische Bauern auf dem Weg zum Markt - Das Beispiel Rourkela", Stuttgart 1971, S. 8

unter denen sich die Industrialisierung vollzieht, zentrale Bedeutung zu.

Beinahe alle asiatischen Gebiete, deren landwirtschaftliches Produktionssystem vom Naßreisanbau geprägt wird, zeichnen sich durch hohen Boden- und Bevölkerungsdruck aus. Kapital und Boden sind meistens knapp, während ein Überschuß an Arbeitskräften vorhanden ist, der nur zu den arbeitsintensiven Pflanz- und Erntezeiten des Jahres wirklich ausgelastet ist. In den übrigen Monaten sind Unterbeschäftigung und Arbeitslosigkeit unausweichlich, sofern keine alternativen Erwerbsmöglichkeiten angeboten werden. In vielen Ländern hat die zunehmende Mechanisierung der Landwirtschaft weitere Arbeitskräfte aus dem Agrarsektor freigesetzt und zu hoher städtischer Zuwanderung geführt. Große Teile dieser Menschen müssen in den Ballungszentren ihren Lebensunterhalt durch Arbeit im informellen Sektor (Kleinsthandel, Tagelöhnerarbeit u.ä.) bestreiten. Industrialisierungsmaßnahmen konnten nur zum Teil zur Absorbierung der Arbeitskräfte beitragen. Die städtischen Gebiete wurden dennoch gleichzeitig zur Wohnstätte, Dienstleistungszentren und Vermarktungsplätzen für Agrarprodukte ausgebaut.

Sowohl auf der makrosoziologischen Ebene des Wandels gesellschaftlicher Produktionsweisen als auch in der mikrosoziologischen Perspektive des bäuerlichen Familienbetriebes lassen sich all diese Prozesse für Taiwan nachzeichnen und empirisch überprüfen. Aus diesem Grund wurde der chinesische Inselstaat als geeignetes Untersuchungsgebiet ausgewählt. Er erfüllt mehrere wichtige Voraussetzungen, die der ethnologischen und agrarsoziologischen Forschungssituation dienlich sind. Viele intervenierende Variablen, die oftmals eine Untersuchung innerhalb komplexer Gesellschaften erschweren, entfallen oder sind zumindest in Ausmaß und Bedeutung zu bestimmen. Für eine Untersuchung in Taiwan sprachen u.a. die folgenden Fakten :

- Es handelt sich um eine geographisch überschaubare Einheit, in der exogene Einflüsse als kalkulierbare Größen die Auswertung nicht unterlaufen können.

- Ein Untersuchungszeitraum ist durch geschichtliche Zäsuren gut abzugrenzen.

- Taiwan bietet aufgrund der Umbruchssituation nach dem Zweiten Weltkrieg ein Beispiel politisch-motivierter, induzierter Wirtschaftsentwicklung und geplanten sozialen Wandels. Der Industrialisierungsprozeß verlief ohne tiefgreifende Intervention nicht-national kontrollierter Faktoren.

- Die Bewahrung der chinesischen Kulturtradition ist Bestandteil der Entwicklungsprogrammatik der taiwanesischen Regierung. Man kann davon ausgehen, daß ein möglicher "chinesischer Entwicklungsweg" eine deutliche Ausprägung erfährt.

- Hanchinesen bilden die absolute Bevölkerungsmehrheit. Da die zahlenmäßig kleinen Gruppen von Ureinwohnern in Rückzugsgebieten leben und kaum in den Entwicklungsprozeß eingebunden sind, kann von einer ethnischen Homogenität der untersuchten Bevölkerung gesprochen werden. Dabei sind jedoch innerethnische, linguistische und herkunftsbezogene Differenzierungen zu berücksichtigen.

- Schließlich gehört Taiwan zu den "Newly Industrialising Countries" in Ostasien, deren industrielle Entwicklung offenbar erfolgreich verläuft. Sie ist deshalb von besonderem Interesse, da andererseits die Zahl derjenigen Staaten ständig zunimmt, deren Industrialisierungsbemühungen auf Kosten des Agrarsektors und der Ernährungsbasis ihrer Bevölkerung zu mißlingen drohen.

In Taiwan hat sich der allgemeine ökonomische Wandel von einer Agrargesellschaft hin zu einer pluralistischen Industrienation in dem relativ kurzen Zeitraum der letzten dreißig Jahre vollzogen. Von Beginn an war die Entwicklung der Landwirtschaft mit der Industrialisierung eng verknüpft. In ihren frühen Phasen, als man sich um Importsubstitution und die Herausbildung eines Binnenmarktes bemühte, wurde die Industrialisierung wesentlich durch den Agrarsektor gestützt und mitfinanziert. Die Agrarproduktion lieferte einen Großteil der Exportgüter Taiwans und wurde erst in späterer Zeit durch Industriegüter ersetzt. Dennoch

konnte in der Landwirtschaft mit hohem Einsatz an Kapital und
Arbeit ein Produktivitätszuwachs von jährlich 4.5 % erzielt
werden. Gegen Ende der sechziger Jahre jedoch übernahm die Industrie die
wirtschaftliche Vormachtsstellung. Eine rasche Abnahme der landwirtschaftlichen Bevölkerung (auf nurmehr 19 % in 1980)[1], die
in die Städte abwanderte, um in der Industrie Arbeit zu finden,
kennzeichnet diesen Prozeß. Hohen Migrationsraten folgte ein
Mangel an Arbeitskräften in den Dörfern, und wachsende Einkommensdisparitäten zu den Industriegehältern veranlaßten immer mehr
Bauern, sich der Nebenerwerbslandwirtschaft zuzuwenden. Gleichzeitig traten mit fortschreitendem Industrialisierungsprozeß
regionale Differenzierungen in den Wechselbeziehungen zwischen
gewerblichem Sektor und der Landwirtschaft hervor. Die bäuerliche Bevölkerung akzeptierte nicht überall solche starken Eingriffe in ihre traditionelle Lebensweise und reagierte recht
unterschiedlich auf die neuen Umweltbedingungen. Innerhalb der
Landwirtschaft hat es ebenfalls Umorientierungen gegeben: Produktionssysteme und ihre Intensität haben sich geändert, aber
auch Arbeitswirtschaft und Einkommensformierung in den landwirtschaftlichen Betrieben mußten reorganisiert werden.

Diese Prozesse sind Gegenstand der nachfolgenden Untersuchung.
Sie beruht auf einer sekundäranalytisch gestützten Felderhebung,
die in einem abgegrenzten Untersuchungsgebiet mit zentralistischem Industrialisierungsmuster vorgenommen wurde: der Region
Südtaiwan. Diese wird durch die Industriemetropole Tainan/Kaohsiung geprägt, deren Ausstrahlung das gesamte ländliche Hinterland entlang verschiedener Verkehrsachsen erreicht. Anhand der
Entfernung zum industriellen Zentrum läßt sich daher in den ländlichen Gebieten ein Prozeß regionaler Differenzierung feststellen,
der die Gemeinden in unterschiedlichem Maße in die nationale Entwicklung integriert. Am stärksten von den Auswirkungen betroffen
sind die Trägerschichten der ehemals dominierenden Agrargesell-

---

1) CEPD "Taiwan Statistical Data Book 1980", Taipei 1980, Tab. 1

schaft, die landwirtschaftliche Bevölkerung. Als Zielgruppe ethnologischer Forschung wird sie hier in der Grundeinheit ihrer sozialen Organisation, der bäuerlichen Familie, erfaßt.

Exkurs : Die Verfasserin ist sich des ambivalenten Inhalts des Begriffes "bäuerlich" durchaus bewußt, der bereits eine außerordentlich facettenreiche Verwendung als System der Sozialorganisation (Shanin, Zaniecki), als ökonomische Kategorie (Nash, Chayanov) wie auch als gesellschaftliche Subkultur (Redfield) bzw. politische Klasse (Marx, Fanon) gefunden hat 1).
Die häufig diskutierte Desintegration bäuerlicher Gesellschaften im Zuge nationaler Entwicklungsprozesse spiegelt in eindrucksvoller Weise das begriffliche Dilemma wider, dem sich die Theoretiker gegenübersehen, sobald sich die Bedingungen von Produktion, Arbeit und Kapital im bäuerlichen Familienbetrieb verändern.
In Abhängigkeit von der jeweiligen staatlichen Agrarpolitik lassen sich jedoch zwei grundsätzliche Richtungen erkennen: im positiven Sinne die Umwandlung des Bauern in einen "modernen" Landwirt, im negativen Fall seine Verarmung durch eine Vernachlässigung der Landwirtschaft in der nationalen Entwicklung. Beide Prozesse können Begleiterscheinungen einer forcierten Industrialisierungspolitik sein 2).
Zweifellos ist in Taiwan die erstgenannte Veränderung in Gang gesetzt worden, ohne daß der Übergang von Bauern zum Landwirt eine nähere Bestimmung erfahren hätte. Aus diesem Grunde wird der Begriff "bäuerlich" weiterhin verwendet. Gemeint sind damit im weitesten Sinne Familien im ländlichen Raum, die zumindest einen Teil ihres Lebensunterhaltes aus der Landwirtschaft bestreiten und bestimmte Grundzüge einer gemeinschaftsorientierten Sozialorganisation (z.B. Familienarbeitsverfassung, Selbstversorgung, Verwandtschaftsbeziehungen) aufweisen. Dabei soll diese Bevölkerungsgruppe weder romantisierend in die Position einer traditionsverhafteten bzw. "entwicklungshemmenden" bäuerliche Subkultur gedrängt noch als potentielle "industrielle Arbeitskraftreserve" der Wirtschaftsplaner vereinnahmt, sondern als eigenständiger Akteur im Wandlungsprozeß respektiert werden.

---

1) Shanin, T. "Peasants and Peasant Societies", Harmondsworth 1971
2) Shanin, T. "The Nature and Change of Peasant Economics", in: Sociologia Ruralis Vol. XIII, Nr. 2, 1973, S. 141-171

Aus den bisherigen Ausführungen lassen sich nun drei Problemkreise ableiten, die im Mittelpunkt der nachfolgenden Analyse stehen sollen .

- Wie reagiert die bäuerliche Familie als soziale Gruppe auf die Auswirkungen der Industrialisierung ? Eine Vielzahl ethnologischer Untersuchungen hat dem chinesischen Familiensystem eine hohe Flexibilität und Adaptionsfähigkeit in Prozessen gesellschaftlicher Veränderung bescheinigt, sodaß die Allgemeingültigkeit der These westlicher Familiensoziologen, die den zwangsläufigen Zerfall von Großfamilien in Kernfamilieneinheiten postuliert, hier berechtigterweise in Zweifel gezogen werden darf. Vielmehr ist es wahrscheinlich, daß sich verschiedene, nebeneinander bestehende Typen und neue Organisationsformen der Familie herausbilden. Außerdem ist unter regional differenzierten Lebensbedingungen auch ein entsprechend variierendes Antwortverhalten der Bevölkerung zu erwarten.

- Ein zweiter Themenkomplex beschäftigt sich mit dem Stellenwert des landwirtschaftlichen Betriebes als ökonomischer Grundlage der bäuerlichen Familie. Sowohl die personale Umstrukturierung als auch die Verlagerung der Erwerbsbasis durch die Aufnahme industrieller Arbeit müssen zwangsläufig zu einer betrieblichen Anpassung führen. Produktionssystem, Arbeitswirtschaft und Einkommensverhältnisse erfahren eine neue Bestimmung. Angesichts des zunehmenden Bedeutungsschwundes der Landwirtschaft für die gesamtnationale Wirtschaft muß auch über die Zukunft der bäuerlichen Familien nachgedacht werden.

- Schließlich wird das soziale Beziehungsgefüge innerhalb und außerhalb der Familie zu betrachten sein. Es ist einleuchtend, daß alle diese Veränderungen nicht ohne Konflikte mit den traditionellen Wertvorstellungen abgehen. Gerade in einer familistisch orientierten Gesellschaft wie der chinesischen werden sich auch die Auseinandersetzungen um die familialen Grundpositionen anders gestalten als in westlichen Kulturen.
Wie nahe stehen sich Leitbilder und Realität heute noch in der bäuerlichen Familie, wenn Autoritätsstrukturen und Versorgungsfunktionen zunehmend in Frage gestellt werden ? Gerade die äl-

tere Generation der Bauern sieht sich diesem Problem gegenüber und muß sich mit der Frage nach der Zukunft des Hofes und der eigenen Altersversorgung auseinandersetzen, wenn die jüngere Generation abwandert.

Dem Forschungsauftrag entsprechend wird im letzten Teil der Arbeit versucht, zusammenfassend eine Einschätzung der sozio-ökonomischen Lage der bäuerlichen Familien in Südtaiwan zu geben. Zuvor müssen jedoch noch einige theoretische und methodische Fragen geklärt werden, da sich die angesprochenen Themenkreise auf verschiedenen Realitätsebenen bewegen, die analytisch voneinander zu trennen sind. Dafür bieten sich vor allem die systemtheoretischen Ansätze als Bezugsrahmen an, eben weil sie in der Lage sind, mehrere Ebenen zu integrieren und dabei methodische Kontinuität zu gewährleisten.

2. Theoretische Überlegungen

2.1 Systemtheoretische Ansätze zur Erklärung gesellschaftlicher Veränderung

Seit Durkheim, Pareto und Weber zu Beginn des Jahrhunderts die evolutionstheoretischen Gedankengänge von Comte (Dreistadiengesetz), Marx (historischer Klassenkampf) und Spencer (kosmischer Differenzierungsprozeß) durchbrachen und statt nach finalen Entwicklungsgesetzen nach endogenen und exogenen Wandlungskräften der Gesellschaft fragten, hat sich eine makrosoziologisch angelegte Systemtheorie als Bezugsrahmen für die Untersuchung des sozialen Wandels durchgesetzt:

"Heute stimmen die meisten Theorien darin überein, daß sozialer Wandel die Veränderung "Sozialer Strukturen" bedeutet, die Abweichung von relativ stabilen Zuständen, deren Stabilitätsbedingungen wir kennen müssen, um Wandlungspotentiale und Entwicklungsrichtungen analysieren und erklären zu können." 1)

In Erweiterung der Bezeichnung "sozialer Wandel", die hier als Verkürzung des Problems um seine wesentliche funktionale Komponente empfunden wird, soll nachfolgend der Begriff des "sozio-ökonomischen Wandels" Verwendung finden. Die Industrialisierung stellt einen solchen Prozeß des sozio-ökonomischen Wandels dar.

Innerhalb der systemorientierten Konzeptionen hat neben den konflikttheoretischen (Dahrendorf) und kybernetischen (Cadwallader) Ansätzen vor allem die strukturell-funktionale Analyse Bedeutung gewonnen, mit der in der vorliegenden Auswertung gearbeitet wird. Sie orientiert sich im wesentlichen an der Frage, in welcher Weise die Elemente eines Gesellschaftssystems zu einem funktionierenden Ganzen verknüpft sind und mit welchen Konsequenzen sie für die Erhaltung des Systems aufeinander wirken. In diesem Ansatz muß Wandel in erster Linie als wechselseitiger Anpassungsprozeß der ökonomischen, politischen und sozialen Subsysteme durch ihre veränderten Funktionsleistungen verstanden werden.

---

1) vgl. hierzu und zu den verschiedenen theoretischen Konzepten Zapf, W. "Theorien des sozialen Wandels", Königstein 1979, S. 11 ff.

Die Untersuchungsverfahren, die aus dem systemtheoretischen Verständnis hervorgegangen und in der Entwicklungsländerforschung relevant geworden sind, lassen sich nach ihren analytischen Bereichen (Ursache, Dimension und Richtung des Wandels) unterscheiden. Sie arbeiten jedoch fast alle mit Modellen und Metatheorien, die ihnen als Erklärungsmuster dienen [1]. Modernisierungs- und Dependenztheorien sind im eigentlichen Sinne solche Metatheorien, die bestimmte Phasen des gesamtgesellschaftlichen Wandels darzustellen versuchen. Nach Smelser ist es vor allem der Prozeß zunehmender struktureller Differenzierung in der wirtschaftlichen Entwicklung (Technisierung, Industrialisierung, Kommerzialisierung etc.), der Veränderungen in anderen Bereichen nach sich zieht [2]. Parallel dazu kommt es zur Errichtung neuer Interessenverbände in der Gesellschaft und zur Integration der verwandtschaftlichen und dörflichen Bindungen auf überregionaler Ebene. - Eine zweite Richtung der Modellerklärungen befaßt sich mit den Gegensätzen von Stadt und Land. Strukturelle Abhängigkeiten werden am Dualismus von Metropolen und Satellitenstädten festgemacht, wobei jeweils eine Metropole die ihr nächstgelegenen Satelliten ausbeutet und ihre ökonomischen Überschüsse abschöpft, um die eigene Entwicklung voranzutreiben. Für die ländlichen Gebiete setzt man auf automatisch eintretende "Trickle-Down"-Effekte und nachzüglerischen Fortschritt.

Die Kritiker der Modernisierungskonzepte weisen auf mehrere Unzulänglichkeiten dieser linearen Entwicklungsmodelle hin [3]. Es werde darin zu idealtypisch argumentiert und die Bindung an einen bestimmten historischen Kontext, nämlich die europäische Geschichte, sei zu stark. Der Ersatz von traditionellen durch moderne gesellschaftliche Muster postuliere eine vertikale Ent-

---

1) Zapf, W., a.a.O., 1979, S. 15
2) Smelser, N.J., "Social Change in the Industrial Revolution", Chicago 1959
3) Long, N. "An Introduction to the Sociology of Rural Development", London 1977, S. 27; Homans, G.C. "Funktionalismus, Verhaltenstheorie und sozialer Wandel", in: Zapf, W., a.a.O., 1979, S. 35

wicklung, die weder horizontale Verbindungen noch Variationen, Anpassungsprozesse oder Mutationen erfassen könne. Responsverhalten und gegensteuernde Mechanismen fänden keine Berücksichtigung, ja, die menschlichen Reaktionen würden ungenauen und abstrahierten Begrifflichkeiten (Urbanisierung, Technisierung, Modernisierung etc.) geopfert [1]. Kurz : diese theoretischen Modelle seien nicht operationalisierbar; sie sind deskriptiv aber nicht erklärend.

An dieser Stelle treten Konzeptionen aus der Verhaltenstheorie als Korrektiv ein, die in den Fachrichtungen der Psychologie und Anthropologie ihren Ursprung haben. Sie beschäftigen sich mit sozio-ökonomischen Prozessen wie Innovationen, Entscheidungsmechanismen, Austauschsystemen und Netzwerken, welche Beziehungen zwischen materiellen und nicht-materiellen Faktoren verdeutlichen können [2]. Verflechtungen zwischen sozialen Gruppen können auf lokaler Ebene aufgezeigt werden.
Sozio-ökonomischer Wandel wird nicht allein als Reaktion der Menschen auf exogene Störfaktoren verstanden, sondern diese gelten selbst als aktive Elemente im Wandlungsprozeß und rufen mit ihrem Verhalten ebenfalls Veränderungen hervor. Die relevanten Probleme der Erforschung sozialen Wandels liegen heute nicht länger in der Frage nach der Veränderung von Gesellschaftstypen (traditionell - modern, einfach - komplex), sondern in der Untersuchung einzelner Segmente der Sozialorganisation und ihrem jeweiligen gesellschaftlichen Kontext.

2.2 Kontextanalyse

Als eines dieser Segmente bzw. Subsysteme der Gesellschaft ist auch die bäuerliche Familie aufzufassen, die im Mittelpunkt der vorliegenden Studie steht und im Rahmen einer empirischen Erhebung untersucht wird. Zum besseren Verständnis der Ergebnisse wird jedoch eine Darstellung der Rahmenbedingungen vorangestellt,

---

1) Homans, G.C., a.a.O., 1979, S. 103
2) Long, N., a.a.O., 1977, S. 105

wobei die Interdependenz anderer konstitutiver Subsysteme, z.B. des Industrialisierungsprozesses, der landwirtschaftlichen Entwicklung sowie Charakteristika der Region Südtaiwan, herauszuarbeiten sind. Danach folgt als Bindeglied zwischen makro- und mikrosoziologischer Betrachtungsebene eine gemeindespezifische Beschreibung der fünf Ortschaften, in denen die Feldforschung stattgefunden hat.

Neben der synchronen Betrachtungsweise, mit der in der Datenerhebung die gegenwärtige Situation bäuerlicher Familien beschrieben wird, verlangt die Feststellung von Veränderungen aber auch eine diachrone Perspektive. Ohne die Kenntnis vorangegangener Strukturen kann ein Wandel nicht konstatiert werden. Da jedoch genaue Vergleichsdaten zu den in einer Befragung gesammelten Informationen kaum verfügbar sind, muß der geschichtliche Zusammenhang durch ein quellenkritisches Studium des statistischen Materials erstellt werden, um die zeitliche Tiefe bis zum Zeitpunkt der Erhebung abzusichern.

Die Verknüpfung der diachronen Analyse mit der synchronen Erhebung geschieht über die Zuordnung der relevanten Variablen. Der zeitliche Ablauf des Industrialisierungsprozesses kann jedoch nur mit einer Hilfskonstruktion in eine Befragung einfließen. Geht man von der Hypothese aus, daß die Wirkungen der Industrialisierung sich im ländlichen Raum mit zunehmender Entfernung vom industriellen Zentrum und unterschiedlicher Verkehrslage verzögern oder beschleunigen können, so läßt sich durch die Auswahl entsprechender Untersuchungsgemeinden die Durchsetzungskraft der Industrialisierung in räumlich-zeitlicher Differenzierung verfolgen. Das Kriterium der Verkehrslage ist damit zur wichtigsten Kontextvariable erhoben.
Es ist weiterhin anzunehmen, daß die Akzeptanz der Industrialisierungsauswirkungen in den bäuerlichen Familien von ihren Existenzmöglichkeiten im Agrarsektor abhängt. Diese variieren mit den natürlichen und wirtschaftlichen Standortbedingungen für die landwirtschaftliche Produktion und bestimmen die Bereitschaft der Bauern zur Aufnahme gewerblicher Beschäftigung und zur Um-

stellung des Betriebes. Die landwirtschaftlichen Standortverhältnisse bzw. die allgemeine Erwerbssituation der ländlichen Bevölkerung werden daher als weitere Kontextvariable in die Untersuchung eingeführt.

Schließlich sind die demographischen Grundstrukturen als mögliche Bestimmungsfaktoren im Antwortverhalten der bäuerlichen Familien mit in die Kontextanalyse einzubeziehen. Neben Altersaufbau, Bildungs- und Berufsstruktur nehmen innerethnische Differenzierungen, dörfliche Organisation und Sozialverhalten Einfluß auf die Auseinandersetzung der Bevölkerung mit den Forderungen einer Industriegesellschaft.

Der gesamtgesellschaftliche Systemzusammenhang, in dem die bäuerliche Familie lebt, wird also durch einen mehrfach gegliederten Variablenkomplex gekennzeichnet, der ihre wirtschaftlichen, natürlichen und sozialen Umweltbedingungen vor dem kulturgeschichtlichen Hintergrund beschreibt. Selbstverständlich wirken diese Faktoren in sehr unterschiedlichem Maße aufeinander und auf die Familien ein. Für eine Untersuchung gilt es daher, sie nicht unbedingt vollständig, sondern in ihrer jeweiligen Relevanz zum Thema herauszustellen und zu gewichten. Dies ist in den Kapiteln 4 und 5 geschehen. Der Kontext fließt dann in Gestalt von Auswahlkriterien für die zu untersuchenden Gemeinden in die empirische Erhebung ein. Er definiert außerdem die diversen analytischen Ebenen der Untersuchung und ist in Fig. 2.1 noch einmal schematisch dargestellt.

2.3 Die Familie als soziales System

Parallel zur Theorie des sozio-ökonomischen Wandels hat auch die Familiensoziologie Konzepte zur Analyse der Veränderungen im familialen Bereich vorgelegt. Sie werden entsprechend ihrer zwei Grundbetrachtungsweisen auf makro- bzw. mikrosoziologischer Ebene unterschieden [1]. So richtet sich die Interaktionsanalyse z.B. auf die innere Ordnung der Familie, welche als sich ständig ver-

---

1) König, R. "Familie. Alter", Handbuch der empirischen Sozialforschung, Bd. 7, Stuttgart 1976 (2.), S. 27

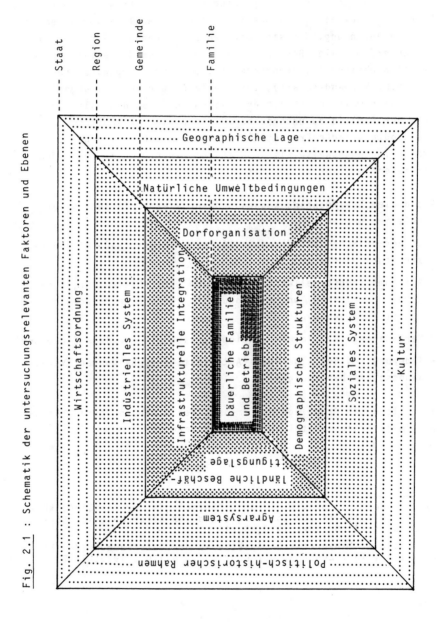

Fig. 2.1: Schematik der untersuchungsrelevanten Faktoren und Ebenen

änderndes System von interagierenden Mitgliedern verstanden wird. Dagegen findet die strukturell-funktionale Analyse vor allem in Studien Anwendung, die sich mit den Beziehungen zwischen Familie und außerfamilialen Bereichen befassen [1]. Beide Verfahren stellen also geeignete Instrumente dar, um sowohl Organisationsformen (z.B. Verwandtschaft), Inhalte (z.B. Wertvorstellungen) oder auch die gemeinsam erbrachten Leistungen (z.B. Haushalt) zum Erhalt der Familie zu untersuchen [2]. Für die vorliegende, übergreifend angelegte Fragestellung erweist sich allerdings die zweite Vorgehensweise als angemessen; daher wird im Folgenden vorwiegend mit ihr gearbeitet.

Aus diesem Zusammenhang können nunmehr vier Variablenkomplexe abgeleitet werden :

- demographische Veränderungen (Größe, Altersaufbau, Bildungsstruktur, Migration)

- Aufnahme industrieller Beschäftigung (Erwerbsstruktur, Einkommensformierung) und Hinwendung zur Nebenerwerbslandwirtschaft (Betriebstyp)

- Verlagerung familialer Funktionen (Haushalt, soziale Sicherung)

- Änderung des Sozialgefüges (Autorität, Entscheidungen, Verwandtschaftsbeziehungen).

Sie bilden die Grundlage der empirischen Erhebung, deren Methodik im nächsten Kapitel noch zu erläutern ist.

---

1) Lüschen, G./Lupri, E. (Hrsg.) "Soziologie der Familie", Kölner Zeitschrift für Soziologie und Sozialpsychologie, Sonderheft 14, Opladen 1970, S. 13
2) Winch, R. "Theoretische Ansätze in der Untersuchung der Familie", in : Lüschen, G./ Lupri, E., a.a.O., 1970, S. 23

3. Untersuchungsmethoden

Entsprechend der zweidimensionalen Betrachtungsweise (diachron - synchron), die der Arbeit zugrunde liegt, mußte auch das Untersuchungsverfahren in mehrere Schritte gegliedert werden :

- Als Erstes wurden mit Hilfe der Sekundäranalyse von Statistiken und Literatur die Inhalte zu historischen Rahmenbedingungen, Entwicklungskonzeptionen, zur Position der Familie in der chinesischen Gesellschaft und den allgemeinen sozio-ökonomischen Veränderungen der letzten Jahrzehnte in Taiwan aufgearbeitet.

- Die daraus abgeleiteten Fragestellungen bildeten die Grundlage der empirischen Forschung zur gegenwärtigen Situation bäuerlicher Familien im Süden des Landes. Sie wurde über eine Befragung erhoben.

- In der Auswertung wurden dann beide Verfahren, Sekundäranalyse und empirischer Befund, kombiniert. Diese Vorgehensweise soll die Kontinuität der Wandlungsprozesse in der Darstellung gewährleisten und gleichzeitig der gegenseitigen Kontrolle des vorhandenen Datenmaterials dienen.

Hierzu sind zunächst weitere Erläuterungen angebracht.

3.1 Sekundäranalyse

3.1.1 Statistisches Material

Mit der sich rasch ausweitenden Industrialisierung stellte sich in den sechziger Jahren für die taiwanesische Regierung das Problem einer besseren statistischen Dokumentation der Bevölkerungsentwicklung. Die Notwendigkeit, bestehende Arbeitskräftepotentiale richtig einzuschätzen und diese Angaben künftigen Planungen zu erschließen, führte zur Erhebung umfangreicher demographischer, Industrie- und Agrarstatistiken [1], deren Verwertbarkeit für

---

[1] Die im folgenden Text genannten Statistiken sind hier aus Platzgründen nicht bibliographisch angeführt. Sie werden im Literaturverzeichnis in vollem Umfang erfaßt.

mikrosoziologisch angelegte Studien aber sehr unterschiedlich
zu beurteilen ist.

Die Bevölkerungsstatistiken sind das Resultat einer bereits unter den Japanern eingeführten und später verbesserten, detaillierten Haushaltsregistratur, die ein recht genaues Bild über Lebensdaten, Bevölkerungsstruktur und Mobilität geben. Hinzu kommen Censi, die seit 1905, allerdings in unregelmäßigen Abständen und zum Teil als Sample-Census, erhoben werden. Diese Daten sind inkonsistent und weisen Diskrepanzen zu den Haushaltsregistern auf. Bei beiden Quellen treten weitere Unzulänglichkeiten auf, die auf definitorische Erweiterungen und Fehlregistraturen zurückzuführen sind; bestimmte Daten werden auch erst in neuerer Zeit veröffentlicht (z.B. Migrationsdaten seit 1970). Im allgemeinen gelten die Statistiken auf Haushaltsbasis gegenüber den Census-Angaben als verläßlicher, so daß ihnen für die vorliegende Arbeit der Vorzug gegeben wurde [1].

An Statistiken über Arbeitskräfte wird seit 1962 unter Aufsicht des Department of Social Affairs der Provinzregierung gearbeitet, das drei Arten von Daten erhebt : den momentanen Status von Arbeitskräften, Angaben über Erwerbstätige und über Nicht-Erwerbstätige. Sie beruhen ebenfalls auf einem, allerdings sehr kleinen (2 : 1000), Sample der Haushalte.
Eine zweite Kategorie bilden aus den Betrieben erhobene Arbeitsstatistiken. Sie enthalten Angaben zu Beschäftigung, Arbeitszeit und Einkommen. Das Sample für diese Statistiken wird aus der Namensliste für den "Industrial and Commercial Census" gezogen, der ebenfalls alle fünf Jahre durchgeführt wird und ein klares Bild über die Beschäftigungssituation und Industrialisierungsmuster bietet.

Die Entwicklung Taiwans von einer vormals agrarisch geprägten

---

[1] Yeh, W.A./Chang, P.C. "Review and Evaluation on Demographic and Manpower Statistics in the Republic of China", in : Conference on Population and Economic Development in Taiwan, The Institute of Economics, Academia Sinica, Taipei 1976, S. 1 ff.

Gesellschaft zu einer Industrienation wurde eingeleitet durch eine umfassende Agrarreform, die Einführung moderner Technologien in der Landwirtschaft und den Aufbau einer exportorientierten Industrie, welche die aus der Landwirtschaft ausscheidenden Arbeitskräfte aufnahm. Da die Kenntnis dieser Umwandlungen ein wichtiges Anliegen der Regierung darstellt, werden alle zehn Jahre Vollerhebungen aus Landwirtschaft und Fischerei vorgenommen. Der "Agricultural and Fishery Census" gibt detailliert Aufschluß über Anbau, Tierproduktion, Fischerei und landwirtschaftliche Haushalte. Letztere sind für diese Arbeit von besonderem Interesse, da die bäuerliche Familie als Untersuchungseinheit gewählt wurde [1].

Viele Tabellen aus den obengenannten Statistiken fassen die Ergebnisse aus den Gemeinden auf Kreisebene zusammen. Deshalb sind die "Statistical Yearbooks" der einzelnen Kreise mit ihrer Aufschlüsselung der Gemeinden als weitere Ergänzung zu den Befragungsdaten von Bedeutung und bilden die Grundlage für innerregionale Vergleiche.

Damit ist die Grenze der Aussagefähigkeit von Statistiken für die Untersuchungseinheit der bäuerlichen Familie erreicht, so daß in der Folge qualitative Daten und Fallstudien zu näheren Charakterisierung herangezogen werden.

---

1) Eines der Probleme, dem sich die Statistiker in Taiwan heutzutage gegenübersehen, ist es, die Personengruppe der Haushalte genau zu bestimmen. Da die verstärkte geographische Mobilität zu Unstimmigkeiten in der Haushaltsregistratur geführt hat, versucht man im Agrarzensus diesem Umstand Rechnung zu tragen, indem man die Haushaltsdefinition erweitert um solche Personen "...separately registered but still making a common living...". Obwohl der Begriff des "making a common living" etwas verschwommen bleibt, kommt diese Definition der in der Untersuchung vorkommenden Familieneinheit am nächsten; vgl. CAFC "The Report of 1975 Agricultural and Fishery Census", Taipei 1976, S. 289

3.1.2 Literaturüberblick

Die Literatur über Taiwan und seine chinesische Tradition stellt sich außerordentlich vielfältig dar und führt aus den verschiedensten Richtungen an die Problematik des sozio-ökonomischen Wandels heran. Sie kann nach forschungsgeschichtlichen Aspekten gegliedert werden.

In den frühen anthropologischen und soziologischen Studien war Taiwan als Inselprovinz Festlandchinas in die allgemeinen Schilderungen integriert. Man war vor allem an den Feudalstrukturen, den Verwandtschafts- und Sozialsystemen im "traditionellen China" interessiert. Danach herrschte für lange Zeit das Bild der Landadelsfamilie als Prototyp der chinesischen Großfamilie vor; sie war ausgestattet mit Reichtum und Macht der Grundbesitzenden und lebte gemäß den Idealen konfuzianischer Ethik. Demgegenüber sah man kleinere Familien als Repräsentanten der niederen bäuerlichen Stände (peasants) und assoziierte verschiedene Grade der Armut mit ihnen [1].

Viele Autoren verkündeten den Zusammenbruch des Großfamiliensystems als ein frühes und unabänderliches Resultat der "Westernisierung" und Industrialisierung im kolonialen China des 19. Jahrhunderts, in dessen Folge ein urbaner Kernfamilientyp, der den Anforderungen einer "modernen Gesellschaft" entsprach, die alten Familienverbände ersetzte [2]. - 1937 führte J.L. Buck die ersten umfassenden empirischen Erhebungen über bäuerliche Familien und ihre landwirtschaftlichen Betriebe durch, die diese generalisierenden Aussagen differenzierten und in Frage stellten. Seine Informationen waren für den agrarsoziologischen Hintergrund der vorliegenden Arbeit von großem Wert. In der gleichen Tradition, wenn auch nicht auf empirischen Daten beruhend, steht eine Unter-

---

[1] Hsu, F.L.K. "The Myth of Chinese Family Size", American Journal of Sociology Vol. 48, 1943; Fei, H.T./Chih, I.C. "Earthbound China. A Study of Rural Economy in Yunnan", London 1949

[2] Cohen, M.L. "House United, House Divided: The Chinese Family in Taiwan", New York 1976 (2.); Goode, W.J., a.a.O., 1963, S. XV

suchung Yangs über die Sozialstruktur Taiwans vor und nach der
Landreform[1].

Die Beschreibungen, die nach der Etablierung des Inselstaates im
Jahre 1949 entstanden sind, zielen deutlich darauf ab, die chinesische Tradition für die in Taiwan lebenden Festländer lebendig
zu erhalten. Offensichtlich lag aufgrund der politischen Sonderstellung und dem Streben der Regierung, auf der Insel ein alternatives Wirtschaftsmodell für Gesamtchina zu entwickeln, das Interesse der Forschung in den wirtschaftspolitischen Fachrichtungen, so daß Erfahrungen im Bereich der sozialwissenschaftlichen
Forschung kaum ausgeprägt sind. Aus dieser Quellengattung wurden
neben Analysen über die taiwanesische Entwicklung, insbesondere
Studien zur Landwirtschaft, Bodenreform und agrarstrukturellen
Problematik herangezogen. Auch der Industrialisierungsprozeß
ließ sich anhand dieser Literatur verfolgen[2].

Bis zum Beginn der siebziger Jahre sind von amerikanischen Anthropologen eine ganze Reihe von Fallstudien in taiwanesischen Dörfern
durchgeführt worden, die die Veränderungen im sozialen Gefüge während der ersten zwanzig Jahre des schnellen industriellen Wachstums dokumentieren[3]. Jede dieser Untersuchungen fand neue Kombinationen von Familiengröße, Abwanderung und wirtschaftlichen Adaptionsformen der bäuerlichen Familien an die neuen Gegebenheiten
heraus und bezeugt die außerordentliche Flexibilität von verwandtschaftlichen und hauswirtschaftlichen Institutionen im chinesischen Familiensystem der Gegenwart. Leider fehlen dabei weitgehend Studien mit regionalem Ansatz und quantitativen Aussagen.

---

1) Buck, J.L. "Land Utilization in China", London 1937; Yang, M. "Chinese Social Structure", Taipei 1978 (2.)
2) Tsai, H.C. "Rural Industrialization in Taiwan", Taipei 1982; Liu, P.K.C. "The Relationship between Urbanization and Socio-Economic Development in Taiwan", Industry of Free China, Vol. VL, No. 3, 1976, S. 15-38
3) Gallin, B. "Hsin Hsing: A Chinese Village in Change", Los Angeles 1966; Wolf, M. "Women and the Family in Rural Taiwan", Stanford 1972; Pasternak, B. "Kinship and Community in Two Chinese Villages", Stanford 1972; Diamond, N. "K'un Shen: A Taiwan Village", New York 1969

Neuerdings haben auch chinesische Wissenschaftler begonnen, wichtige Probleme der Familienentwicklung detaillierter zu betrachten [1]. Sie versuchen, das Bild von der passiven, in ihrer Tradition erstarrten Familie zu differenzieren. So entstanden Analysen zu mehreren dynamischen Komponenten der sozialen Entwicklung, etwa zu Eigentum und Vererbung, Einflüsse der Fabrikarbeit auf die Stellung der Frau und das Familienleben, Migrationsverhalten oder die Organisationsformen urbaner und ländlicher Familien. Sie haben bei den Planungsbehörden bislang allerdings wenig Beachtung gefunden.

Eine wichtige Rolle in der Familienforschung Taiwans spielen demographische Arbeiten, die vom Taiwan Provincial Institute of Family Planning in Zusammenarbeit mit dem Population Studies Center der University of Michigan seit den fünfziger Jahren durchgeführt wurden. Die intensiven Maßnahmen der Regierung zu Familienplanung und Bevölkerungsentwicklung haben langfristig einschneidende Resultate in der Geburtenentwicklung, Heiratsalter, Fruchtbarkeit und Familienzusammensetzung gezeitigt [2]. Die Auswirkungen auf die Familienstruktur und insbesondere auf den familialen Lebenszyklus sind erheblich. So hat beispielsweise die Verschiebung des Altersaufbaus zu Veränderungen in den wirtschaftlichen Funktionen, dem Zeitpunkt der Haushaltsteilung wie auch der Einkommensformierung entscheidend beigetragen.

Damit sind die wichtigsten Kategorien der Sekundärliteratur genannt, die in Hinblick auf das Thema gesichtet wurden und in den Verwertungszusammenhang eingeflossen sind.

---

1) Sung, L.S. "Property and Family Division", in: Ahern, E.M./Gates, H. (eds.) "The Anthropology of Taiwanese Society", Stanford 1981, S. 361-378; Yin, A.C.C. "Voluntary Associations and Rural-Urban Migration", in: Ahern, E.M./Gates, H., a.a.O., 1981, S. 319-337; Wei, H.C./Reischl, U. "The Impact of Industrialization on Family Structure in Taiwan", Industry of Free China Vol. LVI, No. 3, 1981, S. 11-26

2) Coombs, L.C./Sun, T.H. "Family Composition Preferences in a Developing Culture: The Case of Taiwan, 1973", Population Studies Vol. 32, No. 1, 1978, S. 43-64; Freedman, R. et.al. "Household Composition and Extended Kinship in Taiwan", Population Studies Vol. 32, No. 1, 1978, S. 65-80

3.2 Methodik der Felderhebung

Im Mittelpunkt der vorliegenden Studie steht eine Datenerhebung, die schwerpunktmäßig die Auswirkungen der Industrialisierung auf die bäuerliche Familie als soziale und ökonomische Einheit dokumentiert. Sie bildet den soziologischen Teil innerhalb einer umfassenderen Untersuchung, die außerdem eine betriebswirtschaftliche Studie und eine Auswertung der Gemeindestatistiken Südtaiwans beinhaltet [1]. Für die beiden empirischen Erhebungen wurde mit der gleichen Grundgesamtheit und einem Fragebogen gearbeitet, der jedoch, entsprechend der unterschiedlichen Themenstellung, getrennt ausgewertet wurde.

3.2.1 Auswahl der Untersuchungsgemeinden

Sowohl aus theoretischen (vgl. Kap. 2.2) als auch aus methodischen Gründen erschien eine flächendeckende Stichprobenauswahl unangebracht und wäre auf Kosten einer exakten Erfassung gegangen. Daher entschied man sich für eine kriterienorientierte Auswahl der Untersuchungsgemeinden. Zu diesen Kriterien zählten:

- räumliche Nähe bzw. Entfernung der Gemeinden zum industriellen Zentrum Kaohsiung, d.h. Verkehrserschließung, infrastrukturelle Raumausstattung;
- landwirtschaftliche Produktionsverhältnisse, natürliche Standortbedingungen, Betriebsstruktur;
- demographische Strukturen, z.B. Altersaufbau, Bildung, Migration, Erwerbslage.

Diese drei Faktorengruppen stehen in enger Korrelation zueinander und mußten daher in ihrer Gesamtheit bei der Gemeindeauswahl berücksichtigt werden. Nach einer Sichtung des statistischen Ma-

---

1) Peters, H. "Der Einfluß der regionalen Industrialisierung auf die bäuerliche Landwirtschaft in Taiwan", Diss., Bonn (noch nicht erschienen); Krekeler, H.J. "Changes in the Employment Structure Among Farm Households in Southern Taiwan", Projektabschlußbericht an die Deutsch-Chinesische Gesellschaft für Sozialökonomie, Bonn 1985

terials kamen etwa zwölf Ortschaften in die nähere Wahl, die den
Kriterien in unterschiedlicher Kombination Rechnung trugen. Nach
mehreren Informationsfahrten durch die gesamte Region und Gesprächen mit den zuständigen Behörden reduzierte sich ihre Anzahl
schließlich auf fünf Untersuchungsgemeinden, die als exempla-
risch für andere gleichartige Gemeinden in den jeweiligen Gebieten erachtet wurden.
Eine Gruppe von drei Gemeinden (Linyuan, Fangliao und Checheng)
betont dabei das Kriterium der unterschiedlichen Entfernung zum
Industriezentrum bei ähnlichen Produktionsverhältnissen und etwa
gleich guter Verkehrsanbindung der Orte. Die zweite Gruppe, be-
stehend aus Meinung und Putai, soll insbesondere den Stellenwert
landwirtschaftlicher Standortgunst bzw. -ungunst hervorheben.
Beide Gemeinden liegen zudem relativ entfernt von der Industriemetropole und haben ungünstige Verkehrsverbindungen. Schließlich
läßt sich mit der Auswahl Meinungs mit einer ethnolinguistisch
abgegrenzten Bevölkerungsgruppe noch die Bedeutung innerethnischer
Differenzierung im Untersuchungsgebiet gegenüber der hokkiensspre-
chenden Mehrheit der bäuerlichen Bevölkerung untersuchen.
Fig. 3.1 gibt Aufschluß über die räumliche Anordnung der Gemeinden und ihre wichtigsten Merkmale.

3.2.2 Erstellung der Stichprobe

Da auch eine Totalerhebung in den Gemeinden aus Kapazitätsgrün-
den nicht in Frage kam, fiel die Entscheidung zugunsten einer
Zufallsstichprobe, die aus dem Verteilungsregister für Düngemittel der Farmer's Association gezogen wurde. Das Verfahren bot
u.a. folgende Vorteile :

- Von den verfügbaren Adressenkarteien entfielen sowohl das allgemeine Haushaltsregister als auch die Listen des Katasteramts,
  weil ersteres die landwirtschaftlichen Betriebe nicht genauer
  kennzeichnete und letztere auf der Basis von Grundstücken anstelle von Betrieben registrierte.
- Aufgrund der Bedeutung der Farmer's Association in der Organisation des landwirtschaftlichen Sektors (Kreditvergabe, Weiter-

Fig. 3.1 : Schematische Ordnung der Untersuchungsgemeinden nach Auswahlkriterien

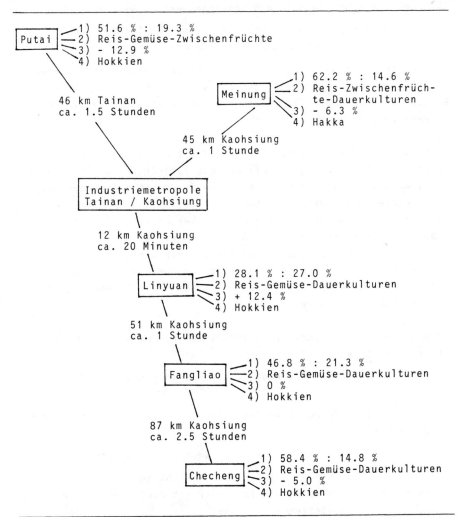

1) Verhältnis der in der Landwirtschaft Beschäftigten zu Industriebeschäftigen in Prozent; vgl. Tab. 6.1
2) Bodennutzungssystem; vgl. Karte 3
3) Prozentuale Veränderung in der Bevölkerungsentwicklung zwischen 1970 - 1980; vgl. Tab. 6.1
4) Ethnolinguistische Zugehörigkeit; vgl. Karte 10 (Anhang)

bildung, Düngemittelvertrieb etc.) konnte der größte Teil der bäuerlichen Betriebe in den Gemeinden erfaßt werden.

- Das Randomsample ließ sich durch die ausführlichen Angaben direkt nach Betriebsgrößen stratifizieren.

- Man konnte davon augehen, daß nur Betriebe mit ackerbaulicher Nutzung aufgeführt und solche mit ausschließlich anderen Produktionsrichtungen (Tierhaltung, Fischzucht etc.) ausgeklammert wurden.

Ausgehend von der Existenz eines landwirtschaftlichen Betriebes mußte die Untersuchungseinheit auf die zugehörige Familie erweitert werden. Damit wurde der sozialen Gruppe gegenüber der Haushaltseinheit der Vorzug gegeben, denn es hatte sich herausgestellt, daß Familien heute zum Teil über mehrere registrierte Haushalte verfügen (vgl. Kap. 3.1.1). Gleichzeitig stellt die Familie für eine Analyse sozio-ökonomischer Wandlungsprozesse die relevantere Untersuchungseinheit dar, wenn man Veränderungen der Erwerbsstruktur, Einkommensformierung sowie Entscheidungsmechanismen erfassen will [1].

Zielgröße waren zunächst zweihundert Interviews je Gemeinde. Es kam jedoch vor, daß

- in abgelegeneren Dörfern die Zielpersonen nicht aufzufinden waren,

- wegen veralteter Registereintragungen der Betrieb nicht mehr existierte,

- einzelne Personen das Gespräch verweigerten bzw. abbrachen,

- Betriebsleiter und Familienoberhaupt nicht identisch waren - in diesen Fällen wurde ein Interview mit einem von beiden bzw. zwei Respondenten zugelassen.

Insgesamt kamen 862 Interviews in die Auswertung (Tab. 3.1).

---

[1] Kuznets, S. "Demographic Aspects of the Size Distribution of Income: An Exploratory Essay", Economic Development and Cultural Change Vol. 25, No. 1, 1976, S. 16

Tab. 3.1 : Stichprobengröße

Betriebe Gemeinde	Anzahl d. Betriebe 1)	Anzahl d. erfaßten Betriebe 2)	Stich- probe 3)	% aller Betriebe
Linyuan	2.891	1.029	170	5.8
Fangliao	2.541	1.819	155	6.0
Checheng	1.304	1.095	175	13.4
Meinung	7.982	4.217	194	2.4
Putai	2.319	1.706	168	7.2
Summe	17.037	9.856	862	5.0

Quelle : 1) DGBAS, Agricultural Census, a.a.O., 1981
2) Verteilungsregister für Düngemittel der Farmer's
Association in den Gemeinden
3) Eigenerhebung

3.2.3 Fragebogen und Befragung

Der standardisierte Fragebogen wurde zunächst in einen betriebswirtschaftlichen und einen soziologischen Teil untergliedert und nach verschiedenen Themenbereichen durchstrukturiert.

Die wichtigsten Komplexe umfaßten Fragen zur Familienstruktur (z.B. Personenzahl, Alter, Bildung, Beruf) und nachfolgend einen zweiten größeren Abschnitt über abgewanderte Familienangehörige. Anhand einiger aus der Literatur als relevant erkannte Indikatoren (z.B. Partnerwahl, Familienteilung, Verwandtschaft) wurden Hinweise auf soziale Beziehungen und verwandtschaftliche Bindungen erhoben. Über eine Reihe von Tiefeninterviews sollte dabei gleichzeitig die Eignung solcher Indikatoren für eine Befragung überprüft werden. Da in der ethnologischen Feldforschung üblicherweise mit anderen Instrumenten (z.B. Beobachtung, gezielte Informantenauswahl) gearbeitet wird und die vorliegende Untersuchung nicht auf eine Fallstudie hin angelegt ist, mußten hier andere Maßstäbe der Informationsgewinnung erstellt werden. Einem dritten Fragenkomplex schließlich liegen Themen zugrunde, welche die Perzeption des Familienoberhaupts hinsichtlich der sozioökonomischen Veränderungen betreffen. Sie wurden teils über Indikatoren teils auch über offene Fragen, die Raum für eigene Meinungen lassen sollten, ermittelt.

Eine Fachassistentin übersetzte die englischsprachige Fragebogenvorlage ins Chinesische. Die Interviewer bedienten sich meistens des Taiwanesischen bzw. Hakka - beide im Untersuchungsgebiet vorkommenden Dialekte haben die gleiche hochchinesische Schriftbasis. Eine deutsch-chinesische Ausfertigung des Fragebogens findet sich im Anhang dieser Arbeit.
In jeder Gemeinde wurde der Fragebogen mehrfach vorgetestet, bevor die endgültige Fassung feststand. Die Erhebung fand dann während der Monate Januar bis Mai 1983 statt. Für das Gros der Befragung standen pro Gemeinde vier Studenten der landwirtschaftlichen Fachhochschule-Pingtung zur Verfügung, die zuvor mündlich angeleitet und während der Befragung weiterhin betreut wurden. Mehr als ein Viertel der Interviews führten die Hauptbeteiligten, ein Betriebswirt und die Verfasserin, mit Hilfe von Dolmetschern selbst durch. Dabei reichten die eigenen Sprachkenntnisse aus, um das Gespräch inhaltlich zu verfolgen. Die durchschnittliche Befragungszeit pro Interview betrug etwa eineinhalb Stunden.
Die Bereitwilligkeit der Informanten, zu antworten, war sehr unterschiedlich und hing außer von ihrer Persönlichkeit auch von zwei weiteren Faktoren ab. So erwies sich z.B. die Einführung und Vorstellung durch einen Berater der Farmer's Association als Vorteil. Andererseits war es unvermeidlich, daß andere Personen, z.B. Verwandte, Nachbarn etc., bei den Interviews zugegen waren und die Antworten des Respondenten beeinflußten.

Zusätzlich zur Befragung gingen in die vorliegende Bearbeitung Aufzeichnungen der Verfasserin ein, die aus informellen Gesprächen resultieren. Interviewpartner waren u.a. Dorfbewohner, Angestellte der Verwaltung, Farmer's Association, Industrie etc.. Ferner fügen sich eine Reihe von Eigenbeobachtungen ein, die während des Aufenthaltes in den Dörfern in einem Feldtagebuch festgehalten wurden. In dieser Zeit lebte die Verfasserin in bäuerlichen Familien in den Untersuchungsgemeinden.

4. Kulturelle Determinanten des sozio-ökonomischen Wandels

4.1 Historische und politische Rahmenbedingungen

Nicht zuletzt aufgrund seiner strategisch günstigen Lage zum chinesischen Festland und den japanisch-europäischen Seewegen geriet Taiwan im Lauf seiner Geschichte verschiedentlich in den Sog kolonialer Expansion, so daß die Bevölkerung infolge mehrerer Einwanderungswellen, Eroberungen und Herrschaftsformen Bekanntschaft mit Vertretern anderer Kulturen (Spanier, Holländer, Japaner, Amerikaner etc.) schloß [1]. Und obwohl die Gesellschaft immer integrierter Bestandteil des chinesischen Kulturkreises blieb, konnte sie zu Beginn des 2o. Jahrhunderts durch diese vielfältigen Kontakte als wesentlich mobiler und aufgeschlossener gelten als die Bevölkerung des Festlandes.
So stand auch der politische Umbruch 1949 für die Bewohner Taiwans in einer langen Tradition wechselnder Machtverhältnisse, obwohl sie unter der fünfzigjährigen japanischen Kolonialherrschaft (1895 - 1945) relativ stabile Zeiten hinter sich hatten. Auf dem Kontinent hingegen waren die ersten fünf Jahrzehnte des Jahrhunderts geprägt von sozialen und wirtschaftlichen Unruhen, sino-japanisch-europäischen Auseinandersetzungen und schließlich dem kommunistisch-nationalistischen Bürgerkrieg.

Bereits seit Mitte des 19.Jahrhunderts hatte sich in China eine umfassende Transformation der Produktionsweisen angebahnt, in deren Verlauf

"unterBedingungen der Weltmarktabhängigkeit und auf der technologischen Grundlage der europäisch-industriellen Revolution" [2]

der sozio-ökonomische Wandel einsetzte. Das Vordringen der Marktwirtschaft auf dem Land bereitete der Einheit von Landwirtschaft und Heimgewerbe ein jähes Ende.

---

1) Schöller, P./Dürr, H./Dege, E. "Ostasien", Frankfurt 1978, S.26
2) Osterhammel, J. "Chinas Weltmarktabhängigkeit und industrielle Entwicklung (1914-1937)", in: Lorenz, R. "Umwälzung einer Gesellschaft", Frankfurt 1977, S. 195

Gleichzeitig nahmen die Prozesse der Bodenkonzentration und der Bodenverknappung infolge hohen Bevölkerungsdruckes zu und führten zur Abdrängung vieler Bauern in ein ländliches Proletariat. Verschärfungen in den Pachtbeziehungen, hohe Grundrenten und Kreditwucher zwangen vor allem in den dichtbesiedelten Reisregionen (südlich des Yangzi-Flusses) eine immer größere Zahl von Bauern in die Pacht oder zur Betriebsaufgabe. Auch die häufig als soziales Sicherheitsnetz zitierten Familienbeziehungen wurden von diesen Ausbeutungsverhältnissen überlagert :

"...wenn wirtschaftlich mächtige Clanvorsteher de facto die Position von Grundherren einnahmen und im Namen einer mehr oder minder fiktiven Gemeinschaft Abgaben von den ärmeren Sippenangehörigen zu eigenem Nutzen eintrieben, ohne daß diesen ein Mitspracherecht in wichtigen gemeinschaftlichen Angelegenheiten zustand."1)

Gegen Ende der zwanziger Jahre bestanden also zwei verschiedene Wirtschaftsformen und zwei Gesellschaftsgruppierungen - eine bäuerliche und eine städtische - nebeneinander, die kaum Berührungspunkte hatten und eher gegenläufige Interessen vertraten. Aus dieser doppelten Basis gingen dann auch die beiden großen Entwicklungskonzeptionen der Modernisierung resp. Bauernrevolution hervor, wie sie Sun Yat-sen und Mao Tse-tung entworfen hatten. Sie prägten den politischen Kampf der Bürgerkriegsjahre bis zum Rückzug Chiang Kai-sheks und seiner Truppen nach Taiwan.

Konsequenterweise wurde die auf dem Festland gescheiterte Agrarprogrammatik nach der Etablierung der nationalchinesischen Regierung auf Taiwan zum ideologischen Kernthema der neuen Politik, die im Sinne der Prinzipien Sun Yat-sens

"... eine praktisch vorgelebte und ohne Anwendung von Klassenkampf und Gewalt erreichte Alternative zu den Methoden der kommunistischen Agrarrevolution bilden sollte." 2)

Die in der Folge verwirklichte Agrarreform und gleichzeitige

---

1) Durau, J. "Die Krise der chinesischen Agrarökonomie", in: Lorenz, R., a.a.O., 1977, S.129 ff.
2) Kindermann, G.K. "Pekings chinesischer Gegenspieler. Theorie und Praxis nationalchinesischen Widerstandes auf Taiwan", Düsseldorf 1977, S. 183

Industrialisierung sind ein Beispiel politisch motivierter, induzierter Wirtschaftsentwicklung und geplanten sozialen Wandels. Sie zeigen in eindrucksvoller Weise das Zusammenwirken spezifischer historischer und politischer Konstellationen als Voraussetzung für die nationale Entwicklung, wie sie in anderen südostasiatischen Ländern bisher in vergleichbarer Form nicht anzutreffen sind [1]:

- Taiwans Insellage und Größe ermöglichte eine umfassende und überschaubare Implementierung der Programme.

- Es fehlten Oppositions- und politische Konkurrenzgruppen zur Partei; die Insel war nicht durch Bürgerkriegssituationen verwüstet und im Zweiten Weltkrieg verschont geblieben.

- Die japanischen Kolonialherren hinterließen eine geordnete Verwaltung und Beamtenschaft, ein gut ausgebautes Kommunikationsnetz sowie eine in Ansätzen bereits reformierte und tragfähige Agrarstruktur.

- Finanzielle Aufbauhilfen aus den USA stützten die Projekte durch begleitende Investitionen in Gesundheitswesen, Saatgutverbesserung und ländliche Infrastruktur ab.

- Der Industrialisierung kam es zugute, daß die Mehrzahl der Großbetriebe in Händen der Japaner lag und nach der Kapitulation an die Zentralregierung und staatlichen Planungsbehörden fielen.

Zum Zweiten verdeutlicht dieser knappe historische Abriß, daß sich die Entwicklung Taiwans bereits seit 1895 grundsätzlich von der in Festlandchina unterschied und der erneute politische Umbruch von 1949 es erlaubt, die Nachkriegsjahrzehnte bis in die Gegenwart als neuzeitliche Epoche abzugrenzen.

---

[1] Kindermann, G.K., a.a.O., 1977, S. 191 ff.

4.2 Konfuzianische Leitbilder

Seit Max Weber mit seinen Studien über die Wirtschaftsethik im Konfuzianismus (1920) das Ausbleiben einer endogenen dynamischen Entwicklung in China aus der extremen Weltanpassung und mangelnden praktischen Auseinandersetzungsfähigkeit der Religion erklärte [1], sprach man der chinesischen Kultur die Möglichkeit zur Eigenveränderung ab und schrieb Charakterisierungen wie Autoritätsgläubigkeit, Passivität, Familismus und Nepotismus als geltende Prinzipien der Gesellschaft fest. Diese Argumentation vertraten insbesondere die Modernisierungstheoretiker, u.a. Goode, der recht eindrücklich die entwicklungshemmende Rolle des Familiensystems für die industrielle Entwicklung hervorhob [2].

Seiner Meinung nach war die einseitige Betonung von Familieninteressen zuungunsten des Individuums ein wichtiges Hemmnis in der sozialen Mobilität.

---

1) Zweifelsohne kommt Weber das Verdienst zu, erstmals nach den Zusammenhängen zwischen Konfuzianismus und dem Ausbleiben einer modernen Kapitalismusentwicklung in China gefragt zu haben. Sein spezielles Erkenntnisinteresse an verschiedenen Formen der Rationalisierung in den Weltreligionen führte ihn zum Vergleich der Wirtschaftsethiken in Konfuzianismus und Protestantismus, die er beide als praktisch-rationale Geisteshaltungen einstuft. Während sich jedoch der asketische Protestantismus über die Beherrschung der Welt definiert, wird im Konfuzianismus ein System der extremen Weltanpassung herausgebildet. Weber begründet diesen Unterschied mit den religiösen Grundgedanken des konfuzianischen Weltbildes (z.B. Fehlen einer Erlösungsidee und persönlichen Gotteskonzeption), den Interessen seiner Trägerschichten (z.B. Gentry, Beamtentum) und der patrimonialen Staatsstruktur. Seine Untersuchung dieser drei Kategorien führte ihn schließlich zu der Folgerung, daß eine endogene Entwicklung Chinas nicht stattfand, weil die Konkurrenz starker ökonomischer, politischer und geistiger Kräfte fehlte, die eine solche Eigendynamik hätten auslösen können, ja, in der konfuzianischen Orientierung fehle ein derartiges Spannungsverhältnis gänzlich. Vgl. Weber, M. "Konfuzianismus und Taoismus", in: "Gesammelte Aufsätze zur Religionssoziologie", Bd. 1, Tübingen 1920, S. 276-536; Schluchter, W. "Max Webers Studie über Konfuzianismus und Taoismus. Interpretation und Kritik", Frankfurt 1983

2) Goode, W.J. "Soziologie der Familie", München 1971 (2.), S. 210

Die Loyalität gegenüber der Familie hatte sogar Vorrang vor den staatlichen und feudalen Institutionen, so daß der soziale Aufstieg durch Verwandtschaftsbeziehungen abgesichert werden mußte. Da dem Kaufmannsstand - einem bedeutenden Träger jeder Industrialisierung - nur geringes Prestige zukam, versuchte man zwar über den Handel reich zu werden, um sich dann jedoch den Lebensstil des Adels, Gelehrten- und Grundbesitzertums anzueignen.

"So kam es bei den erfolgreichen Familien zu keiner kontinuierlichen Bildung einer technischen und geldwirtschaftlichen Tradition." 1)

Die Realteilung als gängige Erbfolgeregelung bewirkte zudem, daß das Familienkapital kaum über einen längeren Zeitraum zusammengehalten werden konnte. Die Formierung einer starken Wirtschaftsoligarchie, wie sie sich beispielsweise in Japan (verbunden mit dem Anerbenrecht) entwickelte, war demzufolge in China gar nicht möglich.

Die vorrangige Loyalität gegenüber der Familie mußte sich in einer agrarisch geprägten Feudalgesellschaft also als Hemmfaktor wirtschaftlicher Entwicklung auswirken. Der rapide industrielle Aufstieg der konfuzianisch orientierten Staaten Ostasiens (Korea, Taiwan, Singapur etc.) nach dem Zweiten Weltkrieg ging jedoch mit einer Entmachtung des agrarischen Grund- und Beamtenadels zugunsten städtischer, wirtschaftlicher und militärischer Eliten einher. Ein enormer sozialer Mobilisierungsprozeß war das Resultat :

"In times of peace and social immobility, the Confucian ethics perhaps worked perfectly in maintaining the status quo. In times of continuing crises and social mobility, however, the Confucian value system transformed its role in favor of economic enterprise." 2)

Wichtige Elemente des konfuzianischen Wertsystems, wie z.B. das Bildungsideal, Loyalitätsprinzipien u.ä., konnten nur in diesem Kontext zur Förderung der Industrialisierung eingesetzt werden.

---

1) Goode, W.J., a.a.O., 1971, S. 210
2) Han, S.S. "Of economic success and Confucianism...", Far Eastern Economic Review, 20. 12. 1984, S. 104

In der neueren Diskussion um die umstrittene Konfuzianismusinterpretation Webers hat Metzger darauf hingewiesen, daß das von Weber weitgehend außer Acht gelassene neokonfuzianische Gedankengut sehr wohl die metaphysischen Dimensionen der konfuzianischen Ethik und eine innerweltliche Auseinandersetzung mit dem praktischen Lebenswandel betonte :

"In der Hingabe an eine 'Gesinnungsethik'... hütete der Konfuzianismus sich vor einer Säkularisierung und Politisierung des religiösen Impulses; vielmehr verwandelte er das Gemeinwesen selbst in eine Kanzel und erzeugte eine Form der politischen Rhetorik, die von geradezu religiöser Inbrunst erfüllt war und noch heute sowohl in Taiwan als auch im übrigen China sehr lebendig ist." 1)

Das religiös-weltliche Spannungsverhältnis wird also nicht verinnerlicht und persönlich gelöst, wie dies im Protestantismus der Fall ist, sondern nach außen projiziert und in gesellschaftliches Handeln umgesetzt. Damit ist aber immer moralisches Handeln im Sinne der konfuzianischen Ethik gemeint, das sich aus der geschichtlichen Tradition legitimiert. Es bestimmt das Sozialverhalten in allen gesellschaftlichen Institutionen, also auch in der Familie. Ein starker Familismus könnte sich dann als förderndes Element im Entwicklungsprozeß erweisen, da einerseits die ganze Familie vom wirtschaftlichen und sozialen Aufstieg einzelner Mitglieder profitiert, andererseits das Individuum, dessen persönliche Risiken sich in der Industriegesellschaft erheblich erhöhen, durch die Familie sozial abgesichert wäre. Diese These gründet sich allerdings auf die Annahme, daß traditionelle Strukturen und Funktionen der Familie im Industrialisierungsprozeß mit Hilfe entsprechender Stützungsmaßnahmen erhalten werden können.

4.3 Sozialprogrammatik und Familienpolitik

Die Bewahrung der chinesischen Kulturtradition - die man auf dem Festland vom Kommunismus bedroht sieht - verbunden mit einem moralischen Erneuerungsanspruch, begründet die politische Legitima-

---

1) Metzger, T.A. "Max Webers Analyse der konfuzianischen Tradition. Eine Kritik", in Schluchter, W., a.a.O., 1983, S. 250

tion der Nationalregierung auf Taiwan. Programmatisch greift sie auf die ordnungspolitischen Vorstellungen Sun Yat-sens zurück, die zu Beginn des Jahrhunderts von ihm entwickelt wurden. Sie konzipieren einen Synkretismus konfuzianischer und westlicher Ideen, in dem europäische Modernisierungsideale als Weiterentwicklung chinesischer Werte uminterpretiert werden [1].
Im Mittelpunkt der angestrebten, sozialistisch inspirierten Gesellschaftsform, die Sun in seinen "Drei Grundlehren vom Volk" (三民主義) entworfen hatte, steht die Idee des Volkswohls (民生), das Sun im Sinne der "Großen Gemeinschaft" des Konfuzius verstanden wissen will [2]. Wirtschaftspolitische Vorstellungen blieben, mit Ausnahme der Neuordnung des Eigentums und der Märkte, unvollendet. Sie umfaßten in erster Linie die Realisierung einer Landreform, eine von staatlichen und privaten Unternehmen getragene Industrieproduktion sowie ein Reformprogramm, das sich an der Bismarck'schen Sozialgesetzgebung orientiert.
Dieses Sozialprogramm zielt auf die Grundbedürfnisbefriedigung der Bevölkerung, eine Verbesserung des Bildungssystems und den Aufbau eines Sozialversicherungswesens. Es ist zum festen Bestandteil taiwanesiescher Sozialpolitik geworden. Sie wurde seit 1964 in einem "Long Term Social Reconstruction Plan For Taiwan Region" formuliert, der u.a. Programme für Sozialversicherung, Arbeitsbeschaffung, Wohnungsbau, Wohlfahrtsleistungen, Erziehung und Gemeindeentwicklung enthält [3].
Heute ist die Sozialpolitik in die nationalen Entwicklungspläne integriert und orientiert sich weitgehend an den wirtschaftlichen Gegebenheiten und Erfordernissen.

---

1) Metzger, T.A., a.a.O., 1983, S. 260
2) Die an dieser Stelle nur in Kürze mögliche Darstellung der Ideen Sun Yat-sens folgt den Ausführungen von Lehmann, H. "Wirtschaftsordnung und Entwicklungspolitik in Taiwan", Diss. Bochum 1970, S. 31 ff.
3) Apthorpe,R. "Social Development Planning Studies 1971-2, Taiwan, China", 4 Vols., Taipei 1972

Die Familienpolitik richtete sich in der Vergangenheit auf eines der drängendsten Probleme Taiwans, das Bevölkerungswachstum. Hinter der seit den sechziger Jahren forcierten Geburtenplanung blieben andere Aspekte, z.B. der Altersversorgung und Sozialfürsorge, zurück. Sie erfuhren erst 1983 eine gesetzliche Überarbeitung[1]. Die Wirkungen dieser einseitigen Bevölkerungskontrolle schlagen sich heute in sinkender Tragfähigkeit der familialen Versorgungsfunktionen nieder. Geburtenrückgang, steigende Lebenserwartung und Migrationsfolgen unterlaufen die Bemühungen der Regierung, die Familiensolidarität zu propagieren, um das staatliche Engagement auf einem Minimum zu halten [2]:

"The elderly population is expanding rapidly and providing for the aged is becoming a serious problem. In order to enhance the well-being of old people, it is advisable to stress Chinese family traditions such as filial piety, and the three-generation family." 3)

Verbesserungsvorschläge zielen insbesondere darauf hin, den Familien durch ambulante medizinische Betreuung, Steuererleichterungen, Bereitstellung größerer Wohnungen etc., eine Versorgung der Elterngeneration zu ermöglichen [4]. Die Umsetzung solcher Vorstellungen findet bislang nur zögernd und vor allem in den Städten statt, während das Altersproblem überwiegend in den migrationsstarken ländlichen Gebieten relevant wird. Ländliche Familien haben kaum Zugang zu den öffentlichen Hilfseinrichtungen.

---

1) Die natürliche Zuwachsrate lag zu Beginn der fünfziger Jahre bei 3.6 % und sank erst infolge konsequenter Geburtenregelung und demographischer Verschiebungen (Heiratsalter, Migration) nachhaltig auf nur mehr 1.9 % (1980); vgl. Lehmann, H., a.a.O., 1970, S. 239; MOI "Social Welfare Law", Taipei 1983

2) Daß es sich hierbei keineswegs um ein Spezialproblem Taiwans handelt, sondern viele ostasiatische Länder davon betroffen sind, zeigt eine UN-Studie zur Altersproblematik in Asien (1982) vgl. Morello, T. "Only as old as you feel", Far Eastern Economic Review, 7.5.1982, S. 34

3) CEPD "The Social Welfare System and Social Welfare Expenditures of the Republic of China", Industry of Free China, Vol. LX, No. 3, 1983, S. 32

4) Chang, L.Y. et.al. "Aging in Taiwan : Demography and Welfare", Taipei 1981, S. 8 ff.

Mittlerweile haben sich also Strukturen durchgesetzt, die nicht mehr unbedingt zu den traditionellen Familienleitbildern passen. Dieser Konflikt wird auch in den bäuerlichen Familien ausgetragen, die aufgrund der agrarischen Produktionsweise am stärksten mit der herkömmlichen Gesellschaftsordnung verbunden sind.
Es ist deshalb interessant, zu sehen, wie sie sich mit diesem Problemfeld auseinandergesetzt haben.
Zunächst sollen jedoch in Ergänzung zur gesellschaftlichen Dimension die sozio-ökonomischen und regionalen Besonderheiten Südtaiwans eingehender betrachtet werden.

5. Untersuchungsraum - die Region Südtaiwan
5.1 Geographie [1)]

Das Untersuchungsgebiet umfaßt den südwestlichen Teil Taiwans mitsamt seiner langgestreckten Südspitze zwischen dem 12o. und 121. Grad östlicher Länge und zwischen dem nördlichen Wendekreis und dem 22. nördlichen Breitengrad.
Etwa 45 % der Fläche werden den beiden großen westlichen Tiefebenen Chianan (嘉南) und Kaoping (高屏) zugerechnet, die sich bis an das Zentralgebirge heran erstrecken, welches die Insel in ihrer gesamten Länge durchzieht. Östlich des Kaoping-Flusses (高屏溪) liegt die fruchtbare Pingtung-Ebene als landwirtschaftliches Zentrum des Südens.
Mit Ausnahme eines in die Ebene hineinragenden Hügelausläufers sind die Übergangszonen zu den Bergen hin sehr schmal und steigen direkt auf Höhen über 1.000 m ü.M. an. Insbesondere nach Süden hin wird die Ebene auf fast 80 km Länge zu einem schmalen Küstenstreifen von wenigen Kilometern Breite verengt. Die Berge bedecken beinahe die gesamte Fläche und nur ein geringer Teil des Landes ist dort für die Menschen nutzbar.

Das steil aufragende Gebirgsmassiv bewirkt aufgrund des starken Gefälles in umgekehrter Richtung eine recht unregelmäßige Wasserversorgung des Tieflandes. Die meisten der kurzen aber schnellströmenden Flüsse führen im Winter nur wenig Wasser und bringen zu Zeiten des Monsuns und der Taifune im Sommer ungeheure Wassermengen zu Tale, die häufig Überschwemmungsschäden anrichten. Der zweitlängste Fluß der Insel (157 km) ist der Kaoping, der die beiden Kreise Kaohsiung und Pingtung voneinander trennt. Er ist jedoch nicht schiffbar.

Das Gebiet liegt südlich des Wendekreises und muß deshalb klima-

---

1) Für eine detaillierte geographische Darstellung Taiwans vgl. Hsieh, C.M. "Taiwan - ilha Formosa. A Geography in Perspective", London 1964; sowie Liu, C.Z. "Bäuerliche Landwirtschaft in Taiwan", Bonner Studien zur Entwicklung in der Dritten Welt Bd. 3, Saarbrücken 1982, S. 17 ff.

tisch zu den Tropen gerechnet werden mit Trockenmonaten im Winter und einer kräftigen sommerlichen Regenzeit. Die jährlichen Durchschnittstemperaturen liegen bei 23-24 Grad mit einem Maximum von 27.9 Grad in den Monaten Juni - August und Tiefsttemperaturen von 15.9 Grad im Dezember - Januar. Die jährlichen Niederschlagsmengen von 1.839 mm in Tainan und 2.292 mm an der Südspitze fallen zu 90 % in den Sommermonaten April - September, wenn der südwestliche Monsun den Regen bringt. Im Juli - August treten häufige Taifune auf, die an der Insel vorbei zum südchinesischen Meer ziehen, jedoch mit ihren heftigen Regenfällen große Verwüstungen anrichten können. Während der Wintermonate hingegen liegt der Südwesten Taiwans, durch die Berge gegen den nordöstlichen Monsun geschützt, trocken und sonnig.

Die landwirtschaftliche Anbaufläche des Tieflandes besteht im wesentlichen aus Alluvialböden, die beinahe überall den Anbau von Reis, Zuckerrohr und Gemüse zulassen und zu den besten Böden Taiwans gehören. Im äußersten Süden sind die Böden aufgrund ihres geringeren organischen Gehaltes weniger produktiv und werden oft mit Gründünger aufgebessert. Eine Ausnahme bilden salzhaltige und planosole (Meeresablagerungen) Böden, die vereinzelt in Küstennähe die Anbaumöglichkeiten einschränken. Sie tun dies in unterschiedlichem Maße, so daß beispielsweise auf Planosole nur eine Reisernte möglich ist. In neuerer Zeit werden die ertragsschwachen, salzhaltigen Böden bevorzugt in Fischteiche umgewandelt.

Bodenschätze sind in Südtaiwan bis auf einige geringe Öl- und Gasvorkommen nicht vorhanden.

5.2 Verwaltungsaufbau und Infrastruktur

Im Text wird auf zwei Arten der administrativen Klassifizierung des Untersuchungsgebietes eingegangen :
- Dem Verwaltungsaufbau der Provinz Taiwan folgend unterscheidet man als administrative Einheiten Kreise, kreisfreie Städte, Munizipalitäten, Städte, städtische und ländliche Gemeinden.

In Südtaiwan sind dies : die kreisfreie Stadt Tainan, die Munizipalität Kaohsiung sowie die Kreise gleichen Namens und die Kreise Chiayi, Pingtung und Penghu. Der letztere, Taiwan vorgelagerte Inselkreis wird wegen seiner geographischen und wirtschaftlichen Abgelegeheit in der folgenden Beschreibung nicht weiter berücksichtigt [1].

- In den Regionalplänen sind jedoch andere, die genannten Verwaltungseinheiten übergreifende Bezeichnungen gebräuchlich; darin werden nach den Kriterien der Funktionalität, Demographie und Infrastruktur Unterscheidungen in Regionen, Metropolen, städtische Gebiete und Ortschaften getroffen. Das Industriezentrum Tainan/Kaohsiung wird nach diesen Kriterien als "Metropolitan Area" definiert [2].

Die Verkehrslage Südtaiwans ist in starkem Maße bestimmt von den topographischen und demographischen Gegebenheiten. Das bedeutet, daß nur wenige Landstraßen die bevölkerungsarmen Gebirgszonen durchqueren, wohingegen die dichtbesiedelten Ebenen von einem gut entwickelten Straßennetz überzogen werden. Insbesondere im Küstenbereich und zwischen den größeren Städten Chiayi, Tainan, Kaohsiung und Pingtung sind die Verkehrsverbindungen vierspurig ausgebaut. Hinzu kommen zwei weitere Hauptverkehrsachsen des Landes : die Eisenbahnlinie der Nord-Süd-Route von Taipei bis nach Fangliao und zum zweiten der Nord-Süd-Freeway, der in der Streckenführung der Eisenbahnlinie folgt und in Kaohsiung endet (vgl. Karte 1). Die Flüsse sind aufgrund der genannten mangelnden natürlichen Voraussetzungen nicht schiffbar und spielen als Verkehrswege daher keine Rolle.

---

1) MOI "1981 Taiwan-Fukien Demographic Fact Book, Rep. of China", Taipei 1981, S. 18

2) Das heißt laut Definition, daß mindestens eine Großstadt von mehr als 100.000 Einwohnern, umgeben von mehreren anderen Städten mit mehr als 20.000 Einwohnern eine Verwaltungseinheit bilden, welche wiederum eine Reihe von anderen Orten in seine ökonomische und administrative Entwicklungsplanung einbezieht und in direkter Beziehung zu deren städtischen Gebieten steht; vgl. Liu, P.K.C., a.a.O., 1976, S. 17

Karte 1 : Verkehrserschließung in Südtaiwan

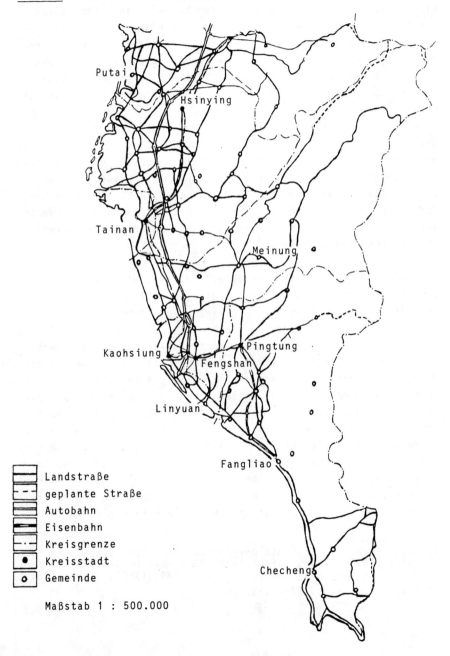

Zu den "12 New Development Projects" (vgl. Kap. 5.4.1), die vom Wirtschaftsrat (CEPD) Taiwans für den besseren infrastrukturellen Ausbau der Insel erarbeitet wurden, gehören in Südtaiwan u.a. der Ausbau der Häfen, die Errichtung von Kraftwerken und die Erweiterung des Verkehrsnetzes in den Kreisen Kaohsiung und Pingtung. Inbegriffen ist ein moderner Küstenhighway von Kaohsiung bis zur Südspitze der Insel (140 km), der bereits fertiggestellt wurde [1].

Alle Gemeinden der Region sind durch eine oder mehrere Landstrassen, nicht sehr breit aber immer asphaltiert, an das Verkehrsnetz angeschlossen. Auch zwischen den Dörfern innerhalb einer Gemeinde sind die Wege in der Regel befestigt. Liu weist jedoch darauf hin, daß die Ausstattung der inneren Verkehrslage eng mit dem Ausbau der Bewässerungsvorrichtungen und den Flurbereinigungsprogrammen verbunden ist und daher regional wie auch innerhalb der Gemeinden sehr verschieden sein kann [2].

Für eine so konzentriert angelegte Industrie, wie sie in Südtaiwan anzutreffen ist, genügt nicht allein der Ausbau der materiellen Infrastruktur. Es muß auch gelingen, den Arbeitskräften aus näherer und weiterer Umgebung einen möglichst problemlosen Zugang zum Arbeitsplatz zu verschaffen. Nicht zuletzt hängt vom Transportwesen die Entscheidung eines Erwerbstätigen ab, ob er seinen Heimatort verlassen und sich in Nähe seines Arbeitsplatzes ansiedeln muß oder ob er täglich pendeln kann. Die Region besitzt ein sehr gut ausgeprägtes Bustransportsystem sowohl im innerstädtischen als auch im Überlandverkehr, das eine preiswerte und schnelle Fortbewegung erleichtert. Große Fabriken stellen zudem werkseigene Busse, um die Arbeitskräfte vom und zum Wohnort bzw. Arbeitsort zu bringen. Ein weiteres wichtiges Verkehrsmittel vor allem für die Pendler ist das Mottorrad, mit dem knapp die Hälfte der Arbeiter aus den ländlichen Gebieten zur Arbeit fahren.

---

1) CEPD "Four-Year Economic Development Plan for Taiwan, Rep. of China (1982-1985)", Taipei 1981; "Ten-Year Economic Development Plan for Taiwan, Rep. of China (1980-1989), Taipei 1980
2) Liu, C.Z., a.a.O., 1982a, S. 99

5.3 Demographie

Aus dem Zusammenspiel von demographischen Bedingungen (z.B. Mobilität, Fruchtbarkeit), neuen Technologien und Kommunikationsmöglichkeiten ergeben sich in industriellen Gesellschaften erhebliche Umorientierungen der individuellen Zielvorstellungen und Normen - auch hinsichtlich des Familienlebens -, die sich wiederum in Bevölkerungsveränderungen niederschlagen.
Vor allem das generative Verhalten der Bevölkerung scheint in diesem Prozeß einem bestimmten Muster zu folgen, nach dem zunächst aufgrund sinkender Sterbeziffern und hoher Geburtenraten ein starkes Bevölkerungswachstum einsetzt, das im Laufe der Zeit gebremst wird und zu einer Verschiebung des Altersaufbaus der Gesellschaft führt. Niedrige Geburtenraten und hohe Lebenserwartung kennzeichnen diese Veränderungen, die auch in Taiwan zu beobachten sind [1].

5.3.1 Bevölkerungsentwicklung

Taiwan gehört mit seinen rund 18 Millionen Einwohnern zu den dichtbesiedelsten Ländern der Erde. Da die Menschen zu 99 % im Nord- und Westteil der Insel leben, liegt die Bevölkerungsdichte dort mit 504 Einw./km² - in der Bergregion 50 Einw./km², Ostküste 250 Einw./km² - besonders hoch [2].
Unter dem Einfluß verbesserter Lebensbedingungen und strikter Familienplanung hat sich das natürliche Bevölkerungswachstum in den vergangenen zwanzig Jahren erheblich verlangsamt (auf nurmehr 1.6 % in 1984) [3]. Die Geburtenraten liegen in Südtaiwan niedriger als in anderen Landesteilen und unter dem gesamttaiwanesischen Durchschnitt. Den Statistiken zufolge werden in den

---

[1] Mayer, K. "Einführung in die Bevölkerungswissenschaft", Stuttgart 1972, S. 16 ff.
[2] Liu, C.Z., a.a.O., 1982a, S. 37
[3] CEPD, Ten-Year Economic Development Plan..., a.a.O., 1980, S.10; Coombs, L.C. "Prospective Fertility and Underlying Preferences: A Longitudinal Study in Taiwan", Population Studies Vol. 33, No. 1, 1979, S. 447

ländlichen Gebieten mehr Kinder geboren als in den Städten [1]. Eingehende Untersuchungen haben jedoch gezeigt, daß Fruchtbarkeits- und Geburtenraten in Taiwan viel stärker von individuellen Variablen wie Bildung, Alter, Beruf und Einkommen der Ehepaare beeinflußt werden und die Stadt-Land-Gegensätze erst in Abhängigkeit zu diesen Faktoren wirksam werden [2].
Auch Verschiebungen im Heiratsalter hatten bezüglich der Geburtenhäufigkeit weittragende Konsequenzen. Heute liegt das durchschnittliche Heiratsalter bei 27.1 Jahren für Männer; Frauen heiraten in der Regel früher mit 23.6 Jahren [3]. Der Bildungsstand stellt hierbei die wichtigste Komponente dar : je höher das Ausbildungsniveau desto später auch der Zeitpunkt der Heirat.
Die allgemeine Lebenserwartung der Bevölkerung ist ebenfalls angestiegen. Sie lag 1980 für Männer bei 69 und für Frauen bei 74 Jahren - gegenüber 53 resp. 56 Jahren in 1950 [4]. Die Sterbeziffern in Südtaiwan, insbesondere im Kreis Pingtung, liegen aufgrund der schlechteren medizinischen Versorgung in diesem Gebiet für Männer etwas höher als für Frauen, in den ländlichen Gemeinden außerdem höher als in städtischen Gebieten.

---

1) MOI, Demographic Fact Book..., a.a.O., 1981, S. 418
2) Coombs, L.C./Sun, T.H., a.a.O., 1978, S. 53; Wei, H.C./Reischl, U., a.a.O., 1981, S.22
3) MOI, Demographic Fact Book..., a.a.O., 1981, S.987
4) Chang, K.K. "Rural Health Programs in the Taiwan Area, ROC", Industry of Free China, Vol. LVIII, No. 3, 1982, S. 7-25; die Gesundheitsdienste in Taiwan sind für den größten Teil der Bevölkerung erreichbar, dank dem inselweiten Ausbau eines Netzes von Gesundheitsstationen und Krankenhäusern auf Kreis- wie auch auf Gemeindeebene. Verschiedene Gesundheitsprogramme wie die Kontrolle ansteckender Krankheiten, sanitäre Verbesserungen, Familienplanung etc. haben auch auf den Dörfern zu einer intensiveren Versorgung der Bevölkerung geführt. Es herrscht aber vielerorts noch eine personelle Unterversorgung, weil ausgebildete Ärzte sich bevorzugt in den Städten niederlassen. So kommen in ganz Taiwan durchschnittlich 7.6 Ärzte auf 10.000 Einwohner, in den ländlichen Gebieten stehen aber nur 2.6 Ärzte zur Verfügung. Mit der Verteilung von Krankenhausbetten verhält es sich ähnlich. Daher halten sich vor allem auf dem Land die Vertreter der traditionellen Medizin und nehmen wichtige Versorgungsfunktionen im Gesundheitsbereich wahr, obwohl sich die Mehrzahl von ihnen nicht auf eine staatliche Legitimation berufen kann. Auch Hebammen übernehmen in vielen Dörfern die grundlegenden Gesundheitsdienste mit.

Infolge dieser demographischen Veränderungen hat sich der Altersaufbau der Bevölkerung erheblich gewandelt (Tab. 5.1). War zu Beginn der sechziger Jahre noch die Hälfte der Bevölkerung im erwerbsfähigen Alter mit einem hohen Prozentsatz an Kindern und wenigen alten Leuten, so bewirkten sinkende Geburtenraten und das Ansteigen der Lebenserwartung, daß die Gruppe der Erwachsenen um nahezu 15 % zunahm und der Anteil der über 65jährigen sich verdoppelte. Regionale Ungleichheiten in der Entwicklung zeigen sich in den Zuwanderungsgebieten um Kaohsiung, in denen sich jüngere Migranten vom Land ansiedeln, während sich in den entfernteren Gemeinden bereits Strukturprobleme durch eine zunehmende Überalterung der ansässigen Bevölkerung abzeichnen [1].

Zu diesen generativen Verschiebungen treten andere soziodemographische Entwicklungen hinzu, die die Bevölkerungsverteilung innerhalb der Region beeinflussen. Ausgehend vom Wachstum der Industriemetropole hat ein umfassender Mobilisierungsprozeß in den ländlichen Gebieten eingesetzt. Er findet seinen Ausdruck in massiven Land-Stadt-Wanderungen und erwerbsstrukturellen Veränderungen. Die Migrationsströme haben in den vergangenen Jahrzehnten zu einer Ausdehnung der Ballungsräume geführt (Tab. 5.2). Etwa ein Drittel der Bevölkerung Südtaiwans lebt heute im Einzugsgebiet Tainan/Kaohsiungs, während die Entwicklung in den vormals dichtbesiedelten Landkreisen Chiayi, Tainan und Pingtung stagniert oder sogar rückläufig ist.
Gleichzeitig nimmt die landwirtschaftliche Bevölkerung in zunehmendem Maße gewerbliche Beschäftigung auf (Tab. 5.3). Der Zugang zu industriellen Arbeitsplätzen und die infrastrukturelle Anbindung der ländlichen Gemeinden bestimmen das Tempo dieser Transformation [2].

---

[1] Eine detaillierte graphische Darstellung der Alterspyramiden aus 61 Gemeinden des Kaoping-Gebietes findet sich bei Lee, C.S. "Impact of Growth-Pole-Policy on Age Structures of 61 Townships, Kaoping Area of Taiwan", (chin.), Taichung 1981, S. 54 ff.
[2] zur gemeindespezifischen Typisierung und erwerbsstrukturellen Differenzierung vgl. Krekeler, H.J., a.a.O., 1985

Tab. 5.1 : Entwicklung der Altersstruktur in Südtaiwan 1961 - 1981 (%)

Jahr	1961			1971			1981			Abhängigkeitsrate		
Alter Kreis	0-14	15-64	65+	0-14	15-64	65+	0-14	15-64	65+	1961	1971	1981
Chiayi	46.7	50.9	2.2	39.4	57.4	3.1	29.5	65.3	5.2	96	74	57
Tainan	46.5	50.7	2.7	38.6	57.8	3.6	29.1	65.3	5.6	97	73	53
Kaohsiung	46.2	51.3	2.3	40.2	56.9	2.8	33.0	62.9	4.1	95	76	59
Pingtung	46.4	51.1	2.3	39.9	57.2	2.9	30.9	64.4	4.7	95	75	55
Tainan-Stadt	44.4	53.2	2.3	38.3	58.8	2.9	31.8	64.1	4.1	88	70	56
Kaohsiung-Stadt	46.0	52.4	1.5	39.5	58.6	1.9	33.4	63.6	2.9	91	71	57

Quelle : MOI, Demographic Fact Book..., 1961, 1971, 1981

Tab. 5.2 : Allgemeine Bevölkerungsentwicklung in Südtaiwan 1961 - 1981 (%)

Jahr Bevölkerung Kreis	1961 in 1000 Einwoh- ner	%	1971 in 1000 Einwoh- ner	%	1961-1971 durchschn. Wachstums- rate	1981 in 1000 Einwoh- ner	%	1971-1981 durchschn. Wachstums- rate
Chiayi	729	19.8	853	17.6	1.7	826	14.9	- 0.3
Tainan	809	22.0	939	19.5	1.6	970	17.5	0.3
Kaohsiung	638	17.3	850	17.6	3.3	1018	18.4	2.0
Pingtung	666	18.1	836	17.2	2.5	892	16.1	0.6
Zwischensumme	2843	77.2	3478	71.9	2.2	3706	66.9	0.6
Tainan-Stadt	350	9.5	485	10.0	3.8	595	10.8	2.3
Kaohsiung-Stadt	492	13.3	872	18.1	7.8	1227	22.3	4.1
Zwischensumme	842	23.8	1357	28.1	6.1	1822	33.1	3.3
Südtaiwan	3684	100.0	4835	100.0	1.4	5528	100.0	1.4

Quelle : Krekeler, H.J., a.a.O., 1985

Tab. 5.3 : Entwicklung der Erwerbstätigkeit in den Wirtschaftssektoren 1971 - 1981 (%)

Sektor Kreis	Erwerbstätige insges. in 1000		Landwirtschaft			Industrie			Dienstleistungssektor		
	1971	1981	1971	1981	%[1]	1971	1981	%[1]	1971	1981	%[1]
Chiayi	319	380	56.4	45.7	-10.7	10.7	20.2	9.5	32.7	34.0	1.3
Tainan	399	464	60.6	48.4	-12.2	14.8	26.8	12.0	24.6	24.8	0.2
Kaohsiung	334	442	49.2	35.0	-14.2	11.8	27.0	15.2	39.1	38.0	-1.1
Pingtung	340	431	63.4	50.2	-13.2	6.9	19.2	12.3	29.7	30.6	0.9
Tainan-Stadt	154	242	18.5	14.8	-3.7	30.7	40.8	10.1	50.8	44.4	-6.4
Kaohsiung-Stadt	281	486	11.5	8.5	-3.0	31.8	36.4	4.6	56.8	55.1	-1.4

1) durchschnittliche Wachstumsrate in %

Quelle : MOI, Demographic Fact Book..., a.a.O., 1971, 1981

5.3.2 Ethnische Differenzierungen, Sprache und Konfession

Zur weiteren Beschreibung der Bevölkerung in Südtaiwan verbleiben als soziodemographische Merkmale noch ihre (sub-)ethnische Zugehörigkeit sowie die sprachliche und konfessionelle Differenzierung. Diese Charakteristika bestimmen zum wesentlichen Teil soziale Verhaltensweisen und andere demographische Variablen wie z.B. Bildung, Migration und sozialen Status [1].

Grundsätzlich sind in Taiwan zwei ethnische Gruppierungen nach ihrer rassischen Herkunft zu unterscheiden : die Ureinwohner, die einem austronesischen Bevölkerungstyp zugeordnet werden und die Han-Chinesen. Erstere haben die Insel seit dem 16. vorchristlichen Jahrhundert besiedelt und bewohnen heute nurmehr Rückzugsgebiete in den Bergen, nachdem sie vor rund 250 Jahren aus den Tiefebenen verdrängt wurden. Man teilt sie in drei linguistische Gruppen, die insgesamt neun größere Stämme umfassen. Von diesen wiederum sind mehrere Paiwangruppen in Südtaiwan ansässig. Über ihre Zahl gibt es mangels geeigneter Zuordnungskriterien keine exakten Angaben und sie befinden sich in einem "forcierten Stadium der Sinisierung bzw. Taiwanisierung" [2]. Brandrodungsfeldbau und von den Chinesen übernommene Reiskultivierung sowie Forstwirtschaft und Tourismus sind ihre wichtigsten Erwerbsgrundlagen. Wegen ihrer grundsätzlichen Verschiedenheit von den Chinesen wurden diese Bevölkerungsgruppen Südtaiwans nicht in die Untersuchung einbezogen.

Seit Beginn der Ch'ing-Dynastie (1684-1895) wurde Taiwan von verschiedenen chinesischen Volksgruppen besiedelt. Die frühen Einwanderer waren ursprünglich in Hunan beheimatete Hakka-Kantonesen (客家人), die sich vorwiegend im südlichen Binnenland der Pingtung-Ebene und in Nordtaiwan niederließen. Sie wurden bereits um 1700 n.Chr. von den Fukien einwandernden und Hokkien sprechenden

---

1) Mayer, K., a.a.O., 1972, S. 37
2) Quack, A./Schröder, D. "Kopfjagdriten der Puyuma von Katipol (Taiwan)", Collectanea Instituti Anthropos, Vol. 11, St. Augustin 1979, S. 28 ff.

Chinesen (閩南) dominiert, die in großer Zahl nach Taiwan kamen und bald 82 % der Bevölkerung ausmachten [1].

Beide Gruppen haben sich bis auf den heutigen Tag Sprache und herkunftsbezogene kulturelle Eigenheiten bewahrt, bezeichnen sich jedoch alle als Taiwanesen, um sich von den Festländern, die 1949 mit den Truppen Chiang Kai-sheks aus verschiedenen Provinzen Chinas kamen, zu distanzieren. Die Konflikte und segmentäre Opposition von Festländern und Taiwanesen sind heute nicht mehr so offenkundig wie ehedem, aber durchaus noch latent vorhanden [2]. Da nur einige wenige pensionierte Soldaten von der Regierung Land zur Altersversorgung erhielten, finden sich in der bäuerlichen Bevölkerung des Untersuchungsraumes kaum Festlandchinesen, so daß die untersuchte Bevölkerungsgruppe aus Taiwanesen besteht.

Die innerethnische Differenzierung im Untersuchungsgebiet besteht deshalb vor allem zwischen den beiden ansässigen Hakka- bzw. Hokkiengruppen. Sie entstand durch spezifische Einwanderungsmuster während der Ch'ing-Zeit, den Landkämpfen und der politischen, kulturellen und rechtlichen Diskriminierung der Hakkaminoritäten. Unter dem Druck der japanischen Kolonialregierung reduzierten sich die Feindlichkeiten zur friedlichen Koexistenz, jedoch haben sich ethnische Abgrenzungen in Sprache, Religion, Gemeindeorganisation und Wertvorstellungen erhalten [3].

Als hervorstechendstes Merkmal subkultureller Verschiedenheit muß die Sprache angesehen werden. Obwohl die meisten Taiwanesen heute zweisprachig sind und in den Schulen Mandarin gelehrt wird, behält man in privaten und sozialen Bereichen die jeweilige Muttersprache bei. Südtaiwan weist in einigen Gemeinden eine hakkasprechende Be-Bevölkerungsmehrheit auf, während ansonsten überwiegend Hokkien gesprochen wird (vgl. auch Karte 10 im Anhang).

---

1) Lamley, H.J. "Subethnic Rivalry in the Ch'ing Period", in: Ahern, E.M./Gates, H., a.a.O., 1981, S. 291
2) Gates, H. "Ethnicity and Social Class", in: Ahern, E.M./Gates,H. a.a.O., 1981, S. 241
3) Lamley, H.J., a.a.O., 1981, S. 300

Da die Statistiken hinsichtlich der Sprachgewohnheiten keine geeigneten Aussagen beinhalten, sollen hier stellvertretend für die Region die Erhebungsdaten einen Eindruck darüber vermitteln:

Tab. 5.4 : Umgangssprache in den bäuerlichen Familien der Untersuchungsgemeinden (%)

Sprache \ Gemeinde	Linyuan	Fangliao	Checheng	Meinung	Putai
N =	171	155	176	195	168
Hokkien	96.5	98.1	96.6	2.6	98.8
Hokkien u. Mandarin	2.9	1.9	3.4	-	1.2
Hokkien u. Japanisch	0.6	-	-	1.0	-
Hakka	-	-	-	96.4	-
	100.0	100.0	100.0	100.0	100.0

Quelle : Eigenerhebung

Es ist nicht einfach, angesichts der religiösen Vielfalt in der chinesischen Kultur eine klare Konfessionszugehörigkeit der Bevölkerung zu ermitteln, da der Synkretismus von buddhistischen, taoistischen und volksreligiösen Elementen weit fortgeschritten ist. Hinzu treten Reste des ehemaligen konfuzianischen Staatskultes und der verwandtschaftlich gebundene Ahnenkult der konfuzianischen Ethik, die eine konfessionelle Abgrenzung beinahe unmöglich machen. Vor allem in der bäuerlichen Bevölkerung ist die Volksreligion, d.h. diejenigen Religionsformen, welche sich nicht ausdrücklich auf eine der institutionalisierten literarischen Traditionen (konfuzianisches, buddhistisches oder taoistisches Schrifttum) beziehen, fest verankert [1].

---

1) Zur Definition und Darstellung der Volksreligion in Taiwan vgl. Seiwert, H. "Volksreligion und nationale Tradition in Taiwan", Münchener Ostasiatische Studien, Bd. 38, Stuttgart 1985, S. 17

Auf dörflicher Ebene sind Tempel, Ritualgemeinschaften und religiöse Feste lokaler und überregionaler Gottheiten wichtiger Bestandteil des Glaubens und von großer sozialer Bedeutung. Die Bevölkerung feiert in Opferfesten (拜拜) und Prozessionen die wichtigen Ereignisse des Jahres, die häufig mit dem landwirtschaftlichen Kalender zusammenhängen. Seiwert weist u.a. darauf hin, daß die Tempel bedeutende Indikatoren für die Entwicklung der Volksreligion in Taiwan darstellen [1]. Sie stehen in engster Verbindung mit der landsmannschaftlichen Herkunft der Bevölkerung :

"Deutliche Unterschiede bestehen vor allem zwischen den Gottheiten der aus Guangdong stammenden Hakka-Bevölkerungsgruppen auf der einen Seite und denen der Hokkien (Süd-Fujien-Dialekt) sprechenden Bevölkerungsmehrheit, die wiederum in sich nach verschiedenen Herkunftsgebieten differenziert ist." [2]

Es ist jedoch ein zunehmender Bedeutungsrückgang dieser regionalen ethnischen Differenzierung zu beobachten, der sich vor allen Dingen in der Reduzierung der Göttervielfalt und Herausbildung einer landesweiten religiösen Gesamtkultur ausdrückt.- Seiwert führt diesen Prozeß auch auf die Aufhebung des Endogamiegebotes zwischen den ethnischen Gruppen und die zunehmende soziale Mobilisierung zurück [3].

In Ermangelung quantitativer Daten aus dem Untersuchungsgebiet müssen wiederum Befragungsergebnisse herangezogen werden, um die Religionsstrukturen in Südtaiwan zu kennzeichnen. Selbstverständlich sind hier Vorbehalte gegenüber den allgemein gehaltenen Indikatoren zur Erfassung eines so komplexen Themas berechtigt; sie können nur als Ergänzung intensiverer Feldforschung betrachtet werden.
Die Mehrzahl der befragten Familien in den Untersuchungsgemeinden bezeichnete sich selbst als Buddhisten unter Hinzufügung verschiedener lokaler Gottheiten, die von ihnen verehrt werden. Es handelt sich dabei in der Regel um wichtige agrarische Figuren, z.B. den

---

1) Seiwert, H., a.a.O., 1985, S. 18
2) ebenda, S. 31
3) ebenda, S. 34

Herrn des Bodens, der Fruchtbarkeit und des Reichtums (土地公) oder den Gott der fünf Getreidearten (五穀大帝). Der Taoismus spielt insbesondere in der hakkasprechenden Bevölkerung nur eine untergeordnete Rolle. Er ist in den beiden Gemeinden Linyuan und Putai ebenfalls an die Verehrung bestimmter lokaler Schutzgottheiten geknüpft. Aufgrund der Abgrenzungsprobleme und der Subjektivität der Aussagen kann Tab. 5.5 daher nur eine ungefähre Konfessionszugehörigkeit wiedergeben :

Tab. 5.5 : Konfessionszugehörigkeit der bäuerlichen Familien in den Untersuchungsgemeinden (%)

Gemeinde Konfession	Linyuan	Fangliao	Checheng	Meinung	Putai
N =	171	155	173	195	168
Buddhismus	62.0	81.9	73.4	92.3	50.0
Taoismus	33.9	16.8	23.1	3.1	39.9
Christen, sonstige	4.1	1.3	3.5	4.6	10.1
	100.0	100.0	100.0	100.0	100.0

Quelle : Eigenerhebung

Über die konfuzianische Ethik ist der Volksglaube eng mit dem Ahnenkult verbunden. Die Familie stellt als Deszendenzgruppe die grundlegende religiöse Einheit. Rituelle Zugehörigkeit und Konfession werden über den Ahnenkult definiert, so daß die Familienbindungen als wichtige sozio-religiöse Integrationskraft fungieren. Dies äußert sich nicht zuletzt darin, daß Ahnentafeln in neugegründete Haushalte (nach Familienteilungen) überführt werden oder abgewanderte Familienangehörige zu bestimmten Anlässen der Ahnenverehrung in ihre Heimatorte zurückkehren [1].

---

[1] vgl. hierzu die umfangreiche ethnologische Literatur zur religiösen Organisation von Verwandtschaftsgruppen, z.B. Ahern, E.M. "The Cult of the Dead in a Chinese Village", Stanford 1973; Jordan, D.K. "Gods, Ghosts and Ancestors. The Folk Religion of a Taiwanese Village", Los Angeles 1972

Die alltägliche Ausübung der Religion ist auf die Ehrfurchtsbezeugung vor dem Hausaltar konzentriert, auf dem die Tafeln mit den Namen verstorbener Vorfahren aufgestellt sind. Insbesondere in den agrarisch orientierten Gemeinden nimmt die regelmäßige Ahnenverehrung noch einen wichtigen Platz ein (Tab. 5.6), während sie unter städtischem Einfluß nurmehr zu Gedenk- und Feiertagen ausgeführt wird. Auch hier zeigt sich, daß die hakkasprachige Bevölkerung stärker an der Religionsausübung festhält.

Tab. 5.6 : Ahnenverehrung in den bäuerlichen Familien der Untersuchungsgemeinden (%)

Ahnenverehrung \ Gemeinde	Linyuan	Fangliao	Checheng	Meinung	Putai
N =	171	155	175	195	166
- ja, regelmäßig	23.4	17.4	29.7	65.6	47.6
- ja, zu besonderen Anlässen	73.7	81.3	68.6	32.3	51.2
- keine	2.9	1.3	1.7	2.1	1.2
	100.0	100.0	100.0	100.0	100.0

Quelle : Eigenerhebung

5.3.3 Siedlungsstruktur

Das Zustandekommen der beiden in Taiwan anzutreffenden Siedlungsformen geht auf die historischen Entwicklungen zurück. Während in Nord- und Mitteltaiwan Streusiedlungen und Einzelgehöfte vorherrschend sind, findet man im Süden überwiegend kompakte Dorfanlagen vor, ähnlich den in Südchina üblichen Siedlungen [1].

---

1) Über die Siedlungsweise in Nordtaiwan liegt bereits eine ausführliche Beschreibung von Koch vor; vgl. Koch, W. "Funktionale Strukturwandlungen in Taiwan. Das Beispiel Luchou im Umland der Millionenstadt Taipei", Diss., Köln 1971, S. 111 ff.

Aber da die frühe Einwanderungspolitik der Ch'ing-Regierung für
lange Zeit die Ansiedlung größerer Familienverbände in Taiwan
verhinderte und die Bevölkerung überwiegend aus Männern (Soldaten, Händler, Beamte, Bauern) bestand, sind viele Dörfer ursprünglich nicht auf Verwandschaftsbasis entstanden, sondern aus
Militärcamps und durch Einwanderergruppen gleicher lokaler Herkunft, die gemeinschaftlich Land zugeteilt bekamen. Cohen beschreibt außerdem jahrzehntelange Fehden zwischen Hakka-Zuwan-
derern und Fukinesen um das fruchtbare Ackerland in der Pingtung
Ebene, die eine geschlossene Siedlungsweise der verfeindeten Dörfer bewirkten. Selbstverständlich entwickelten sich später auch
auf Verwandtschaft und Nachbarschaft beruhende Weiler und Einzelgehöfte - trotz zeitweiligen akuten Frauenmangels [1].

Die traditionellen Gehöfte haben lokale Charakteristika der fu-
kinesischen bzw. kantonesischen Bauweise bewahrt (Säulen, Dach-
form, Verzierungen etc.). Gemeinsam ist ihnen der L- bis U-förmi-
ge Grundriß : senkrecht zum mittleren Hauptbau, der auch für sich
allein stehen kann und in dem sich Wohnraum, Ahnenaltar und Empfangshalle in einem befinden, werden je nach Familiengröße und
Bedarf ein bis zwei Seitenflügel angebaut.
Neubauten werden ebenfalls nach einem bestimmten Muster erstellt.
Auf langgestreckt rechteckigem Grund für zwei bis drei hinterein-
anderliegende Räume werden zwischen Betonsäulen Ziegelmauern errichtet. Die Häuser sind zumeist mehrstöckig. Von Wohnungsbauge-
sellschaften werden sie in langen Reihenhäuserzeilen entlang des
Dorfausgangs in den Gemeindehauptorten hochgezogen. In den umliegenden Dörfern überwiegen noch die alten Gehöfte. Koch hält
das Vordringen moderner Hausformen in die ländlichen Gebiete für
die "Ausdrucksform eines neuen Lebensstils städtischer Art" [2],
und tatsächlich wird die neue Bauweise im Untersuchungsgebiet eindeutig bevorzugt (Tab. 5.7).

---

1) Zur Siedlungsgeschichte und -politik vgl. die Ausführungen von
   Cohen, M., a.a.O., 1976, S.5; Koch, W., a.a.O., 1971, S. 128;
   Chen, S.H. "Family, Lineage and Settlement Pattern in Taiwan",
   New York 1966, S. 11
2) Koch, W., a.a.O., 1971, S. 140

Tab. 5.7 : Bauweise bäuerlicher Gehöfte in den Untersuchungsgemeinden (%)

Bauweise \ Gemeinde	Linyuan	Fangliao	Checheng	Meinung	Putai
N =	170	154	174	195	167
- traditionelles Gehöft	33.5	25.3	37.9	51.3	67.7
- Neubau	52.4	71.5	51.2	40.5	31.2
- Kombination beider Stile	14.1	3.2	10.9	8.2	1.2
	100.0	100.0	100.0	100.0	100.0
Durchschnittsalter der Häuser (Jahre)	14.1	13.0	20.7	24.6	25.2

Quelle : Eigenerhebung

Neben der Ausdehnung der Wohnstädte in die Randgemeinden der Großstadt Kaohsiung zeichnet sich eine rege Bautätigkeit entlang der Hauptverkehrsachse nach Süden ab. In den verkehrsungünstig gelegenen Gemeinden, z.B. Meinung und Putai, erhalten sich die traditionellen Baustile länger und die Bausubstanz ist wesentlich älter als in den stadtnäheren Gemeinden. Vereinzelt bauen die Familien hinter dem alten Haus ein zweites an und kombinieren beide Haustypen. Selten wird das alte Haus abgerissen; es dient vielmehr als Altenteil oder Lagerhaus. Erweiterte Familien erhalten so außerdem die räumliche Nähe und beheben gleichzeitig den Platzmangel, der durch zu viele Personen entsteht.

5.4 Industrie

5.4.1 Phasen der industriellen Entwicklung in Taiwan

Die industrielle Entwicklung Taiwans vollzog sich in mehreren Phasen. Den Ausgangspunkt bildeten seit 1953 eine Reihe von Wirtschaftsplänen, die eine sich wandelnde nationale Entwicklungspolitik umsetzen sollten und denen zufolge sich vier Stadien der Industrialisierung unterscheiden lassen [1]:

- Bis zur Mitte der sechziger Jahre waren die Bestrebungen noch auf eine Importsubstitution für Güter zur Deckung des Grundbedarfs ausgerichtet. Dazu gehörten u.a. Textilien, Baumaterial, Düngemittel, Fahrräder etc., die der einheimische Markt bis dahin nicht anbieten konnte. Liu weist darauf hin, daß der Agrarsektor in diesem Prozeß eine wichtige Finanzierungsquelle darstellte und zeitweilig bis zu 55 % der Devisen erbrachte [2].

- Die dritten und vierten Sechs-Jahrespläne gegen Ende der sechziger und frühen siebziger Jahre verlagerten die Schwerpunkte der Industrieproduktion dann von der Binnenmarktförderung zur Exportwirtschaft. Spezielle Kreditprogramme, Steuererleichterungen und die Errichtung von "Export Processing Zones" unterstützten eine arbeitsintensive Industriegüterproduktion, z.B. von Elektrogeräten, Textilien und Plastikwaren. Während dieser Zeit zeichneten sich in der Landwirtschaft einschneidende Veränderungen ab, die mit dem Ersatz der Agrarprodukte durch Industriegüter für den Export zusammenhingen, aber auch mit der sich schnell wandelnden Beschäftigungssituation in den ländlichen Gebieten.

- Eine dritte Phase wurde nach 1975 eingeleitet. Sie hatte die Errichtung einer Schwerindustrie, insbesondere den Aufbau von petrochemischen Fabriken und Stahlwerken zum Ziel. Um den Problemen entgegenzuwirken, die mit einer zu schnellen Industrieentwicklung verbunden sind (z.B. Energieversorgung, Infrastruk-

---

[1] Tsai, H.C., a.a.O., 1982, S. 26
[2] Liu, C.Z. "Regional Distribution of Agricultural and Industrial Production in Taiwan", in: Tschen, H./Schug, W. (eds.) "Rural Development and Agricultural Trade", Taipei 1982b, S. 111

tur, Umweltbelastung), wurde parallel ein Programm von zehn, später zwölf "New Development Projects" erstellt, das einen Ausbau der Häfen, Erweiterung der Stahlwerke, Straßenbau und Kernkraftwerke für die beginnenden achtziger Jahre vorsah.

- Neue Zielrichtung der Industrieproduktion ist seit einigen Jahren eine Weiterentwicklung der Präzisionstechnologie und Elektronik, die den Anschluß an die hochentwickelten Computertechnologien auf dem Weltmarkt herstellen soll.

5.4.2 Regionale Industrialisierung in Südtaiwan

Trotz einer allgemeinen chronologischen Abfolge der Industrialisierungsphasen in ganz Taiwan bestehen regionale Unterschiede in den Industrialisierungsmustern. So kann man im Norden der Insel ein dezentral industrialisiertes Gebiet mit einer weiten Streuung der Fabrikationsstätten in den ländlichen Gemeinden erkennen. Sie ziehen sich in einem breiten Gürtel durch die drei nördlichen Kreise Taipei, Taoyuan und Hsinchu.
Eine weitere, noch im Aufbau befindliche Industriezone entwickelt sich in Mitteltaiwan zwischen den Städten Taichung und Changhua. Die schmalen Küstenstreifen entlang der Ostküste wurden bislang kaum bei der Auswahl der Industriestandorte berücksichtigt.

Als Gegengewicht zum Norden ist die Industrie des Südens in stark konzentrierter Form in den beiden benachbarten Großstädten Tainan und Kaohsiung entstanden (vgl. Karte 2).
Bereits 1863 wurde Kaohsiung als zweiter internationaler Hafen neben Tainan eröffnet und gewann zunehmend an Bedeutung, als die Küsten vor dem ehemaligen Handelszentrum Tainan immer mehr versandeten. Unter den Japanern, die Kaohsiung zum Ausgangspunkt ihrer militärischen Aktivitäten in Südostasien machten, wurden Hafenausbau und frühe Industrieansiedlung gefördert [1]. Die taiwanesische Regierung setzte diese Entwicklung fort, so daß Tainan und Kaohsiung zum Zentrum der Exportindustrie avancierten.

---

[1] Yin, A.C.C. "Voluntary Associations and Rural-Urban Migration", in: Ahern, E.M./Gates, H., a.a.O., 1981, S. 325

Karte 2 : Industrieverteilung in Südtaiwan

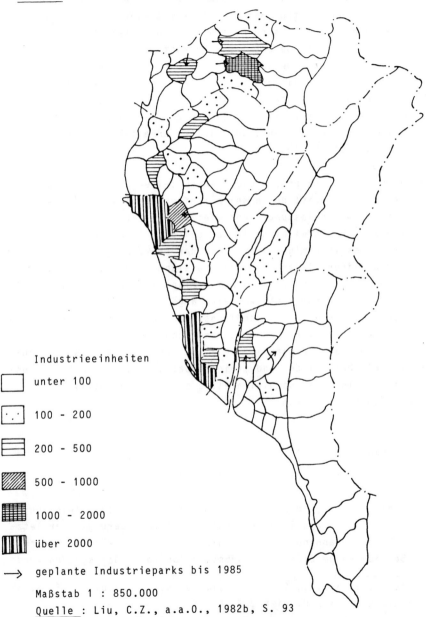

Seit 1966 bzw. 1969 existieren die beiden großen Exportzonen "Kaohsiung" und "Nantzu", eingerichtet mit Fabriken, die vor allem eine arbeitsintensive Fertigung ermöglichen. Der moderne Containerhafen, riesige Schiffsverschrottungsanlagen und die die staatlichen Stahlwerke sollen die Basis für die Folgeindustrien der Leichtmetallverarbeitung schaffen. Zuwächse in der Fabrikation von 105 % zwischen 1966 und 1976 bestätigen den Erfolg dieses Konzepts. Die im gleichen Zeitraum verzeichnete Wachstumsrate von 22 % an industriellen Arbeitskräften spiegelt außerdem die starke Sogwirkung der Metropole auf die ländliche Bevölkerung wider [1].

Mittlerweile hat Kaohsiung die Grenzen seiner Ausdehnungsfähigkeit erreicht und ist durch seine fünf großen Industriezonen erheblichen Umweltbelastungen ausgesetzt. Die Verantwortlichkeiten für die weitere Entwicklung liegen bei den Planungskommissionen des CEPD, des Innenministeriums und der Provinzregierung, die in ihren jeweiligen Plänen (National Development Plan, Regional Development Plan, Industrial Location Plan) ihre Ziele abstecken [2]. Daraus geht auch für Südtaiwan eine angestrebte Dezentralisierung der Industrie in die ländlichen Gebiete, insbesondere in den Kreis Pingtung hervor, um den derzeitigen Problemen Kaohsiungs entgegenzuwirken. Bezogen auf Gesamttaiwan bedeutet das, daß zukünftig ein Drittel der Industrieproduktion Taiwans im Süden konzentriert sein wird und gleichzeitig einer halben Million Menschen Arbeit bieten kann.

5.5 Landwirtschaft

5.5.1 Entwicklung des Agrarsektors nach 1950

Aufgrund ihrer Interdependenz mit der industriellen Entwicklung lassen sich auch die landwirtschaftlichen Veränderungen der letzten Jahrzehnte anhand mehrerer Phasen verfolgen. Während der frühen Bemühungen um eine Importsubstitution von Bedarfsgütern wurde

---

[1] Liu, C.Z., a.a.O., 1982b, S. 91; Wu, R.I., a.a.O., 1976, S. 595
[2] Tsai, H.C., a.a.O., 1982, S. 47 ff.

die Industrialisierung wesentlich vom Agrarsektor gestützt und mitfinanziert. Politische Maßnahmen, die den Agrarexport zur Deviseneinnahme bei gleichzeitiger Beibehaltung eines niedrigen Preisniveaus förderten, schufen die Grundlage für ein schnelles Wirtschaftswachstum. Obwohl die Agrarprodukte im Lauf der Zeit durch Industriegüter ersetzt wurden, konnte in der Landwirtschaft mit hohem Einsatz an Kapital und Arbeit ein Produktivitätszuwachs erzielt werden [1]. Seit Ende der sechziger Jahre jedoch verdrängte der gewerbliche Sektor die landwirtschaftliche Vormachtstellung in der Gesamtwirtschaft. Der Beitrag der Landwirtschaft am Nettoinlandsprodukt nahm kontinuierlich ab - von 38 % in 1953 auf nurmehr 9 % in 1980 [2].

Auch innerhalb des Agrarsektors setzte ein tiefgreifender Strukturwandel ein. Die rasche Abnahme der landwirtschaftlichen Bevölkerung und die Aufgabe von Vollerwerbsbetrieben zugunsten der Nebenerwerbslandwirtschaft kennzeichnen diesen Prozeß. Hohe Abwanderungsraten bewirkten einen Mangel an Arbeitskräften in den Betrieben und die Einkommensunterschiede zu den Industriebeschäftigten stellten die Bauern vor weitere Probleme. Bei kleinbetrieblichen Strukturen mußten arbeitsintensive Produktionsverfahren durch Kapital- und Maschineneinsatz umgestellt werden. Die agrarpolitischen Maßnahmen der Regierung richteten sich deshalb in erster Linie darauf, Einkommenschancen und Lebensqualität der bäuerlichen Bevölkerung zu verbessern und das Arbeitskräftedefizit in der Landwirtschaft auszugleichen. Die Förderungsschwerpunkte lagen vor allem in der Mechanisierung, Verbesserung von Saatgut und Pflanzenvarietäten und arbeitsextensiveren Anbaumethoden [3]. Ebenfalls an Bedeutung gewinnt die Ressourcenplanung, da die landwirtschaftlichen Nutzflächen wegen des hohen Bodendrucks zunehmend in gewerblich genutztes Bauland umgewandelt werden und sich die städtischen Gebiete weiterhin ausdehnen.

---

1) Die durchschnittliche Wachstumsrate lag zwischen 1953-1977 bei 4,5 %; vgl. Liu, C.Z., a.a.O., 1982a, S. 109
2) Chang, H.S. "Problems and challenge of agriculture in a rapidly developing economy - the Taiwan experience", ASPAC, Extension Bull. No. 160, 1981, S. 2
3) Mao, Y.K. "Agricultural Problems and Policy Issues in Taiwan", Industry of Free China Vol. LV, No. 3, 1981, S. 15 - 21

5.5.2 Regionale Differenzierung der Produktionssysteme

Mit fortschreitendem Strukturwandel in der Landwirtschaft bildeten sich auch regionale Differenzierungen in der landwirtschaftlichen Produktion heraus. Sie hängen vor allen Dingen mit den unterschiedlichen Bodennutzungssystemen zusammen, über die bereits ausführliche Untersuchungen von Liu vorliegen [1].
Danach wird die Intensität der landwirtschaftlichen Produktion in Südtaiwan von den vielfältigen natürlichen und sozio-ökonomischen Standortfaktoren determiniert (vgl. Karte 3).

- Die beiden großen Anbauebenen, Chianan und Kaoping werden von ausgedehnten Reislandflächen beherrscht, auf denen infolge der wärmeren klimatischen Verhältnisse frühere Pflanz- und Erntezeiten als in Nordtaiwan gestattet sind. Auf dem bewässerten Land werden je nach Bodenqualität ein bis zwei Reisernten pro Jahr erzielt. Außerdem wurden vielgestaltigere Fruchtfolgen eingeführt (z.B. Mais, Bohnen, Melonen), die sowohl für einen gleichmäßigeren Arbeitsanfall sorgen als auch weitere Einkommenssteigerungen gewährleisten.
In Gemeinden mit günstigen Vermarktungsbedingungen hat die Gemüseproduktion weniger lukrative Trockenlandfrüchte wie Süßkartoffeln und Erdnüsse weitgehend verdrängt.

- Im Gebirgsvorland und den Hügelregionen, die im Norden weit in die Chianan-Ebene hineinragen, liegen die landwirtschaftlich benachteiligten Anbauregionen. Zeitweiliger Wassermangel, mangelnde Marktanbindung und Arbeitskraftdefizite (durch starke Abwanderung verursacht) stellen die begrenzenden Faktoren dar. Daher ist nur ein extensiver Trockenfeldbau möglich. Erst in den letzten Jahren wurde versucht, die Lage in diversen Gebieten durch eine Erweiterung der Obstkulturen mit Zitrus- und anderen hochwertigen Marktfrüchten zu verbessern.

- Die intensivste landwirtschaftliche Produktion findet sich im weiteren Umland der Ballungsräume Tainan und Kaohsiung. Bewässerungsmöglichkeiten und fruchtbare Böden gewährleisten eine

---

1) Liu, C.Z., a.a.O., 1982a, S. 177 ff.

Karte 3 : Bodennutzungssysteme in Südtaiwan

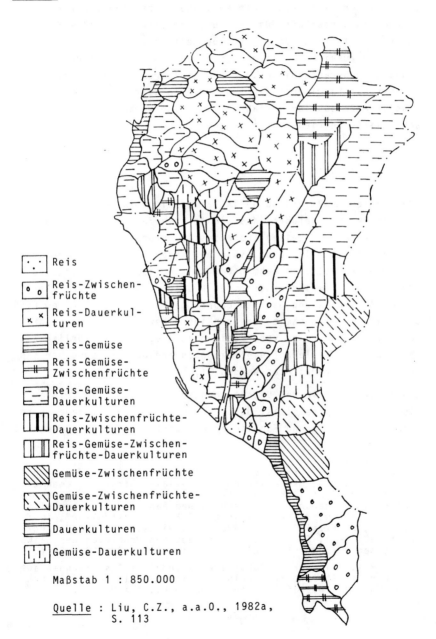

Legende:
- Reis
- Reis-Zwischenfrüchte
- Reis-Dauerkulturen
- Reis-Gemüse
- Reis-Gemüse-Zwischenfrüchte
- Reis-Gemüse-Dauerkulturen
- Reis-Zwischenfrüchte-Dauerkulturen
- Reis-Gemüse-Zwischenfrüchte-Dauerkulturen
- Gemüse-Zwischenfrüchte
- Gemüse-Zwischenfrüchte-Dauerkulturen
- Dauerkulturen
- Gemüse-Dauerkulturen

Maßstab 1 : 850.000

Quelle : Liu, C.Z., a.a.O., 1982a, S. 113

hohe Tragfähigkeit der Betriebe. Entlang der Verkehrsachsen entwickelten sich Gemüsebetriebe, aber auch eine verstärkte Veredelungswirtschaft. Die Haltung von Schweinen und Geflügel hat sich mit steigender Nachfrage seitens der städtischen Bevölkerung zu einem wichtigen, nicht-bodengebundenen Produktionszweig herausgebildet. In unmittelbarer Stadtnähe hingegen ist die Sogwirkung der Industrie so stark, daß wieder extensivere Produktionsverfahren im Nebenerwerb das landwirtschaftliche Betriebssystem prägen.

5.5.3 Agrarstruktur

In den Jahren 1949-1953 wurde in Taiwan ein umfassendes Landreformprogramm durchgeführt, das die Agrarverfassung in seinen wesentlichen Bestandteilen (Bodenbesitz, Erbrecht, Besteuerung, etc.) von den ehemals feudalistischen Zügen befreite und den gegenwärtigen rechtlichen Rahmen der taiwanesischen Agrarstruktur formulierte [1]. Es verbesserte den Pächterschutz durch Festlegung der Zinssätze und gab den Bauern nach der Auflösung des Großgrundbesitzes Gelegenheit, das von ihnen bewirtschaftete Land zu erwerben. Da eine Reihe von Arbeiten zu diesem Thema vorliegen, kann an dieser Stelle auf eine eingehendere Beschreibung der einzelnen Reformen verzichtet werden [2].

Die Agrarstruktur in der Untersuchungsregion (vgl. Tab. 5.8 am Schluß dieses Kapitels) ist durch kleinbäuerliche Betriebe, hohe Bodenzersplitterung und Familienarbeitswirtschaft gekennzeichnet.

---

1) Unter Agrarstruktur ist das "statistisch erfaßbare Verhältnis der technischen, ökonomischen und sozialen Strukturelemente im landwirtschaftlichen Sektor zu verstehen, das durch den relativ fixen (gewohnheits-)rechtlichen Rahmen der Agrarverfassung bedingt wird; vgl. Lipinsky, E.E. "Agrarstruktur", in : Geigant, F. et.al. "Lexikon der Volkswirtschaft", Landsberg/Lech 1983 (4.), S. 28 f., zu den heutigen Problemen der taiwanesischen Agrarstruktur Liu, C.Z., a.a.O., 1982a, S. 76 ff.

2) Tjiu, M.Y. "Die Agrarreform Taiwans und ihre Auswirkungen auf die wirtschaftliche Entwicklung", Diss., Göttingen 1968; Lehmann, H., a.a.O., 1970; Kindermann, G.K., a.a.O., 1977

Infolge der Landreform sind heute mehr als 90 % der Bauern auch
Eigentümer oder zumindest Teileigentümer ihres Bodens. Das Realteilungsprinzip im Erbgang und der hohe Bevölkerungszuwachs auf
den knappen Bodenressourcen haben jedoch in jüngster Vergangenheit die existenzsichernde Funktion des Landbesitzes in Frage
gestellt. Gerade in Südtaiwan hat die zunehmende Flurzersplitterung zu einer besonders niedrigen Betriebsgrößenstruktur geführt.
Die durchschnittliche Betriebsgröße beträgt weniger als 1 ha.
Die Verringerung der Betriebsgrößen stellt viele geplante agrarpolitische Maßnahmen vor schwerwiegende Probleme. Auch Abwanderung und Betriebsaufgabe haben dem Zersplitterungsprozeß bisher
nicht Einhalt gebieten können, denn viele Bauern wollen ihr Land
nicht verkaufen und überlassen es Verwandten zur Bewirtschaftung.
Der hohe Stellenwert des Bodenbesitzes im System der sozialen Absicherung wirkt hier als Hemmnis einer Reform der Betriebsgrössenstruktur. Auch die Bodenmobilität in An- und Verkauf ist sehr
gering. Ein Ansatz zur Überwindung dieses Problems scheint vorläufig mit den Flurbereinigungsprogrammen gefunden zu sein, die
zumindest eine weitere Parzellierung der Felder aufhalten und
infrastrukturelle Erleichterungen, z.B. Feldwege, Bewässerung,
schaffen können.

Aufgrund des hohen Bodendrucks sah sich ein Großteil der vormals
in der Landwirtschaft beschäftigten Personen gezwungen, außerhalb
des Agrarsektors Arbeit zu suchen. Damit setzten zwei parallel
verlaufende Umstrukturierungen in der Arbeitswirtschaft der bäuerlichen Betriebe ein [1]:

- Die durchschnittliche Zahl der Arbeitskräfte im Betrieb ging
  drastisch zurück, während die Zahl der gewerblich Beschäftigten in den Haushalten anstieg, so daß heute zwei von drei Mitgliedern aus bäuerlichen Haushalten außerbetrieblichen Erwerbs-
  tätigkeiten nachgehen. Von den im Betrieb verbleibenden Arbeitskräften sind nurmehr 41 % voll in der Landwirtschaft beschäftigt.

---
1) vergl. zu den nachfolgend genannten Daten Krekeler, H.J., a.a.O.,
   1985, S. 7

- Gleichzeitig sinkt die Zahl der landwirtschaftlichen Vollerwerbsbetriebe. Von den ca. 299.000 Betrieben, die es heute in Südtaiwan gibt, werden 92 % bereits als Nebenerwerbsbetriebe klassifiziert, von denen wiederum die Mehrzahl (60 %) ihr Haupteinkommen aus nichtlandwirtschaftlichen Tätigkeiten bezieht.

Es sind also tiefgreifende Umwälzungen im arbeitsorganisatorischen Bereich der bäuerlichen Betriebe eingetreten, die man zwar in gesamtwirtschaftlicher Hinsicht berechnen kann, deren Konsequenzen aber auf der mikrosozialen Ebene, in der bäuerlichen Familie noch nicht bekannt sind. Sie sollen in Kapitel 8.2 dargestellt werden.

Tab. 5.8 : Agrarstrukturelle Veränderungen in Südtaiwan seit 1970

Kreis Kennzeichen	Chiayi 1980	%	Tainan 1980	%	Kaohsiung 1980	%	Pingtung 1980	%	Südtaiwan 1980	%
landwirtschaftl. Nutzfläche (ha)	60.487	+6.0	80.662	+6.4	40.650	-12.5	69.183	+12.5	250.976	+4.2
durchschnittl. Betriebsgröße (ha)	1.12	-8.2	1.21	-9.8	1.53	+7.7	1.04	-7.2	1.19	-6.3
landwirtschaftl. Bevölkerung (N) 1)	377.4	-18.8	396.3	-39.0	376.7	-16.1	431.1	-7.3	1581.5	-22.0
- % der Gesamt- bevölkerung	45.7	-12.3	40.9	-28.3	37.0	-15.8	48.3	-7.4	10.8	-4.6
landwirtschaftl. Haushalte (N)	67.9	-2.6	97.4	-4.0	62.0	-5.9	72.2	+3.9	299.4	-2.3
- % der Gesamt- haushalte	41.5	-7.6	49.0	-14.9	29.6	-15.8	41.6	-7.2	9.9	-3.4
Betriebstyp (%)										
- Vollerwerbs- betriebe	10.4	-22.7	7.9	-13.5	6.6	-22.2	8.4	-25.5	8.3	-20.2
- Nebenerwerbs- betriebe	89.6	+22.7	92.1	+13.5	93.4	+22.2	91.6	+25.5	91.7	+20.2
Arbeitskräfte im landwirtschafl. Haushalt (N)	194.2	-1.7	205.8	-2.2	196.0	+2.8	227.8	+12.1	923.8	+2.2
- % der landwirtsch. Bevölkerung	51.5	+9.0	77.2	+29.1	52.0	+9.5	52.8	+9.1	58.4	+13.8
- % Vollzeitbe- schäftigte	30.4	-13.6	34.3	-30.5	34.9	-18.2	37.2	-19.3	34.3	-18.6
- % Teilzeitbe- schäftigte	47.3	+19.3	40.3	+30.3	39.1	+13.5	40.2	+12.6	41.5	+13.4
- % Erwerbs- tätige	22.3	+6.3	25.4	+15.8	26.0	+4.7	22.6	+6.7	24.2	+5.2

1) N in 1.000

Quelle : CAFC, Agricultural Census..., a.a.O., 1970, 1980
DBASTPG, Statistical Yearbook of Chiayi, Tainan, Kaohsiung, Pingtung County, a.a.O., 1971, 1981

6. Beschreibung der Untersuchungsgemeinden

Um die Untersuchungsergebnisse später in ihrem regionalen und spezifisch lokalen Kontext plazieren zu können, sollen im Folgenden die ausgewählten Gemeinden ausführlicher vorgestellt werden. Diese Charakterisierung wird nach verschiedenen Aspekten gegliedert:

- Lage der Gemeinde in der Region,
- innere Lage und Infrastruktur,
- allgemeine Bevölkerungsentwicklung,
- Wirtschafts- und Erwerbsstruktur,
- Situation der Landwirtschaft und der bäuerlichen Bevölkerung.

Als Quellen dienten hier in besonderem Maße Eigenbeobachtungen und persönliche Gespräche, die gezielt unter den obengenannten Aspekten durchgeführt wurden. Als Informanten kamen vor allem Vertreter der Gemeindeverwaltung, Farmer's Association, Dorfoberhäupter und Industrieadministration in Frage. Die Aussagen wurden mit statistischen Daten überprüft, die am Schluß des Kapitels in einer Übersichtstabelle zusammengefaßt sind (Tab. 6.1) [1]. Aus Karte 4 ist die Lage der Gemeinden im ländlichen Raum ersichtlich.

6.1 Linyuan (林園)

Linyuan ist die südlichste Küstengemeinde des Kreises Kaohsiung und grenzt im Norden an die ehemalige Gemeinde Hsiaokang an, die Mitte der siebziger Jahre dem Stadtgebiet Kaohsiungs eingegliedert wurde. Damit ist Linyuan zur Randgemeinde der Metropole geworden. Die Meeresküste und die Mündung des Kaoping-Flusses schließen die Landzunge ein. Ebenfalls nördlich liegt die neue Industriegemeinde Taliao.

---

[1] Die im folgenden Text angeführten Daten sind dieser Tabelle entnommen sofern keine andere Quelle genannt wird.

Karte 4 : Untersuchungsgemeinden in Südtaiwan

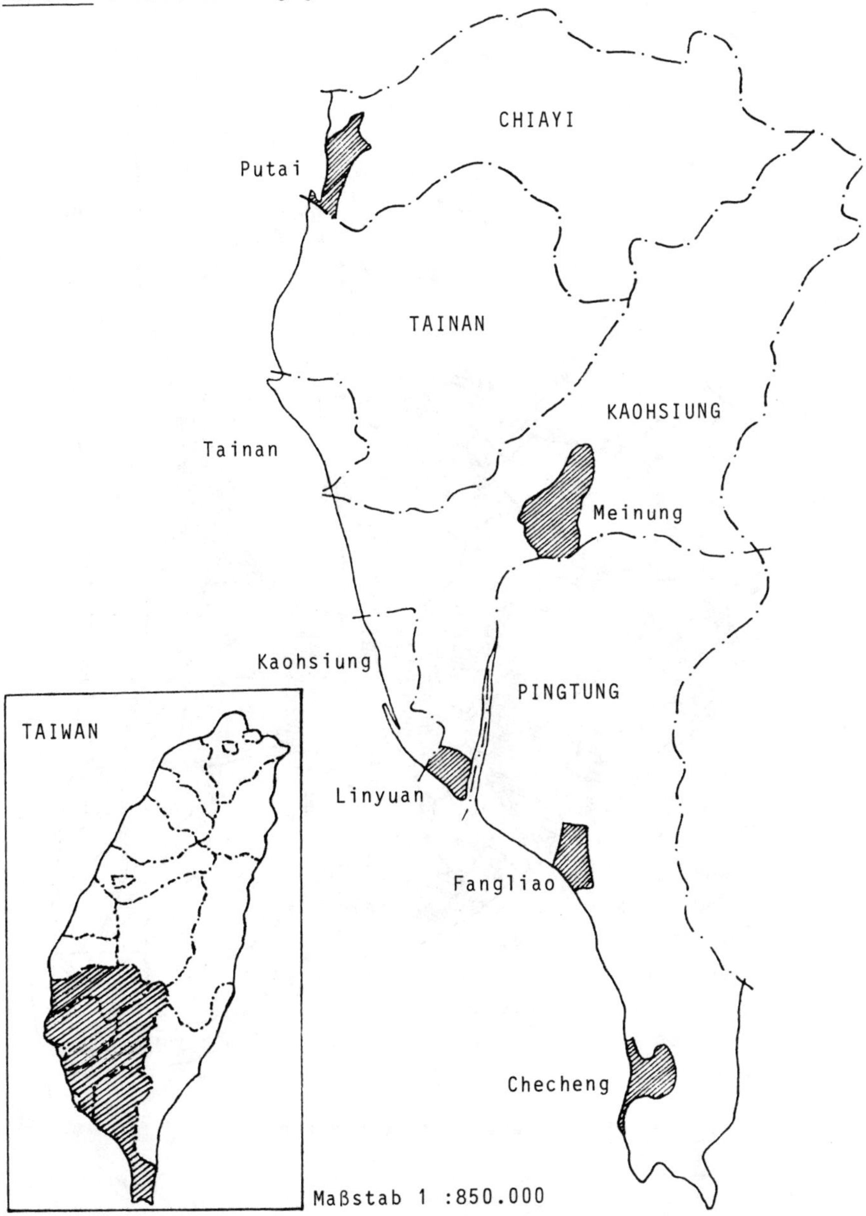

Maßstab 1 :850.000

Karte 5 : Linyuan

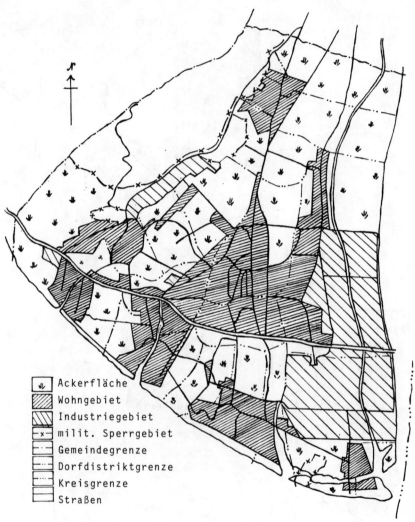

Quelle : Gemeindeverwaltung Linyuan

Eine erst vor wenigen Jahren errichtete große Brücke führt in den südlichen Kreis Pingtung und die von Fischerei und Hafen geprägte Gemeinde Tungkang hinüber. Diese Brücke ist Teil der neu ausgebauten Küstenschnellstraße, die bis zur Südspitze der Insel führt (ca. 140 km). Das "Kaoping region traffic improvement project", eines der zwölf Entwicklungsprojekte der siebziger Jahre, hat für die Gemeinde Linyuan hervorragende Anbindungen an Kaohsiung, die Kreisstadt Fengshan und die Stadt Pingtung geschaffen. Regelmäßige Busverbindungen im Abstand von 30 - 60 Minuten erleichtern den Personentransfer.
Linyuan ist mit 32.2 km² die kleinste der fünf Untersuchungsgemeinden. Die Administration unterscheidet 16 Dorfdistrikte, die jedoch infolge der dichten Bebauung an vielen Stellen nicht voneinander zu trennen sind. So wird auch der enge Ortskern im Norden der Schnellstraße, die die Gemeinde praktisch in zwie Hälften zerschneidet, aus zwei zusammenhängenden Dörfern gebildet. Zur Küste hin führen kleine Stichstraßen in die ehemaligen Fischerorte und den Hafen, in dem einige für die Küstenfischerei geeignete Kutter liegen. Im Hintergrund zu den Dörfern erhebt sich die "sky-line" der ausgedehnten petrochemischen Industriezone, welche, durch den Kaoping-Fluß begrenzt, beiderseits der Schnellstraße große Flächen bedeckt (ca. 380 ha). Daran schließt sich eine weite, landwirtschaftlich genutzte Ebene an. Sie wird von kleinen Straßen durchzogen, die zwar schmal aber aufgrund der Flurbereinigung gerade geführt und asphaltiert sind.
Die alten Dorfkerne bilden einen auffälligen Gegensatz zu den modernen kastenförmigen Neubauzeilen entlang der Straße. Im Ort Linyuan selbst drängen sich alle Arten von Geschäften, Restaurants und Marktständen zusammen. Auch die wichtigsten Institutionen wie Farmer's Association, Gemeindeverwaltung etc. sind hier zentriert.

Der Klein- und Versorgungshandel erlebte einen enormen Aufschwung als sich die Gemeinde in der letzten Dekade zur Wohnstadt für die Industriearbeiterschaft Kaohsiungs entwickelte. Linyuan ist die einzige Untersuchungsgemeinde, die in der Vergangenheit ein positives Bevölkerungswachstum zu verzeichnen hatte. Bei den Zuwanderern, die aus dem Umland nach Linyuan kommen, handelt es sich mehrheitlich um junge Leute. Zuzug, Familiengründungen und hohe Geburtenziffern bewirken deshalb eine relativ junge Altersstruktur in der Gemeinde.

Auch die Erwerbsstruktur hat sich grundlegend geändert. Die Industriearbeiterschaft wächst durch Zuwanderung und die Absorption vormals landwirtschaftlicher Arbeitskräfte aus der Gemeinde ständig an. Administrative und andere Dienstleistungsfunktionen werden in die neuen Verwaltungszentren, z.B. in die Kreisstadt Fengshan verlagert.

Auffallend ist, daß sich der Anteil berufstätiger Frauen seit den siebziger Jahren beinahe vervierfacht hat; knapp ein Drittel der industriellen Arbeitskräfte sind heute Frauen. Ein überdurchschnittlich hoher Anteil der jungen unverheirateten Frauen (von 16-24 Jahren) arbeitet in den Fertigungsbetrieben der Exportzonen Kaohsiungs [1]. Die männlichen Erwerbstätigen sind überwiegend in Facharbeiter- und Handwerksberufen, als Fahrer oder Maschinisten beschäftigt.

80 % von ihnen pendeln täglich in die angrenzenden Industriebezirke Kaohsiungs [2]. Die petrochemischen Werke und Plastikfabriken des neuen Industriedistriktes in Linyuan bieten hingegen nur wenige Arbeitsplätze von geringer Qualität. Zwei Drittel der 2400 verfügbaren Stellen werden von höherqualifizierten Fachleuten aus Kaohsiung besetzt [3].

Infolge der zunehmenden Bebauung des knappen Bodens, ist die landwirtschaftliche Nutzfläche in den letzten zehn Jahren um 35 % reduziert worden. Weitere Flurzersplitterung, Hinwendung zum Nebenerwerb und Betriebsaufgaben begleiteten diesen Prozeß. Die demographischen Wandlungen, denen Linyuan unterworfen ist, schlagen sich in einem drastischen Rückgang der landwirtschaftlichen Bevöl-

---

1) vgl. auch Wu, R.I., a.a.O., 1976, S. 598
2) insgesamt 9200 Personen, vgl. COEY "The Census of Population and Housing, Taiwan-Fukien Area", Taipei 1982, Vol.II, Part I, Tab. 100
3) Informationen des "Linyuan Industrial District Administration Center", 10.2.1983

kerung um 32 % seit 1970 nieder, so daß heute nur noch ein knappes Drittel der Einwohnerschaft in landwirtschaftlichen Haushalten lebt. Die Nähe zur Stadt und zu alternativen Einkommensquellen bewirkt einen fortschreitenden Ausgliederungsprozeß der jungen Arbeitskräfte aus den Betrieben. Aufgrund der höheren Lebenshaltungskosten in Kaohsiung bleiben sie jedoch häufig im elterlichen Haushalt wohnen, so daß sich trotz formaler und funktionaler Trennung in den älteren Dorfansiedlungen große Familienverbände erhalten.
Die relativ kleinen Restbetriebe (Ø 0.3 ha) werden entweder als extensive Nebenerwerbslandwirtschaft (Reis, Zuckerrohr) weitergeführt oder mit entsprechendem Faktoreinsatz zu intensiven Gemüsebetrieben (Zwiebeln, Spargel, Kohl etc.) spezialisiert.
Wegen der Bodenknappheit hat im Bereich der Veredelungswirtschaft die Geflügelzucht an Bedeutung gewonnen. Entlang der Küste versuchen sich einige Bauern mit Shrimps und Fischteichen. Ebenso wie der vormals verbreiteten Küstenfischerei sind diesem Erwerbszweig jedoch durch die stark verschmutzten Industrieabwässer Grenzen gesetzt.
Insgesamt wird die Rolle der Landwirtschaft in Linyuan durch den anhaltenden Verstädterungsprozeß auch zukünftig sinken, und es steht zu erwarten, daß die bäuerlichen Familien der Gemeinde von der Industriegesellschaft aufgesogen werden.

6.2 Fangliao (枋寮)

Als zweite Gemeinde, 51 km von Kaohsiung entfernt, wurde Fangliao ausgewählt. Sie liegt im südlichsten Winkel der Pingtung-Ebene, die von dort an in einen schmalen Küstenstreifen übergeht. Da das Gebirge bis nahe an die Küste heranreicht, wird Fangliao im Landesinnern von der Berggemeinde Chunjih sowie dem im Hügelvorland liegenden Hsinpi eingeschlossen. Südlich grenzt die langgezogene Küstengemeinde Fangshan an, nördlich das weit in die Tiefebene hineinreichende Chiatung. Hauptverkehrsachse ist auch hier die Küstenschnellstraße; ein neu ausgebauter Highway stellt eine bequeme Verbindung zur Kreisstadt Pingtung her. Die Nord-Süd-Eisen-

Karte 6 : Fangliao

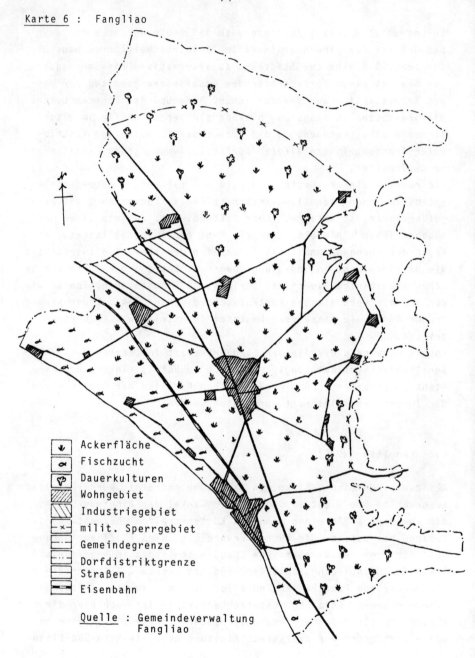

- ↓ Ackerfläche
- ∽ Fischzucht
- ϙ Dauerkulturen
- ▨ Wohngebiet
- ▨ Industriegebiet
- × milit. Sperrgebiet
- ▬▬ Gemeindegrenze
- ···· Dorfdistriktgrenze
- ▬▬ Straßen
- ▬▬ Eisenbahn

Quelle : Gemeindeverwaltung Fangliao

bahnlinie, ebenfalls von Pingtung kommend, endet in Fangliao. Personenzüge fahren tagsüber alle ein bis zwei Stunden; jedoch ist der Busverkehr schneller und günstiger, so daß den Reisenden regional verkehrende und Überlandbusse in 30-60 minütigem Abstand zur Verfügung stehen. Man rechnet mit einer Stunde Fahrzeit nach Kaohsiung.

Von den 57.7 km² Fläche sind etwa drei Viertel für die Menschen nutzbar. 15 Dörfer verteilen sich im Flachland in mehreren kleinen Siedlungen entlang des Randes zur Bergregion und im Nordteil der Ebene. Zwei Gruppen zu je drei Dörfern bilden den Gemeindekern Fangliao um den alten aber im Ausbau befindlichen Fischerhafen herum und eine zweite Siedlung, Shuitiliao, an der Gabelung der beiden Durchgangsstraßen. Somit gibt es zwei Zentren in der Gemeinde mit eigenen Märkten und Geschäftsvierteln; auch die Farmer's Association unterhält zwei Büros.

An der Nordgrenze zwischen den Hauptausfallstraßen erstreckt sich weitflächig und infrastrukturell bereits erschlossen ein Industriegelände, allerdings noch ohne jede Bebauung und mit ungewisser Zukunft. Entlang der Küste ziehen sich Fisch- und Shrimpzuchtanlagen auf einer Fläche von mehr als 500 ha und mit Tendenz zur Ausdehnung.

Auch Fangliao gehört zu denjenigen Gemeinden im weiteren Umland der Industriemetropole, die in den letzten zehn Jahren eine völlige Umorientierung ihrer wirtschaftlichen und demographischen Struktur erfahren haben. Die Stagnation des Bevölkerungswachstums verdeckt ein wenig den Blick für die enorme Mobilisierung in der Gemeinde. Sinkende Geburtenraten, eine steigende Zahl von jungen Leuten, die ins erwerbstätige Alter kommen, hohe Zu- bzw. Abwanderungsraten prägen diesen Prozeß, der sich am deutlichsten in der Veränderung der Erwerbssituation niederschlägt.

Die Dominanz des Agrarsektors wurde aufgebrochen. Obwohl noch immer knapp die Hälfte der Erwerbstätigen in der Landwirtschaft arbeitet, sind die gewerblichen und tertiären Sektoren infolge von Berufswechsel und Zunahme der Beschäftigten um 19 % angewachsen. Die Arbeitsplätze in Fangliao selbst sind dünn gesät. Nur die Hälfte der Berufstätigen arbeitet in der Gemeinde. Es gibt einige kleinere Fabriken für Strickwaren, Metall- und Holzverarbeitung; Einzelhandel und Transportunternehmen bilden die aufstrebenden Geschäftszweige [1]. Die neuen Verkehrsverbindungen lassen ein Pendeln nach Kaohsiung gerade noch zu, etwa 8 % der Arbeitnehmer nutzen diese Gelegenheit [2]. In der weiteren Umgebung wurden reguläre und saisonale Arbeitsplätze im Infrastrukturausbau geschaffen, z.B. im Straßenbau, der Hafenerweiterung oder bei den Kraftwerksanlagen in Hengchun.

Im Verlauf dieser Umorientierung, die einen Großteil der Gemeinde in den industriellen Arbeitsmarkt integriert hat, setzte auch ein entsprechender Strukturwandel in der Landwirtschaft ein. Dieser ist gekennzeichnet durch einen Rückgang der Anbaufläche und eine gleichzeitige Intensivierung der Produktion auf dem verbliebenen Land, ein Prozeß, den Liu bereits als Ausdifferenzierung landwirtschaftlicher Intensitätszonen im weiteren Umland der Industrie beobachtet hat [3]. Trotz einer Verringerung der Anbaufläche um fast 16 % ist der Reis noch immer die wichtigste Frucht, gefolgt vom Zuckerrohr, der auf den Kontraktfeldern der "Taiwan Sugar Company" wächst [4]. Innerhalb von nur sechs Jahren hat man auf beinahe 2000 ha die Produktion von Sojabohnen zugunsten verschiedener Gemüsearten (Gurken, Kohl, Tomaten etc.) und einer zunehmenden Anpflanzung von Obstbäuemen (Mango, Wachsapfel etc.) aufgegeben. Die Anlage der Obstplantagen und die Umwandlung von Reisland in Fischteiche sind zwei der herausragendsten Merkmale des Produktionswandels in Fangliao. Viele Bauern stellen völlig auf die Fisch- und insbesondere Shrimpzucht um, die eine lukrative Einkommensquelle darstellt. Etwa 500 ha Boden wurden seit 1970 diesem Zweck zugeführt. Die Küstenfischerei dient nur noch für wenige Haushalte als finanzielle Ergänzung. In der Tierhal-

---

1) CICC "The Report of 1976 Industrial and Commercial Censuses of Taiwan-Fukien District of the Republic of China", Taipei 1978, Tab. 3
2) COEY, The Census of Population..., a.a.O., 1980, Tab. 100
3) Liu, C.Z., a.a.O., 1982a, S. 226 ff.
4) DBASTPG, Statistical Yearbook of Pingtung County, a.a.O., 1981

tung zeigt sich, ähnlich wie in Linyuan, ein Anstieg der Geflügelzucht in einigen spezialisierten Großbetrieben und ein Rückgang in der vormals ausgeprägten Schweine-, Büffel- und Rinderhaltung.
Die Zahl der bäuerlichen Haushalte ist im vergangenen Jahrzehnt um ein Fünftel zurückgegangen und repräsentiert heute nurmehr 40 % aller Haushalte in Fangliao. In noch stärkerem Maße nahm die landwirtschaftliche Bevölkerung ab, nachdem sich die soziale und geographische Mobilisierung in vermehrten Haushalts- und Familienteilungen manifestiert hat. Für den Erhalt mehrgenerationaler Familien haben sich die Voraussetzungen insofern erschwert, als sie nur durch Nebenerwerb und/oder Intensivierung der landwirtschaftlichen Produktion zusammenbleiben können. Beide Prozesse gehen auf jeden Fall mit einer Freisetzung von landwirtschaftlichen Arbeitskräften einher, so daß auch künftig mit einer Reduzierung der Arbeiten auf das Betriebsleiterehepaar zu rechnen sein wird.

6.3 Checheng (車城)

Checheng ist eine der drei südlichsten Gemeinden im Kreis Pingtung und Taiwans überhaupt. Ihre Lage ist bestimmt von einem Wasserlauf, der, von den nahen Bergen kommend, durch ein sich verbreiterndes Flußtal und eine kleine Ebene ins Meer einmündet. Nördlich angrenzend die vom Gebirge auf einen schmalen Küstenstreifen reduzierte Gemeinde Fangshan, östlich zwei für die Öffentlichkeit gesperrte Berggebiete, Mutan und Manchou, und im Süden schließt die Gemeinde Hengchun an. Mit ihrem Nationalpark Kenting und anderen kleinen Tourismuszielen, einer neuen Atomkraftwerkanlage und regem Geschäftsviertel ist Hengchun ein kleines Zentrum des äußersten Südens der Insel geworden.
Checheng selbst wird durchquert von der Küstenschnellstraße, ein zweiter Highway windet sich, dem Flußlauf folgend, in die Berge hinein und schafft damit eine Querverbindung zur Ostküste. Eine kleinere Straße entlang der Küstendörfer endet unasphaltiert im Süden der Gemeinde. Lokale Busverbindungen sind spärlich; aller-

- 78 -

Karte 7 : Checheng

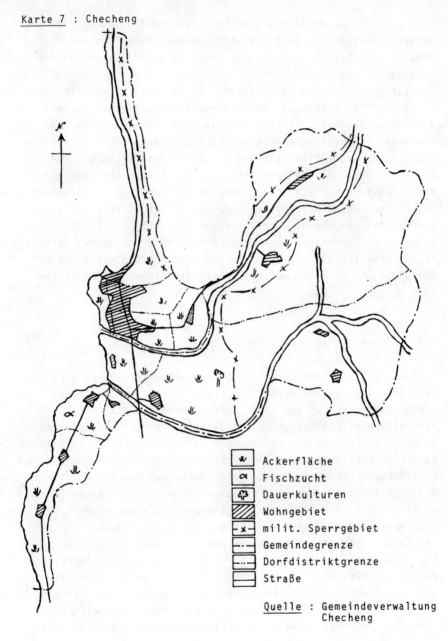

	Ackerfläche
	Fischzucht
	Dauerkulturen
	Wohngebiet
	milit. Sperrgebiet
	Gemeindegrenze
	Dorfdistriktgrenze
	Straße

Quelle : Gemeindeverwaltung Checheng

dings bindet der regelmäßige Schnellbusverkehr die Gemeinde an
die Metropole Kaohsiung an, die in zweieinhalb Stunden erreicht
werden kann.
Chechengs Grundfläche von 49.9 km² ist in 15 Dorfdistrikte unterteilt. Sie ziehen sich vereinzelt entlang des Flusses in die Berge hinein, andere liegen, in viele kleine Nachbarschaftssiedlungen zersplittert, an der Küstenstraße. Ihrem Charakter nach sind
diese Dörfer halbe Fischerorte, und viele Bauern betreiben neben
dem Anbau noch etwas Küstenfischerei. Zu beiden Seiten der ausgebauten Verkehrsachse konzentrieren sich vier alte Dorfkerne, von
denen zwei den eigentlichen Hauptort der Gemeinde bilden. Neubauten sind bis auf einige öffentliche Gebäude (Gemeindeverwaltung,
Post etc.) selten. Das zwischen den älteren Vierteln liegende
Land wird jedoch nach und nach mit Reihenhäusern zugebaut.
Alles verfügbare Land der kleinen Ebene wird von Feldern bedeckt.
Die Berggebiete dienen als militärisches Sperr- und Übungsgelände
und an der Küste stehen singaporeanische Garnisonen.

Checheng hat nur zögernd Anschluß an die regionale Entwicklung in
Südtaiwan gefunden. Seit den frühen sechziger Jahren ging die Bevölkerungszahl aufgrund hoher Migrationsraten stetig zurück. Da
vor allem junge Leute abwanderten, stellt die Überalterung heute
ein großes Problem dar; 5.4 % der Einwohner sind bereits älter
als 65 Jahre. Gleichzeitig drängen die noch geburtenstarken Jahrgänge aus den späten sechziger Jahren auf den Arbeitsmarkt, der
in der Gemeinde selbst durch einen absoluten Mangel an nichtlandwirtschaftlichen Arbeitsplätzen gekennzeichnet ist.
Es gibt drei Sisalverarbeitungsbetriebe, eine Holzfabrik und Ziegelei sowie vier kleine Transportunternehmen. Die Mehrzahl der
Geschäfte und Handwerksbetriebe sind kleinste Familienunternehmen.
Knapp 60 % der Beschäftigten sind noch in der Landwirtschaft tätig. In dieser Situation kommen der aufstrebenden Nachbargemeinde
Hengchun wichtige Funktionen zu. Etwa 200 Personen haben dort Arbeit gefunden. Mit der neuen Verkehrsanbindung nach Kaohsiung entstand als weiteres Merkmal der Erwerbslage eine Gruppe von Wochenendpendlern, die in der Industriemetropole beschäftigt ist. Bei
den jüngeren Leuten ist darin allerdings noch immer ein erster
Schritt zur Migration zu sehen.

Auch die Ausgliederung von Arbeitskräften aus der Landwirtschaft
hält unvermindert an. Viele Betriebe werden extensiviert, nachdem die Bauern in den Ruhestand getreten sind, weil die Hofnachfolge durch die junge Generation nicht immer gesichert ist.
Zwei Reisernten mit Winterzwischenfrüchten (Zwiebeln, Melonen,
Bohnen etc.) bilden das vorherrschende Produktionssystem. Die
ehemals wichtige Sisalproduktion ist im Niedergang begriffen, so
daß mehr und mehr der 900 ha umfassenden Jutepflanzungen an den
Berghängen aus mangelnder Rentabilität aufgegeben werden. Der Ersatz von Sisal durch Kunstfasern und der andauernde Preisverfall
wirken sich hier aus. Die zukünftige Entwicklung in der Landwirtschaft und der gesamten Gemeinde wird entscheidend vom weiteren
wirtschaftlichen Aufschwung des Nachbarortes Hengchun abhängen,
denn nur von dort sind Wachstumsimpulse und die Herausbildung eines regionalen Marktes zu erwarten.

6.4 Meinung (美濃)

In der nordöstlichen Ausdehnung der Kaoping-Ebene und am Fuße der
Berge liegt Meinung, das der Administration des Kreises Kaohsiung
untersteht. Im Norden und Osten wird das weite Tal von den Berggemeinden Shanlin und Liukuei eingeschlossen, westlich grenzt der
Ort Chishan an und südlich trennt der Laonung-Fluß Meinung von
den Gemeinden Kaoshu und Likang im Kreis Pingtung. Eine Brücke
neueren Datums führt weiter über Landstraßen in die 34 km entfernte Kreisstadt. Alle 15-30 Minuten fahren Busse nach Chishan,
das als zentraler Ort des Gebietes auch den Verkehrsknotenpunkt
mit häufigen Anschlüssen nach Kaohsiung bildet. Die Fahrzeiten
liegen bei ca. einer Stunde, weitere zweieinhalb Stunden dauert
die Fahrt durch die Berge nach Tainan. Busse und Motorräder sind
die wichtigsten Transportmittel, die nächste Eisenbahnstation ist
in Pingtung zu erreichen.
Ein Drittel der 120 km² großen Grundfläche besteht aus Gebirgszügen, die das fruchtbare Tal von drei Seiten umschließen. Nach Süden hin erstreckt sich der Übergang zur Pingtung-Ebene. Die Gemeinde ist in 21 Dorfdistrikte untergliedert, die zum Teil aus

Karte 8 : Meinung

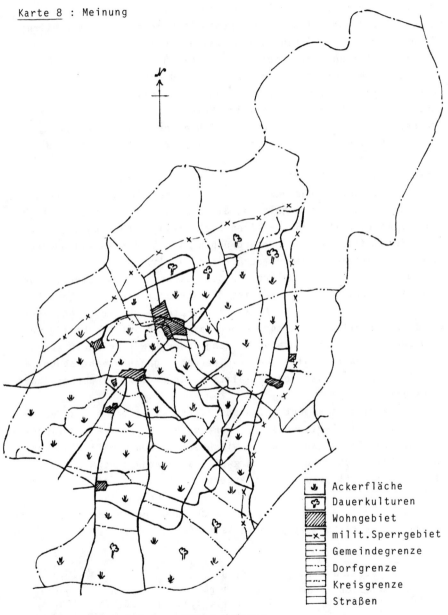

Quelle : Gemeindeverwaltung Meinung

mehreren verstreuten Siedlungsgruppen zusammengefaßt wurden. Entsprechend auffällig ist das Festhalten an der traditionellen Gehöftbauweise im Siedlungsbild, das nur selten von Häusern im modernen Stil unterbrochen wird. Lediglich im Nordteil der Gemeinde fügen sich drei Dörfer mit ihrer dichten Bauweise zu dem Hauptort Meinung zusammen. Aufgrund seiner hohen Einwohnerzahl und administrativen Funktion wird Meinung als städtische Gemeinde bezeichnet. Ein gutes, umfangreich ausgebautes Straßennetz durchzieht die Ebene und verbindet die Dörfer untereinander.

Sprachlich und kulturell grenzen sich die Einwohner Meinungs von der Bevölkerung in den umliegenden Gemeinden ab. Sie gehören der hakkasprechenden Minderheit an, die aus der Festlandprovinz Kwangtung stammt. Seit 1736 siedelten sich Hakka in Meinung an, wobei sie die ansässigen Ureinwohnergruppen nach harten Auseinandersetzungen in die Bergregionen zurückdrängten [1].
Meinung ist von allen Untersuchungsgemeinden am stärksten von der Landwirtschaft geprägt. Zwar ist die insgesamt negative Bevölkerungsentwicklung auf hohe Abwanderungsraten zurückzuführen, aber es sind vor allem die nicht in der Landwirtschaft beschäftigten Gruppen, die die Gemeinde wegen mangelnder Erwerbschancen verlassen. Die landwirtschaftliche Bevölkerung dagegen bleibt sowohl in absoluten Zahlen als auch in Relation zur übrigen Einwohnerschaft konstant.
Industrie gibt es im Ort überhaupt nicht, sieht man einmal von wenigen kleineren Fertigungsbetrieben für Holz, Papier- und Eisenwaren ab. Der Einzelhandel wird, wie überall, von Familien geführt. Größte Arbeitgeber vorort sind zwei Transportunternehmer mit je sechzig Beschäftigen. Bessere Arbeitsmöglichkeiten gibt es in der Nachbarstadt Chishan. Fast ein Viertel der Erwerbstätigen nimmt auch die langen Anfahrtswege nach Kaohsiung und in die neuentstandenen Dienstleistungszentren in Kauf [2].

---

1) Cohen, M.L., a.a.O., 1976, S. 3 f.
2) CICC, Industrial and Commercial Census..., a.a.O., 1978, Tab.3
   COEY, The Census of Poulation..., a.a.O., 1980, Tab. 100

Daß der Agrarsektor in Meinung als Beschäftigungs- und Einkommensfaktor mit der Industrie konkurrieren kann, liegt wohl an den hervorragenden natürlichen Standortbedingungen, die das Tal für die Landwirtschaft zu bieten hat. Ihrer Entwicklung wurde in den vergangenen Jahren auch von seiten der Planungsbehörden besondere Aufmerksamkeit geschenkt. Intensivierung und Mechanisierung der Produktionsverfahren sowie eine Ausdehnung der Anbaufläche um 300 ha kennzeichnen diesen Prozeß. Die Bodennutzungsform Reis-Zwischenfrüchte-Dauerkulturen umschreibt einen intensiven Anbau von Cash-Crops wie Tabak, Zuckerrohr, Bananen und der vereinzelten Spezialisierung auf Marktfrüchte wie Pilze und Paprika. Viele Bauern (57 %) haben zu Beginn der siebziger Jahre in die Schweinezucht investiert, die sich als wichtige Einnahmequelle etablieren konnte [1]. Die Geflügelhaltung spielt eine eher untergeordnete Rolle und wird hauptsächlich für den Eigenbedarf betrieben.

Interessant ist, daß die Zahl der bäuerlichen Haushalte in Meinung ständig zunimmt und 1980 rund 78 % aller Haushalte ausmachte. Ein Grund dafür ist vermutlich in der formalen Teilung der Familien zu sehen, die durch berufliche Diversifizierung und Migration zustandekommen. Die Erhaltung der Betriebe und die Tatsache, daß viele der Hoferben ihren Landanteil anderen Familienmitgliedern zur Bewirtschaftung überlassen, hat gleichzeitig bewirkt, daß sich die Betriebsgrößenstruktur nur geringfügig vermindert. Obwohl der Prozentsatz von Vollerwerbsbetrieben mit 14 % noch vergleichsweise hoch liegt, konnte auch in Meinung eine Hinwendung zur Nebenerwerbslandwirtschaft nicht aufgehalten werden. Die betrieblichen Einkommen werden in erheblichem Maße durch zusätzliche Lohneinkünfte ergänzt. Dennoch stellen die günstigen landwirtschaftlichen Produktionsbedingungen für eine Reihe von Betrieben offenbar eine Alternative zur Industriearbeit und zur Abwanderung in die Stadt dar.

---

1) CAFC, Agricultural Census..., a.a.O., 1980, Tab. 19 f.

6.5 Putai (布袋)

Putai liegt an der nördlichen Peripherie der Region Südtaiwan im Kreis Chiayi. Es handelt sich ebenfalls um eine Küstengemeinde, eingegrenzt von Tungshih im Norden sowie den zwei Binnengemeinden Putze und Ichu. Südlich trennt der Pachang-Fluß (八掌溪) die beiden Kreise Chiayi und Tainan voneinander. Putai liegt abseits der Hauptverkehrsachsen. Sowohl die Autobahn als auch die Eisenbahn sind erst in den Kreisstädten Chiayi und Hsinying zu erreichen. Lokale Busse fahren ständig ins angrenzende Putze, einem aufstrebenden Marktflecken und Verkehrsknotenpunkt des Gebietes.
Die Gemeinde hat eine Grundfläche von 59.8 km², die sich in sehr unterschiedlichem Maße auf die 23 Dorfdistrikte aufteilt. Zwei Hauptverkehrsstraßen durchziehen die Landschaft in nordsüdlicher Richtung, drei in westöstlicher Richtung und bestimmen die innere Verkehrslage der Gemeinde. Dazwischen schlängeln sich z.T. unbefestigte Wege zu den abgelegeneren Dörfern. Die Siedlungsweise ist sehr unterschiedlich : es gibt meistens einen kleinen engen Dorfkern, der von außerhalb gelegenen Gehöftgruppen und verstreuten Einzelhöfen eingekreist wird.
Auch Putai hat, ähnlich Fangliao, zwei Zentren. Eines davon liegt an der Nordgrenze, wird aus drei Orten gebildet und ist faktisch Knotenpunkt für das landwirtschaftlich genutzte nordöstliche Gebiet der Gemeinde. Westlich der Hauptstraße und im gesamten Südteil wird auf ca. 900 ha Fisch- und Austernzucht betrieben, weitere 1700 ha Fläche bedecken die Salzfelder der staatlichen Salzwerke, die hier eine Verarbeitungsanlage unterhalten. Der Hauptort selbst gruppiert sich um den alten aber im Ausbau befindlichen Fischerhafen herum und ist in seinen Aktivitäten völlig von diesem Wirtschaftszweig geprägt. Etwas außerhalb an der Kreuzung der beiden Hauptausfallstraßen präsentieren sich Gemeindeverwaltung und Polizei.

1981 lebten knapp 42.000 Menschen in Putai, beinahe 13 % weniger als noch zehn Jahre zuvor. Diese massive Abwanderung der Bevölkerung, insbesondere aus den bäuerlichen Haushalten, bewirkte einen ähnlich tiefgreifenden Strukturwandel wie in Checheng,

Karte 9 : Putai

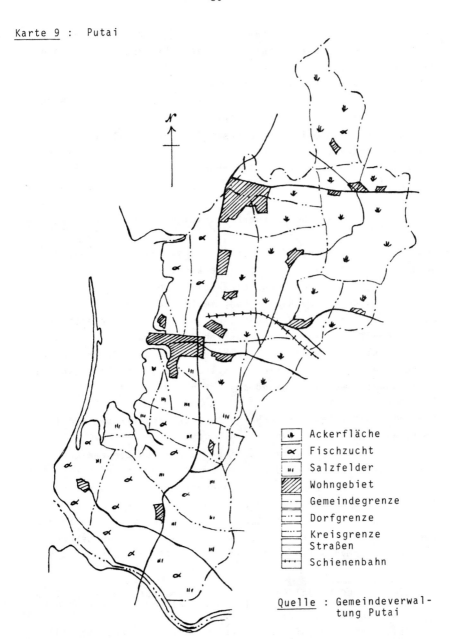

jedoch in wesentlich größerem Umfang. Die Überalterung in den Dörfern ist allzu offensichtlich : ganze Siedlungsgruppen stehen leer und verfallen. Vor allem das Defizit an Frauen im heiratsfähigen Alter stellt ein Problem dar. Für die jüngeren Bauern sind die Chancen zur Familiengründung äußerst eingeschränkt. Fischerei und Landwirtschaft determinieren weiterhin die Erwerbsstruktur in der Gemeinde. Sie beschäftigen mehr als die Hälfte aller Erwerbstätigen. Ferner gibt es eine Vielzahl kleiner Fertigungsbetriebe (Konserven, Strickwaren, Plastikverarbeitung), die lokale Arbeitskräfte, zumeist Ungelernte, für Niedrigstlöhne anstellen. Auch Heimarbeit vorindustrieller und arbeitsintensiver Prägung ist als Nebenerwerb in vielen bäuerlichen Haushalten noch üblich.

Von der Salzgewinnung, die in Händen des staatlichen Salzmonopols liegt, profitiert die Gemeinde kaum, noch gehen Beschäftigungsinitiativen von ihr aus.Eine voll technisierte Waschanlage und die zunehmende Mechanisierung im Salzabbau drängen auch die letzten 300 lizensierten Bauern, die daraus einen Nebenerwerb erwirtschafteten, aus der Produktion [1]. Die übrigen 15 % der Erwerbstätigen arbeiten außerhalb Putais in den aufstrebenden Gemeinden der Umgebung (Putze, Hsinying) oder nehmen die längeren Anfahrtswege nach Tainan und sogar Kaohsiung in Kauf [2].

Mehr als 1000 ha der verfügbaren landwirtschaftlichen Nutzfläche in Putai werden mittlerweile von Fischteichen eingenommen, da die Zucht von Süßwasserfischen zu einer lukrativen Einnahmequelle geworden ist. Diese Umwandlung in der Bodennutzung hält weiter an, denn aufgrund der ungünstigen Standortverhältnisse war eine intensivere Bodennutzung der trockenen Küstenebene seit jeher nur durch Bewässerung möglich. Dennoch setzte in den vergangenen Jahren auch eine verstärkte Gemüseproduktion für die Weiterverarbeitung ein [3]. Man pflanzt hauptsächlich Rettich, Möhren und Kohl,

---

1) alle Angaben bezüglich des Salzabbaus entstammen einem Informationsgespräch mit der lokalen Verwaltung der Taiwan Salt Works vom 29. 4. 1983
2) COEY, The Census of Population..., a.a.O., 1980, Tab. 100
3) Liu, C.Z., a.a.O., 1982a, S. 182 f.

die in etwa zwanzig Kleinbetrieben eingelegt und konserviert werden für den Export nach Japan und Korea aber auch für den einheimischen Markt. Aufgrund der begrenzten Verfügbarkeit des Wassers und der geringeren Bodenqualität bietet Sorghum neben dem Zuckerrohr eine stabile Einkommensquelle, da seine Produktion mit Abnahmegarantien des "Tobacco and Wine Monopoly Bureau" gekoppelt ist [1].

Schweine-, Hühner- und Entenzucht sind in der Ausdehnung begriffen; insbesondere im Nordosten der Gemeinde ist eine Kombination von Schweinen und Fischteichen häufig zu finden, mitunter sogar inklusive spezialisierter Entenhaltung auf den Teichen.

Die landwirtschaftliche Bevölkerung ging im Zuge der gravierenden Migrationsprozesse zwischen 1970 und 1980 um 48 % zurück. Beinahe ein Viertel der Betriebe wurde aufgegeben und eine große Anzahl dient schon heute als Altenteil derjenigen Bauern, die ohne Nachfolger davon ihren Lebensunterhalt bestreiten. Kaum ein Betrieb wird noch im Vollerwerb geführt und die Mehrheit der verfügbaren Arbeitskräfte ist unterbeschäftigt sofern sie keinem Nebenerwerb nachgeht. Nur 3.5 % von ihnen werden im Agrarzensus als Erwerbstätige ausgewiesen.

Da die bäuerlichen Haushalte heute weniger als ein Drittel aller Haushalte in Putai stellen, ist auch die Bedeutung der Landwirtschaft für die Gemeindepolitik in den Hintergrund getreten. In der Verwaltung setzt man vermehrt auf den geplanten Hafenausbau und die Ausdehnung der Fischanlagen und Austernzucht. Eine weitere Reduzierung der landwirtschaftlichen Bevölkerung auf wenige existenzfähige Betriebe, die z.B. Gemüseproduktion und -verarbeitung kombinieren oder Veredelungswirtschaft betreiben, ist daher für die Zukunft zu erwarten.

---

[1] Sorghum wird zur Herstellung von Schnaps benötigt

Tab. 6.1 : Strukturwandel in den Untersuchungsgemeinden seit 1970

Gemeinde Kennzeichen	Linyuan 1980	%[1]	Fangliao 1980	%	Checheng 1980	%	Meinung 1980	%	Putai 1980	%
Demographie [2]										
Bevölkerung (N) [3]	55.3	+12.4	33.2	-	15.3	-5.0	54.7	-6.2	41.9	-12.9
Haushalte (N)	10.7	+50.0	6.4	+10.5	2.9	+4.5	10.2	+13.0	7.7	+3.7
Altersaufbau (%) :										
- unter 15 Jahre	36.3	-0.7	30.8	-9.6	30.4	-12.3	28.6	-12.1	30.3	-10.7
- 15-64 Jahre	59.9	-0.4	64.9	+7.9	64.2	+10.4	66.2	+9.8	64.7	+8.9
- älter als 65 Jahre	3.8	+1.1	4.2	+1.6	5.4	+1.9	5.2	+2.2	5.0	+1.8
Erwerbstätige Bevölkerung (N)	24.0	+5.7	16.8	+15.1	6.6	+22.2	31.7	+16.1	18.3	+4.6
- % d. Erwerbstätigen im :										
- Agrarsektor	28.1	-11.2	46.8	-18.9	58.4	-13.4	62.2	-6.1	51.6	-4.1
- Industriesektor	27.0	+16.9	21.3	+17.2	14.8	+10.8	14.6	+9.2	19.3	+3.9
- Dienstleistungssektor	44.8	-5.7	31.9	+1.7	26.8	+3.0	23.2	-2.6	29.1	+0.3
Agrarstruktur [4]										
landwirtschaftl. Nutzfläche (ha)	841	-34.9	2278	-15.7	1192	-14.5	5275	+7.4	2214	-17.6
durchschnittl. Betriebsgröße (ha)	0.29	-14.7	0.89	-18.4	0.91	-3.2	0.66	-3.0	1.04	+18.2
landwirtschaftl. Bevölkerung (N)	18.1	-32.5	15.6	-13.7	7.9	-16.9	46.5	-5.8	10.9	-47.8
- % d. Gesamtbevölkerung 5)	32.7	-21.6	47.0	-7.4	51.5	-6.9	85.1	+0.4	26.0	-17.5
landwirtschaftl. Haushalte (N)	2.9	-23.0	2.5	+2.6	1.3	-12.0	8.0	+11.3	2.3	-24.0
- % d. Gesamthaushalte 5)	27.1	-25.8	39.9	-3.1	44.9	-8.4	78.4	+1.3	29.9	-11.0
Betriebstyp (%)										
- Vollerwerbsbetr.	1.4	-10.3	8.0	-20.5	7.2	-13.1	13.9	-28.7	3.4	-29.0
- Nebenerwerbsbetr.	98.6	+10.3	92.0	+20.5	92.8	+13.1	86.1	+28.7	96.6	+29.0
Arbeitskräfte im landwirtsch. Haushalt (N)	8.8	-19.9	7.6	+13.7	4.2	+12.1	25.1	+24.6	5.8	-32.8
- % d. landwirtsch. Bevölkerung 5)	48.7	+7.6	48.7	+11.7	53.4	+13.8	53.9	+13.1	53.2	+11.9
- % Vollzeitbeschäftigte	33.2	-2.9	40.0	-7.5	33.7	-6.2	41.1	-26.9	21.5	-36.4
- % Teilzeitbeschäftigte	37.4	+6.8	39.7	+8.4	40.1	+3.2	38.9	+21.6	75.0	+45.9
- % Erwerbstätige	29.4	-3.9	20.3	-0.9	26.2	+3.0	20.0	+5.3	3.5	-9.5

1) Veränderungen seit 1970 in Prozent, Eigenberechnungen
2) Quelle : MOI, Demographic Fact Book..., a.a.O., 1970, 1980 und, um die Zahl der Haushalte
   auszuweisen : DBASTPG, Statistical Yearbook of Chiayi, Kaohsiung, Pingtung County,
   a.a.O., 1971, 1981
3) N in 1000
4) Quelle : CAFC, Agricultural Census..., a.a.O., 1970, 1980
5) Eigenberechnungen

7. Struktur- und Funktionswandel in der Familie

7.1 Zur Problematik des Familienbegriffs

Es wurde bereits ausgeführt (vgl. Kap. 4.2), daß Idealvorstellungen der Gesellschaft und Realitäten des Familienlebens in Zeiten des sozio-ökonomischen Wandels in einem gewissen Spannungsverhältnis zueinander stehen können und nicht unbedingt übereinstimmen. In Europa wie auch in China haben Familienleitbilder immer wieder zu falschen Darstellungen der tatsächlichen Gegebenheiten verleitet. Auch die These von der Desaggregation größerer Familienverbände zu Kernfamilien im Verlauf des Industrialisierungsprozesses beruht auf einer solchen Fehlinterpretation [1]. Sie setzt erstens eine Einheitlichkeit von Familienformen zu einem gewissen Zeitpunkt voraus (vorindustrielle Großfamilie versus industrielle Kernfamilie) und schließt zweitens von ähnlichen Erscheinungsbildern auf gleiche gesellschaftliche Ursachen zurück [2]. Beide Auslegungen werden durch die Verallgemeinerung falsch. Die Kernfamilienbildung ist durchaus kein neuzeitliches Phänomen und hat auch nichts mit der Industrialisierung an sich zu tun, sondern hängt offensichtlich mit der jeweiligen sozialen und ökonomischen Schichtstruktur innerhalb einer Gesellschaft zusammen [3]. Es gab zu jeder Zeit eine Vielfalt von Familienformen, die mit bestimmten Produktionsweisen assoziiert waren, und innerhalb dieser Familienformen wiederum ließen sich mehrere Familientypen unterscheiden.

So hat es auch in China 'die bäuerliche Großfamilie' als vorherrschenden Familientyp mit Sicherheit nie gegeben. Daß eine Mehrheit der chinesischen Bevölkerung schon immer als Kernfamilien existier-

---

[1] Das von Durkheim formulierte Kontraktionsgesetz besagt, daß die familialen Beziehungen in der Industriegesellschaft auf die Gattenfamilie reduziert werden; vgl. Durkheim, E. "La famille conjugale", Revue Philosophique, No. 20, 1921, S. 15
[2] Rosenbaum, H., a.a.O., S. 14 f.
[3] König, R. "Die Familie der Gegenwart", München 1977, S. 38

te, haben die empirischen Untersuchungen Bucks erstmals hinreichend bewiesen [1]. Er konnte darin enge Beziehungen zwischen der Familiengröße und den jeweiligen landwirtschaftlichen Produktionsverhältnissen in ihren regionalen Abhängigkeiten aufzeigen:

"This positive association between crop area and size of family simply indicates that most Chinese rural families had about as many members as the farm could support..." [2]

Der Anteil der Kernfamilien lag überall zwischen 50-70 %. Ihre Formierung war in erster Linie mit hoher Pachtabhängigkeit und Flurzersplitterung assoziiert. Großfamilien hingegen fanden sich vorwiegend im Süden (dem Herkunftsgebiet vieler Taiwanesen) sowie in Mittelchina und dem nördlichen Hochland. Diese Regionen waren gekennzeichnet durch eine enge Marktverbundenheit zu den städtischen Zentren und intensive Landwirtschaft mit Naßreis- bzw. dem Gemüseanbau.
Ähnliche Produktionsweisen und agrarstrukturelle Verhältnisse wie in Südchina galten auch für Taiwan im auslaufenden 19. Jahrhundert. Mit Beginn der japanischen Kolonialzeit (1895), also wesentlich früher als auf dem Festland, setzten allerdings grundlegende Veränderungen der Lebensbedingungen für die bis dahin eher subsistenzorientierte bäuerliche Bevölkerung ein. Die Insel sollte die Versorgung der Kolonialmacht mit landwirtschaftlichen Erzeugnissen garantieren und wurde gleichzeitig zum Absatzmarkt industrieller Waren aus Japan ausgebaut.
Neben produktionstechnischen Verbesserungen ebneten agrarstrukturelle Maßnahmen, z.B. Einschränkung der Willkür von Großgrundbesitzern, Eintragung von Besitztiteln, Gründung von Bauernverbänden, den Weg zur Erwirtschaftung landwirtschaftlicher Überschüsse und den heutigen landwirtschaftlichen Produktionsverhältnissen [3].

---

1) Buck, J.L., a.a.O., 1937, führte zwischen 1929-33 Erhebungen von 38.256 Familien und 16.786 Betrieben in 22 Provinzen Chinas durch.
2) In den Erklärungen Bucks kommt es gelegentlich zu einer begrifflichen Vermischung von Familiengröße und Familientyp; Buck, J.L. a.a.O., 1937, S. 371
3) Liu, C.Z., a.a.O., 1982a, S. 12

Der politische Umbruch und der gezielte Industrieaufbau nach 1949 haben den von den Japanern initiierten Wandel auf dem Land fortgesetzt. Vor allem die Bodenreform trug dazu bei, daß Pachtabhängigkeit, Ausbeutung und Ernährungskrisen heute nicht länger zu den Problemkreisen der bäuerlichen Bevölkerung gehören. Stattdessen sind für sie, ähnlich wie in Europa, landwirtschaftliche Überschußproduktion, gewerbliche Beschäftigung und Einkommensdisparitäten zu Industriegehältern in den Mittelpunkt der Auseinandersetzung gerückt.

Es wird hier also die Ansicht vertreten, daß in der bäuerlichen Familie mit dem Übergang von einer agrarischen zur industriellen Produktionsweise und all ihren politischen und sozio-ökonomischen Faktoren ein Prozeß struktureller und funktionaler Veränderungen einhergeht, in dem neue Formen familialen Zusammenlebens entwickelt werden. Inwiefern es sich dabei um spezifisch chinesische Organisationsformen handelt, wird aus den politisch-kulturellen und sozio-ökonomischen Phänomenen abzulesen sein, die dafür als Bestimmungsgründe identifiziert werden können.

An dieser Stelle muß zunächst allerdings die Frage nach der Übertragbarkeit westlicher Wissenschaftskategorien auf das chinesische Familiensystem geklärt werden, denn sie haben in der Familiensoziologie zu einer Vielfalt von Typisierungen und begrifflicher Verwirrung geführt, die kaum noch zu ordnen ist [1].
In Deutschland wurde der Begriff 'Familie' erst während des 18. Jahrhunderts gebräuchlich und löste damit die Bezeichnung des 'Hauses' als Produktions- und Haushaltseinheit ab, die vor allem in Bauern- und Handwerkerfamilien geläufig war [2]. Der Familienbegriff ist also entwicklungsgeschichtlich an die Trennung von Wohnung und Arbeitsplatz im Zuge der industriellen Revolution und an den Rückzug der Familie auf private Lebensbereiche gebunden. Ein vergleichbarer, in der taiwanesischen Sozialstruktur zu beobachtender Prozeß rechtfertigt diese Übertragung also durchaus.

---

1) Winch, R.F./Blumberg, R.L. "Societal Complexity and Familial Organization", in : Winch, R.F./Goodman, L.W. "Selected Studies in Marriage and the Family", 1968 (3.), S. 70-92
2) Rosenbaum, H., a.a.O., 1982, S. 30

Bei näherer Betrachtung stellt sich jedoch heraus, daß eine ähnliche etymologische Ableitung des Familienbegriffs, zumal für die bäuerliche Familie, schwierig ist, denn der im chinesischen Sprachgebrauch übliche Ausdruck 'chia' (家) für Familie bezeichnet :

"... a unit consisting of members related to each other by blood, marriage, or adoption and having a common budget and common property." 1)

Es handelt sich hier eindeutig um eine Definition des Familienhaushalts, und in der Literatur wird damit immer eine Gruppe beschrieben, die ihr terminologisches Equivalent eher in der oben genannten Bezeichnung des 'Hauses' hätte 2). Begriffliche Schwierigkeiten mit dem Terminus 'chia' treten außerdem auf, wenn es gilt, die während der Industrialisierung neu entstehenden familialen Organisationsformen zu definieren, die heute z.B. mehrere Haushalte umfassen können. Eine Begriffsbestimmung der Familie soll daher vorläufig unter Ausklammerung der Haushaltsfunktion vorgenommen werden.

Die chinesische Sprache verfügt über eine sehr detaillierte Verwandtschaftsterminologie, die jede Person im Familiensystem genau bezeichnet und eine soziologische Abgrenzung der einzelnen Linien und Deszendenzgruppen zuläßt 3). Durch die Identifizierung solcher Kategorien können Begriffe aus der interkulturell vergleichenden Familienforschung eher auf das chinesische Sozialsystem angewendet werden. - Im Folgenden soll deshalb unter dem Begriff Familie eine soziale Gruppe verstanden werden, die ihre Mitglieder durch Geburt, Heirat oder Adoption rekrutiert und deren Personen regelmäßig zur Erreichung gemeinsamer Ziele interagieren.

---

1) Lang, O. "Chinese Family and Society", New Haven 1946, S. 38
2) Hu, H.C. "The Common Descent Group in China and its Functions", New York 1948, S. 16; Cohen, M.L., a.a.O., 1976, S. 185 f.
3) So sind z.B. alle Familienangehörigen gleichzeitig Mitglieder eines Clans (族), also einer Verwandtschaftsgruppe, die sich über einen gemeinsamen Vorfahren definiert. Außerdem lassen sich innerhalb der erweiterten Familien einzelne konjugale Einheiten (房) unterscheiden; vgl. Hu, H.C., a.a.O., 1948, S. 18; Lêvy-Strauss, C. "The Elementary Structures of Kinship", Boston 1969, S. 325 ff.

Der spezifische Gruppencharakter der bäuerlichen Familie wird also durch eine Darstellung ihrer Strukturmerkmale und danach auch der verschiedenen, von ihr wahrgenommenen Funktionsbereiche herauszuarbeiten sein. Je nach ihrem Zusammenwirken und ihren Ausprägungen lassen sich dann Typisierungen der Familie vornehmen [1]. Ökonomische und soziale Abhängigkeiten, die Gründung von Residenzeinheiten und der Kontakt zwischen einzelnen Familiensegmenten bilden dafür die wichtigsten Klassifikationskriterien.

Um Ungenauigkeiten im nachfolgenden Text zu vermeiden, wird zunächst eine allgemeingültige, ausschließlich auf verwandtschaftlichen und generativen Kategorien beruhende Unterscheidung der beiden Grundtypen der Familie getroffen (Fig. 7.1) :

<u>Fig. 7.1</u> : Graphische Darstellung der Familientypen nach ihrer Verwandtschafts- und Generationsstruktur

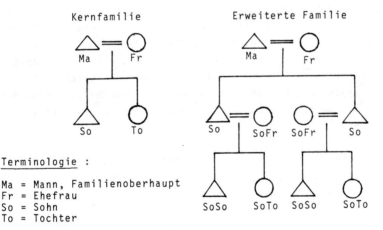

Terminologie :

Ma = Mann, Familienoberhaupt
Fr = Ehefrau
So = Sohn
To = Tochter

---

[1] Familientypen unterscheidet man nach der Gesamtheit ihres spezifischen familialen Daseins, also ihren Strukturen, Funktionen, Beziehungen und Inhalten innerhalb des Familiensystems; vgl. Rosenbaum, H., a.a.O., 1982, S. 497

Danach besteht eine Kernfamilie (nuclear family, conjugal family) aus einem Ehepaar und seinen abhängigen, unverheirateten Kindern. In der Kernfamilie sind bereits alle drei grundlegenden Verwandtschaftsbeziehungen vorgegeben, die auch gesellschaftliche Relevanz erhalten :

- Allianz (Mann - Frau),
- Filiation (Eltern - Kinder),
- Kollateralität (Geschwister) [1].

Eine erweiterte Familie (Großfamilie, extended family, joint family) bildet sich dann, wenn zwei oder mehrere linear und/oder horizontal verwandte Kernfamilien eine Einheit darstellen. Während in der Ethnologie die Begriffe erweiterte Familie und Großfamilie synonym gebraucht werden können, da sie das gleiche verwandtschaftliche Phänomen beschreiben, hat die Agrarsoziologie einen qualitativen Unterschied in diesen beiden Gruppen erkannt. Im europäischen Raum ist unter einer erweiterten Familie die linear verwandte Dreigenerationsfamilie zu verstehen, von der sich die spezielle Form der Großfamilie (mit Geschwisterfamilien) insofern abhebt, als damit eine andere Organisation der sozialen Strukturen und des Haushalts verbunden ist [2]. Für eine Untersuchung der bäuerlichen Familie ist diese Trennung vorteilhaft, so daß die Bezeichnung Großfamilie in der weiteren Analyse verwendet werden soll, um damit eine Sonderform der erweiterten Familie zu beschreiben.

Ausgehend von diesen Familientypen können nun die Grundstrukturen und Organisationsformen der bäuerlichen Familien im Untersuchungsgebiet näher erläutert werden.

---

1) zur Definition der Familientypen vgl. auch Thiel, J.F. "Grundbegriffe der Ethnologie", Berlin 1983, S. 80 ff.
2) Planck, U./Ziche, J. "Land- und Agrarsoziologie", Stuttgart 1979, S. 154

7.2 Größe der Familien

Voraussetzung für eine Analyse der Familientypen ist die genaue Kenntnis des vorhandenen Bevölkerungspotentials in den bäuerlichen Haushalten, denn Geburtenrückgang, Verschiebungen in der Altersstruktur und Migration haben während der vergangenen zwanzig Jahre zu einer erheblichen Verkleinerung der Familien geführt. Allein in Südtaiwan konnte eine Verringerung der durchschnittlichen Personenzahl um 1-2 Mitglieder pro Haushalt beobachtet werden (Tab. 7.1). Die Größe der landwirtschaftlichen Haushalte ist ebenfalls, wenn auch in geringerem Umfang gesunken, liegt aber noch immer über dem allgemeinen Durchschnitt.

<u>Tab. 7.1</u> : Entwicklung der Haushaltsgrößen in den Untersuchungsgemeinden 1961-1981 (Personen)

Jahr \ Gemeinde	Linyuan	Fangliao	Checheng	Meinung	Putai
mittlere Haushaltsgröße 1)					
1961	6.2	5.9	6.0	6.5	6.5
1971	7.0	5.8	5.9	6.5	6.4
1981	5.2	5.2	5.3	5.4	5.4
Größe d. landwirtschaftl. Haushalte					
1961	7.3	7.4	6.7	7.4	7.4
1971	7.2	6.7	6.4	5.4	6.8
1981	6.0	6.1	6.0	5.7	6.1

<u>Quelle</u> : DBASTPG, Statistical Yearbook of Chiayi, Kaohsiung, Pingtung County, a.a.O., 1961, 1971, 1981

---

1) In der Statistik wird die durchschnittliche Haushaltsgröße ausgewiesen, sie enthält landwirtschaftliche und nicht-landwirtschaftliche Haushalte, wobei die landwirtschaftlichen Haushalte noch gesondert aufgeführt werden.

Nach der Statistik haben sich die vormals wesentlich stärker hervortretenden regionalen Unterschiede in der Haushaltsgröße während der letzten zwei Jahrzehnte zurückgebildet und auf einem einheitlichen Durchschnittsniveau um 5.3 Personen in allen Haushalten bzw. 6.0 Personen in den landwirtschaftlichen Haushalten eingependelt.

Eine Vielfalt von Übergangsregelungen im Prozeß der Familienteilung und zunehmende geographische Mobilität erschweren jedoch eine exakte Größenbestimmung. Das aus der japanischen Kolonialzeit herrührende System der Haushaltsregistratur, demzufolge Haushalt und Familie weitgehend identisch waren, weist heute einige Unzulänglichkeiten auf. Unterregistration in den Städten und eine entsprechende Überregistration auf dem Land verzerren das Bild der Statistiken [1].

Diese Registraturfehler spiegeln sich u.a. in den Unterschieden zwischen statistischen Angaben und Befragungsdaten wider (Tab.7.2).

Tab. 7.2 : Durchschnittliche Größe der bäuerlichen Familien in den Untersuchungsgemeinden (Personen)

Größe \ Gemeinde	Linyuan	Fangliao	Checheng	Meinung	Putai
N =	171	155	176	195	168
Personen	7.3	5.9	4.7	5.3	4.7

Quelle : Eigenerhebung

In den Erhebungsdaten traten die Differenzierungen zwischen den Gemeinden deutlich hervor. Danach sind bäuerliche Familien in Stadtnähe im Durchschnitt wesentlich größer als in der Statistik wiedergegeben; ihre Personenzahl entspricht den bereits in den sechziger Jahren gemessenen Werten. In mittlerer Entfernung ist die Fehlerquote offenbar am geringsten, während es in den beiden entlegenen Gemeinden (Checheng und Putai) zu einer eindeutigen

---

[1] Liu, P.K.C., a.a.O., 1981, S. 95

Überregistrierung von Familienmitgliedern kam, die zum Teil schon längst abgewandert sind.

Aus der Untersuchung geht weiterhin hervor, daß die Familiengröße nicht allein regional variiert, sondern auch innerhalb der Gemeinden erhebliche Differenzierungen aufweist (Tab. 7.3).

Tab. 7.3 : Familiengrößenverteilung innerhalb der Untersuchungsgemeinden (%)

Familiengröße \ Gemeinde	Linyuan	Fangliao	Checheng	Meinung	Putai
N =	171	155	175	195	168
- 5 Personen	29.8	47.1	60.6	58.0	62.5
- 10 Personen	53.2	45.9	38.3	35.3	36.3
- 15 Personen	12.3	6.4	1.1	6.2	.6
> 15 Personen	4.7	.6	-	.5	.6
	100.0	100.0	100.0	100.0	100.0

Quelle : Eigenerhebung

Obwohl Familien mittlerer Größenordnung von 5-10 Personen dominieren, ist ersichtlich, daß unter großen Familien in Industrienähe Haushalte mit mehr als zehn Mitgliedern zu verstehen sind. In den übrigen Gemeinden hingegen stellen solche Familien eher eine Ausnahme dar und es herrschen Familien mit maximal fünf Personen vor. Da Kernfamilien aufgrund einer hohen Kinderzahl sehr umfangreich sein können und Großfamilien in der Mitgliederzahl zeitweilig auch schrumpfen, ohne ihre Struktur dabei zu verändern, dürfen große resp. kleine Familien nicht ohne weiteres mit erweiterten oder Kernfamilien gleichgesetzt werden. Dennoch läßt das Phänomen der abnehmenden Familiengröße entsprechende Veränderungen im Familientyp erwarten.

7.3 Familientypen und Generationsstruktur

Vor diesem Hintergrund ist nun nach der tatsächlichen Zusammensetzung der Familien zu fragen. Bisherigen Untersuchungen zufolge dominieren Kernfamilien in städtischen Gebieten, während auf dem Land erweiterte Familien stärker vertreten sind [1]. Demnach wäre zu erwarten, daß mit zunehmender Stadtnähe Kernfamilien den vorherrschenden Familientyp bilden und sich erweiterte Familien in den entfernteren Gemeinden erhalten. Das Gegenteil ist jedoch der Fall (Fig. 7.2).

Fig. 7.2 : Verteilung der Familientypen in den Untersuchungsgemeinden (%)

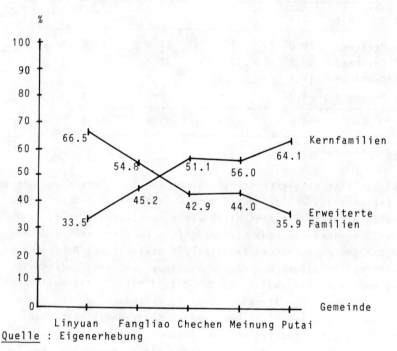

Quelle : Eigenerhebung

---

[1] Wong, C.K. "The Changing Chinese Family Pattern in Taiwan", Taipei 1981, S. 175; Wei, H.C./Reischl, U., a.a.O., 1981, S. 14

Die Untersuchungsergebnisse beweisen, daß Großfamilien sich mehrheitlich in Industrienähe behaupten, während proportional zur Entfernung der Anteil an Kernfamilien in den ländlichen Gebieten ansteigt. Das legt die Schlußfolgerung nahe, daß bäuerliche Familien sich offenbar nicht unter den unmittelbaren Auswirkungen der Industrialisierung spalten, sondern vielmehr das Fehlen solcher Einflüsse eine Desaggregation beschleunigt. Es bleibt also die Frage, wie die unverminderte Präsenz erweiterter Familien, gerade im industriellen Hinterland, zu erklären ist [1]. Eine genauere Analyse der beiden Familientypen, ihrer Lebenszyklen und generativen Zusammensetzung sowie ihrer sozio-ökonomischen Organisationsformen wird aufzeigen, welche Mechanismen hier wirken.

Typologische Schemata verdecken leider häufig den Blick dafür, daß Größe und personale Strukturen in den Familien sich je nach ihrer zeitlichen Position im familialen Lebenszyklus verändern. Nach König unterscheidet man in der heutigen Kernfamilie vier Phasen der Entwicklung :

- Aufbau der Familie,
- Eltern - Kinder - Phase,
- Zeiten der Ablösung der Kinder von den Eltern und
- eine Altersphase bis zum Tode der Elterngeneration [2].

Diese Entwicklungsphasen sind für die taiwanesische Familie bereits in einer Arbeit von Liu herausgestellt worden [3]. Seine Ausführungen weisen auf zwei wichtige Prozesse hin, die seit den sechziger Jahren in der Gesellschaft ablaufen :

- Aufgrund des starken Geburtenrückganges verringert sich die Anzahl der horizontal verwandten Mitglieder, d.h. vor allem

---

[1] Eine Untersuchung von Koch aus dem näheren Umland von Taipei belegt den Erhalt von Großfamilien auch unter dem Einfluß eines anderen (dezentralisierten) Industrialisierungsmusters; vgl. Koch, W., a.a.O., 1971, S. 168 f.
[2] König, R., a.a.O., 1976, S. 117
[3] Liu, P.K.C., a.a.O., 1981, S. 85 f.

der Geschwister, innerhalb der Familien und damit auch die
Möglichkeit, nach der Heirat der Söhne erweiterte Familien
mit mehreren kollateralen Haushalten zu bilden.

- Gleichzeitig bewirkt die gestiegene Lebenserwartung, daß mehr
Verwandte der Generationenfolge vorhanden sind als in früheren Zeiten und die einfache Abstammungslinie über drei bis zu
vier Generationen als erweiterter Familientyp überhaupt erst
entstehen kann [1].

Anhand einer Reihe von demographischen Variablen, z.B. Heiratsalter, Geburtenfolge, Heirat der Kinder, Lebenserwartung etc. in
der männlichen und weiblichen Bevölkerung konnte Liu die Entwicklungsphasen einzelner Kernfamilieneinheiten, auch innerhalb der
erweiterten Familien, abgrenzen. Damit läßt sich methodisch das
Grundproblem lösen, daß die erweiterte Familie in ihrer Ganzheit
keinen eigenen Lebenszyklus hat, sondern immer aus den Sequenzen
der Zyklen ihrer Kernfamilieneinheiten besteht.

In der taiwanesischen Familie nun liegt das durchschnittliche
Heiratsalter der Frau gegenwärtig bei 23.6 Jahren und das des
Mannes bei 27.1 Jahren [2]. Die Zahl der Kinder pro Familie ist
seit den sechziger Jahren auf ca. 3.9 gesunken [3]. Bei einem ungefähren Geburtenabstand von zweieinhalb Jahren wäre etwa mit
dem 35. Lebensjahr der Eltern der Reproduktionsprozeß abgeschlossen. Fünfzehn Jahre später, also nachdem das Familienoberhaupt
über 50 Jahre alt ist, ist mit dem Beginn der Heiratsabfolge der
Kinder zu rechnen. Sofern die Söhne sich nicht schon vor ihrer
Verehelichung vom Elternhaus getrennt haben (z.B. durch Studium,
Beruf oder Migration), beginnt jetzt eine Phase möglichen Zusammenlebens in erweiterten Familienhaushalten.
Je nach Anzahl der Geschwisterfamilien und dem Eintritt einer
neuen (Enkel-) Generation erweitert sich die Gruppe. Im Lauf

---

1) König, R., a.a.O., 1976, S. 120
2) MOI, Demographic Fact Book, a.a.O., 1981, S. 987
3) Liu, P.K.C., a.a.O., 1981, S. 83

der Zeit können sich einzelne Kernfamilieneinheiten ablösen und einen eigenen Hausstand gründen, wobei sie die einfache mehrgenerationale Linie zurücklassen [1]. Spalten sich alle verheirateten Söhne ab, so bleibt das Elternpaar mit den noch unverheirateten Kindern oder, im Extremfall, allein zurück.
Das bedeutet nicht unbedingt, daß die Rentner völlig auf sich gestellt sind. Für den Fall, daß sich einige Söhne in der gleichen Gemeinde angesiedelt haben, werden für die Eltern zeitweilig reihum Versorgungsarrangements getroffen. Solche Einrichtungen haben bei einigen Autoren zur Definition einer fünften Phase des Familienzyklus als Rotationsphase geführt [2]. Diese Phase scheint sich in städtischen und ländlichen Familien gleichermassen abzuzeichnen - in einer Untersuchung aus Nordtaiwan hatten 11 % der städtischen und 14 % der ländlichen Familien die Versorgung der Eltern auf diese Weise gesichert [3]. In der Befragung traten solche Fälle allerdings kaum auf (3 Familien).

Um zu einem besseren Verständnis der familialen Situation der bäuerlichen Bevölkerung in Südtaiwan zu gelangen, erschien es daher notwendig, die Familien hinsichtlich ihres Familienzyklus zu untersuchen. Es liegt auf der Hand, daß sich z.B. die Lage junger, gerade aufgebauter Kernfamilien wesentlich von der, bereits im Reduktionsprozeß befindlichen Zweigenerationsfamilien späterer Phasen unterscheidet. Desgleichen ist die regionale Differenzierung in der Ausbildung bestimmter Familientypen von Bedeutung, denn sie gibt Aufschluß über die räumlich - zeitlichen Dimensionen des gesamtgesellschaftlichen Wandels. Am deutlichsten spiegelt sich dieser Anpassungsprozeß in den Generationsstrukturen der befragten Familien wider (Tab. 7.4).

---

[1] Diese besonders häufig vorkommende Form der erweiterten Familie wird in der Literatur meistens unter der Bezeichnung der 'Stammfamilie' - nach dem von LePlay geprägten Begriff der 'famille souche' - geführt; vgl. Rosenbaum, H., a.a.O., 1982, S. 60; Pieper, B. und M. "Familie - Stabilität und Veränderung", München 1975, S. 66
[2] Liu, P.K.C., a.a.O., 1981, S. 85
[3] Wei, H.C./Reischl, U., a.a.O., 1981, S. 19

Tab. 7.4 : Regionale Differenzierung der Familientypen (%)

Familientyp \ Gemeinde	Linyuan	Fangliao	Checheng	Meinung	Putai
N =	170	155	175	193	167
Ehepaare (Eingenerationsfamilien)	6.5	12.3	21.1	17.1	19.2
Zweigenerationsfamilien	27.0	32.9	36.0	38.9	44.9
lineare Dreigenerationsfamilien	44.1	43.8	39.5	37.8	29.9
Dreigenerationsfamilien m. Geschwisterfamilien	22.4	11.0	3.4	6.2	6.0
	100.0	100.0	100.0	100.0	100.0

Quelle : Eigenerhebung

Der Anteil der Kernfamilien erhöht sich in den ländlichen Gemeinden mit zunehmender Entfernung vom industriellen Zentrum Kaohsiung. Die Analyse ihrer Generationsstruktur in Zusammenschau mit Angaben über das Alter des Familienoberhauptes (Tab. 7.5) zeigt jedoch, daß es sich bei diesen Familien nicht unbedingt um typische Kernfamilien handelt, wie sie aus der europäischen Familiensoziologie bekannt sind.
Bei näherer Betrachtung läßt sich nämlich feststellen, daß nur bei den Zweigenerationsfamilien Elternpaare mit jüngerem Durchschnittsalter in nennenswertem Umfang vertreten sind. Das ist verständlich, wenn man berücksichtigt, daß die Wohnweise auf dem Land für die ersten Ehejahre noch immer patrilokal geregelt ist, sofern das neu verheiratete Paar nicht abwandert. Die hier befragten Familien sind vielmehr als Restfamilien und migrationsgeschädigte, zurückbleibende Rentnerpaare anzusehen, welche sich in der zweiten Lebenshälfte befinden. Mehr als ein Drittel dieser Paare sind älter als 60 Jahre, und aus der regionalen Verteilung ist zu erkennen, daß sie zum überwiegenden Teil in den industriefernen Gemeinde Meinung, Checheng und Putai wohnhaft ge-

blieben sind. Auch die Zweigenerationsfamilien in diesen Orten leben in einer Phase der Ablösung ihrer Kinder und entwickeln sich wahrscheinlich in die gleiche Richtung.

Tab. 7.5 : Altersstruktur der Familienoberhäupter in Kernfamilien (%, Jahre)

Alter d. Familienoberhaupts \ Gemeinde		Linyuan	Fangliao	Checheng	Meinung	Putai
Ehepaare	N =	11	19	37	37	32
Durchschnittsalter (Jahre)		54.9	55.6	58.0	55.6	57.8
- < 35 Jahre[1]		9.1	5.3	-	-	-
- 35-60 Jahre		63.6	57.9	56.8	78.8	62.5
- > 60 Jahre		27.3	36.8	43.2	21.2	37.5
		100.0	100.0	100.0	100.0	100.0
Zweigenerationsfamilien	N =	46	51	63	75	75
Durchschnittsalter (Jahre)		49.1	48.0	51.9	50.0	50.0
- < 35 Jahre		4.3	9.8	6.3	1.3	2.7
- 35-60 Jahre		89.1	80.4	73.0	88.0	88.0
- > 60 Jahre		6.5	9.8	20.6	10.7	9.3
		100.0	100.0	100.0	100.0	100.0

Quelle : Eigenerhebung

Mit zunehmender Stadtnähe desaggregieren die Familien in geringerem Umfang, d.h. das Elternpaar bleibt im Verband der erwei-

---

1) Die drei ausgewiesenen Altersgruppen basieren auf den o.e. demographischen Daten, denenzufolge Familien, deren Oberhaupt jünger als 35 Jahre alt ist, als junge, im Reproduktionsprozeß befindliche Familien eingestuft werden; zwischen dem 35. bis 60. Lebensjahr werden sie den späteren Eltern-Kinder- bzw. Ablösungsphasen zugerechnet, nach dem 60. Jahr beginnt die Altersphase.

terten Familie integriert. Selbst dann, wenn sich die Mehrheit
der Söhne vom Haushalt getrennt hat, bleibt die einfache Dreigenerationslinie erhalten. Aber auch erweiterte Gruppen aus mehreren Geschwisterfamilien bestehen in unmittelbarer Stadtnähe weiter. Ein Fünftel diese Familien in Linyuan haben sich für eine
solche umfassende Haushaltsführung entschieden. Auch in mittlerer Entfernung (Fangliao) sind Mehrgenerationsfamilien vorherrschend. Allerdings zeigt der Vergleich zum Parallelfall Meinung,
daß die Entfernung tatsächlich der ausschlaggebende Faktor für
die Großfamilienbildung ist, während andere Kriterien, wie z.B.
hohe landwirtschaftliche Standortgunst davon überlagert werden.

Versucht man innerhalb der erweiterten Familien eine ungefähre
Phasenbestimmung vorzunehmen, so kann dies nur über den Lebenszyklus der Kernfamilieneinheit des Familienoberhaupts geschehen.
Ein Blick auf die Generationszugehörigkeit des Oberhaupts vermittelt zwei verschiedene Entwicklungstendenzen (Tab. 7.6).

Tab. 7.6 : Generationszugehörigkeit des Familienoberhaupts in
erweiterten Familien (%)

Generation / Gemeinde	Linyuan	Fangliao	Checheng	Meinung	Putai
N =	109	83	69	81	58
1. Generation	75.2	56.6	49.3	49.4	48.3
2. Generation	24.8	43.4	50.7	50.6	51.7
	100.0	100.0	100.0	100.0	100.0

Quelle : Eigenerhebung

Einerseits erhalten sich die traditionellen Strukturen, in denen
die Elterngeneration der Familie vorsteht und den Betrieb führt,
während die heranwachsenden Kinder anderen Beschäftigungen nachgehen. Zum zweiten aber gibt es eine größere Gruppe von mehrgenerativen Familien, deren Alte sich zur Ruhe gesetzt und den Hof

übergeben haben. Dieser Prozeß tritt verstärkt in den Abwanderungsgebieten hervor und hängt offenbar mit der dort eingetretenen Desaggregation von Familien zusammen. Er weist aber auch auf die größere Bedeutung des landwirtschaftlichen Betriebes in diesen entlegenen Gemeinden hin.

7.4 Funktionswandel in den Familienhaushalten

Die überaus starke Stellung der Familie im gesamten chinesischen Sozialsystem war bislang darauf zurückzuführen, daß sie alle zentralen Funktionsbereiche der Gesellschaft ausfüllte. Alle notwendigen Leistungen (Reproduktion, Sozialisation, Regeneration, ökonomische Sicherung) wurden von der Institution der Familie wahrgenommen. Im Verlauf des Industrialisierungsprozesses treten jedoch entscheidende Veränderungen in den Bereichen der marktwirtschaftlichen Verflechtung, des Lebensstandards, der Wohn- und Wirtschaftsgemeinschaft und Autoritätsstrukturen auf [1]. Einzelne Funktionen werden ausgegliedert und auf andere Institutionen übertragen (z.B. Schulen, Krankenhäuser, Altenheime), während neue hinzukommen (z.B. die Funktion des psychischen Spannungsausgleichs) [2]. Die wirtschaftlichen Aktivitäten reduzieren sich im wesentlichen auf den Konsumbereich des Haushalts. Nur in der bäuerlichen Familie bleibt aufgrund enger Verflechtungen zwischen Haushalt und Betrieb der Produktionsbereich ein integrierter Bestandteil der Existenzsicherung und sozialen Lebens [3].

Am entscheidendsten wird der Funktionswandel aber durch das räumliche Auseinanderstreben der Familien provoziert. Die Auflösung der Wohngemeinschaft verläuft außerordentlich vielschichtig und mit unterschiedlicher Geschwindigkeit; sie dominiert jedoch alle

---

1) Schweitzer, R.v./Pross, H. "Die Familienhaushalte im wirtschaftlichen und sozialen Wandel", Göttingen 1976, S. 1
2) König, R., a.a.O., 1977, S. 59 f.
3) Schulz-Borck, H. "Der Privathaushalt des landwirtschaftlichen Unternehmers in betriebswirtschaftlicher Betrachtung", Berlin 1963, S. 65

übrigen Versorgungsfunktionen und Handlungssysteme in der Familie. Deshalb steht die Dynamik solcher Entwicklungen, in denen integrierende und spaltende Kräfte aufeinanderwirken und eine Umstrukturierung oder Aufhebung des familialen Zusammenlebens begünstigen, im Mittelpunkt der folgenden Diskussion. Zwar finden sich in der ethnologischen Literatur detaillierte Schilderungen über die Desaggregation chinesischer Familien im Allgemeinen [1]; sie wurde jedoch noch nie im Rahmen einer Datenerhebung beschrieben und damit der empirischen Sozialforschung zugänglich gemacht. Die vorliegende Analyse ist als erster Schritt in diese Richtung zu verstehen und soll über die qualitativen Beschreibungen hinaus auch die quantitativen Auswirkungen des Teilungsverhaltens bäuerlicher Familien untersuchen.
Einschränkend ist zu bemerken, daß sich die ganze Komplexität und Brisanz des Themas mit seinen sozio-ökonomischen Implikationen eigentlich erst im Verlauf der Befragung herauskristallisierten. Durch zeitliche Überschneidungen war es häufig schwer, einzelne Teilungsphasen genauer abzugrenzen; deshalb wurde versucht, die Entstehung der Familien ursächlich nachzuvollziehen und daraus auf ihre derzeitige Aggregationsphase zu schließen. Von einer vollzogenen Teilung wird gesprochen, wenn das Stadium der Besitzteilung abgeschlossen ist, da spätestens bis zu diesem Zeitpunkt alle grundlegenden Funktionen der Familie neu verteilt worden sind.

7.4.1 Phasen der Desaggregation

Der Teilungsprozeß und die Herausbildung neuer Formen der Haushaltsorganisation können auf mehreren Untersuchungsebenen und anhand einzelner Strukturelemente verfolgt werden wie sie zur weiteren Orientierung in Fig. 7.3 dargestellt sind :

---

1) vgl. z.B. Wolf, M. "The House of Lim", New York 1968; Cohen, M.L, a.a.O., 1976; Sung, L.S., a.a.O., 1981

Fig. 7.3 : Betrachtungsebenen und Strukturelemente im Prozeß der Familienteilung

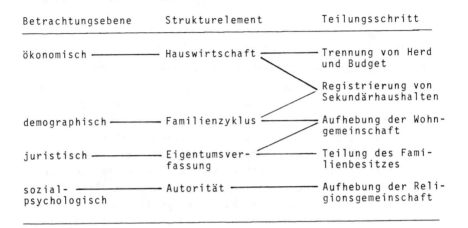

- Trennung des Herdes

"The family remains in the same house. They continue to share the guest hall and to worship there together, but some of the doors connecting their apartments have been nailed closed. The final admission of defeat is the presence of a new kitchen in the back of the house : they have divided the stove." [1]

Diese etwas dramatisch anmutende Erklärung Wolfs aus den sechziger Jahren beschreibt recht eindrücklich den ersten Schritt im Teilungsprozeß einer Familie. Man spricht nur ungern darüber, denn die beginnende Auflösung gilt als Zeichen der Uneinigkeit zwischen den Familienmitgliedern und unterliegt einer negativen Bewertung durch Verwandte und Nachbarschaft. Es ist jedoch heutzutage durchaus üblich, daß ein junges Paar, das weiterhin im elterlichen Haushalt lebt, für sich kocht [2]. Nicht zuletzt aufgrund veränderter Tagesabläufe - u.a. durch Arbeitszeit erwerbstätiger Personen, Schulzeit der Kinder -

---
1) Wolf, M., a.a.O., 1968, S. 148
2) Ahern, E.M., a.a.O., 1973, S. 196

die sich vom bäuerlichen Arbeitsrhythmus unterscheiden, werden die Essensregelungen flexibel gehandhabt, z.B. wenn die Eltern zeitweilig bei anderen Söhnen mitessen oder für alle kochen.

- Trennung des Haushaltsbudgets

Die Verwaltung des Besitzes und Einkommens aller Familienangehörigen durch den Haushaltsvorstand wird gemeinhin als die spaltende Kraft im Teilungsprozeß erkannt [1]. Während die Söhne heranwachsen und in den ersten Jahren nach ihrem Eintritt ins Berufsleben ist die finanzielle Abhängigkeit vom Elternhaus noch groß. Investitionen in die Ausbildung der Kinder und danach in ihre Verheiratung stellen über einen längeren Zeitraum hinweg eine intensive Beanspruchung der finanziellen Ressourcen dar, die vom Oberhaupt der Familie koordiniert werden müssen [2]. Familiensolidarität und die Autorität des Vaters wirken integrierend.

Mit zunehmender Erwerbstätigkeit der Söhne und Töchter ändert sich diese Situation allerdings. Eigentlich sollte die Höhe ihrer Beiträge zum Familieneinkommen nicht aufgerechnet werden, denn Brüder, die noch im gleichen Haushalt leben aber trotzdem getrennte Ersparnisse anhäufen, unterliegen strenger Kritik bezüglich ihrer mangelnden Familiensolidarität [3]. Dennoch gerät das Familienoberhaupt mit den wachsenden Ansprüchen der Söhne und Schwiegertöchter unter Druck, die Spannungen auszugleichen. Als ein Mittel zur Konfliktlösung bietet sich die getrennte Wirtschaftsführung der verheirateten jüngeren Generation an. Trotz des partiellen Autoritätsverlustes kann es dem Vater also gelingen, durch die Bildung von Sekundärhaushalten, Familie und Besitz länger zusammenzuhalten und Probleme wie Wohnraummangel, persönliche Differenzen etc. neutralisieren.

---

1) Cohen, M.L., a.a.O., 1976, S. 74 f.
2) Liu, P.K.C., a.a.O., 1981, S. 87
3) Sung, L.S., a.a.O. 1981, S. 376

- Registrierung von Sekundärhaushalten [1]

Ein schwer einzuschätzendes Phänomen, das in der älteren Literatur überhaupt keine Erwähnung findet, in der Befragung aber zutage trat, ist die Registrierung von mehreren Haushalten innerhalb einer Familien- bzw. Wohngemeinschaft (Tab. 7.7). Man kann davon ausgehen, daß es sich hier um eine Entwicklung aus jüngster Zeit handelt, die gegebenenfalls mit der Trennung der Haushaltskasse einhergeht und diesen Schritt formal bestätigt. Er ist in Industrienähe wesentlich stärker ausgeprägt als in den übrigen Untersuchungsgemeinden und kann auch als Indikator für die beginnende Desaggregation einer Großfamilie gelten.

Tab. 7.7 : Anteil der Familien mit registrierten Sekundärhaushalten (%)

Familien \ Gemeinde	Linyuan	Fangliao	Checheng	Meinung	Putai
N =	40	25	23	26	19
% d. Haushalte	23.5	16.1	13.1	13.5	11.4

Quelle : Eigenerhebung

Die von den Informanten angeführten Begründungen für eine Neuregistration waren sehr vielschichtig und kamen erst nach längerem Zögern ans Licht, so daß die nachstehenden Daten vorsichtig als Einblick in eine vermutlich größere Dunkelziffer gewertet werden sollten (Tab. 7.8).
Hinter dem häufigsten Argument, mit der Heirat der Söhne wolle man ihnen auch mehr Selbständigkeit zugestehen, verbirgt sich außerdem noch ein Gedanke, den man großzügig mit 'Familien-

---

1) Unter einem Sekundärhaushalt soll hier die eigenständige Wirtschaftsführung und u.U. auch abgetrennte Wohnung von Kernfamilieneinheiten innerhalb eines Großfamilienverbandes (Primärhaushalt) verstanden werden.

interessen' umschreiben könnte. Es zeigte sich beispielsweise,
daß einige Familien in den Bau eines neuen Hauses investiert
hatten. Sie überschrieben dieses Haus einem der Söhne, durch
dessen eigenständige Registration die zukünftige Erbschafts-
steuer vermieden wird - was nicht ausschließt, daß Eltern und
Söhne darin gemeinsam wohnen oder das Haus direkt an das alte
Gehöft grenzt und man die Lebens- bzw. auch Wirtschaftsgemeinschaft de facto aufrechterhält.

Tab. 7.8 : Gründe für eine Neuregistrierung von Haushalten (%)

Gründe \ Haushalte	N = 133
- gewünschte Selbständigkeit der Söhne nach ihrer Heirat	39.8
- Steuergründe, Hausregistrie- rung, Erbschaften etc.	23.3
- Höhere Kreditwürdigkeit, Landüberschreibungen etc.	14.3
- Meldung des Arbeitsplatzes, sonstiges	22.6
	100.0

Quelle : Eigenerhebung

Ein weiterer Grund dafür, einen neuen Haushalt mit entsprechender Landzuteilung einzurichten, kann eine Erhöhung der
Kreditwürdigkeit bei Banken und Farmer's Association sein,
die pro Haushalt bestimmte Kreditgrenzen festgelegt haben.
Im Falle der Tabakbauern Meinungs z.B. eröffnet die Registration Möglichkeiten, eine zweite Trockenkammer zu bauen und
neue Anbaukontingente zu erwerben. In diesem eher zufällig
entdeckten Komplex sind also deutliche Hinweise versteckt,
daß viele Familien ihre Probleme mit der betrieblichen und
haushälterischen Organisation selbständig und unter Umgehung

institutioneller Wege regeln. Agrarpolitische Schwierigkeiten, Landverpachtung, finanzielle Unternehmungen und soziale Absicherungen werden vermittels spezieller Arrangements innerhalb der Familie gelöst. Eine Überprüfung der Beziehungen zwischen familialen Problemlösungsmethoden und offiziellen agrarpolitischen Maßnahmen wäre sicherlich für zukünftige Planungen aufschlußreich.

- Aufhebung der Wohngemeinschaft

Die räumliche Trennung ist ein bei weitem tiefergehender Einschnitt in das Alltagsleben der bäuerlichen Familie als die vorhergenannten Schritte, denn sie beinhaltet je nach Entfernung eine Einschränkung der Kommunikations- und Kooperationsmöglichkeiten. So wirkt es sich sehr unterschiedlich auf den Haushalt aus, ob die abgewanderten Söhne sich in der gleichen Gemeinde niederlassen oder in enferntere Städte migrieren. In vielen Fällen jedoch ist eine räumliche Trennung lediglich durch die Anschaffung neuer Häuser entstanden, wobei die ausgezogenen Familienangehörigen so engen Kontakt zum Elternhaus halten, daß man sie ohne weiteres auch als Sekundärhaushalte bezeichnen könnte - die Übergänge sind oftmals fließend.

Tab. 7.9 : Anteil der Familien mit Verwandten in räumlicher Nähe (%)

Familien \ Gemeinde	Linyuan	Fangliao	Checheng	Meinung	Putai
N =	77	92	108	115	108
% d. Familien	45.3	60.0	61.7	59.6	64.7

Quelle : Eigenerhebung

Die soziale und wirtschaftliche Verflechtung der Haushalte untereinander ist nur in einer detaillierten Untersuchung zu erfassen. Auffallend ist aber der hohe Anteil von Familien mit

Verwandtenhaushalten im gleichen Gehöft bzw. Dorf in den beiden Gemeinden mit extremen Abwanderungs- und Teilungsraten, Meinung und Putai, zwischen denen offenbar enge Beziehungen bestehen und die weiter unten erläutert werden sollen (vgl. Kap. 9.2.1).

- Teilung des Besitzes

Das eigentlich kritische Element, welches zur Aufhebung der alten und Gründung einer neuen Familie führt, ist die Teilung des Familienbesitzes. Dabei ist zu beachten, daß Eigentumsteilung (分家) und Vererbung (繼承) zwei verschiedene sozioökonomische Aktivitäten bzw. formale juristische Schritte in der chinesischen Tradition darstellen, obwohl sie zeitlich zusammenfallen können.

Erst jetzt beginnen die Flügelkämpfe um die erblichen und vor allem die in den vorherigen Jahren eingebrachten Anteile am Familieneigentum. Sung hat in diesem Zusammenhang auf strenge Unterscheidungen zwischen ererbten und erworbenen Besitztümern hingewiesen; bei ersteren haben die Söhne nach gewohnheitsrechtlichem Verfahren Anspruch darauf, ihren Erbteil als auch die Ausrichtung ihrer Heirat von den Eltern einzufordern.

"...when a family rearranges its social and productive activities, when younger sons marry, when family members squabble, when the head of the family dies, or when a brother moves to another town. In each of these cases brothers have right to ask for division of the family." 1)

Mit genau diesen vier Argumenten begründeten auch die Informanten die Entstehung ihrer eigenen Familien (Tab. 7.10). Obwohl die jeweilige spezifische Problemsituation in den Familien ausschlaggebend für eine Spaltung ist und immer mehrere Faktoren zusammenwirken, können doch Heirat und Abwanderung heute als die wichtigsten Beweggründe für die Familienteilung identifiziert werden.

---

1) Sung, L.S., a.a.O., 1981, S. 361

Tab. 7.10 : Anlaß zur Teilung der Familien (%)

Teilungsgrund \ Gemeinde	Linyuan	Fangliao	Checheng	Meinung	Putai
N =	104	106	116	139	113
- nach Heirat der Söhne	46.1	80.2	44.0	41.7	49.5
- Probleme mit Familienangehörigen	13.5	10.4	17.2	23.8	10.6
- nach Migration der Söhne	34.6	8.5	31.0	30.9	37.2
- nach Tod des Vaters	5.8	.9	7.8	3.6	2.7
	100.0	100.0	100.0	100.0	100.0

Quelle : Eigenerhebung

Insbesondere in Fangliao scheint automatisch mit der Verheiratung der Söhne auch die Eigentumsteilung einherzugehen. Uneinigkeiten und Besitzstreit werden so früher gelöst als dies augenscheinlich in Meinung der Fall ist. Nur in wenigen Familien fallen Besitzteilung und Vererbung zeitlich mit dem Tod des Vaters zusammen. Nach dem Vollzug dieses Schrittes ist die direkte Verantwortlichkeit gegenüber anderen Familienangehörigen weitgehend aufgehoben. Lediglich für die Altersversorgung der Eltern müssen die Söhne Vorkehrungen treffen.
Selbst im Rahmen der Verwandtschaftsterminologie kann diese Spaltungsphase identifiziert werden. Falls die Brüderpaare bereits vor der formalen Teilung in getrennten Haushalten und Wohneinheiten leben, beziehen sie sich mit dem Begriff Familie (家) immer noch auf ihr Elternhaus und unterscheiden die Geschwisterhaushalte lediglich durch 'meine Seite' (我彼) und 'deine Seite' (你彼). Nach der Teilung hingegen wechselt die Bezeichnung in 'mein Haus'

(我家) und 'dein Haus' (你家); damit manifestiert sich diese
endgültige Trennung auch im Sprachgebrauch 1).
Wichtigster Gegenstand dieses Teilungsschrittes ist jedoch
die Hofübergabe. Zumindest in der Vergangenheit wurde damit
das Land zu gleichen Teilen vergeben, eine Gewohnheit, die
zu Flurzersplitterung und schweren Problemen in der Agrarstruktur führte 2). Auch bei der Bodenregelung muß zwischen
ererbtem, familieneigenem Land und eventuell vom Vater zugekauften Flächen unterschieden werden. Je nach Art der Besitzverhältnisse läßt sich anführen :

"If there is land that has been acquired through the parent's
own efforts, then the father has an absolute right to set
aside this land (or any part of it) as pension land (老李 Anm.
d.V.); indeed he is free to dispose of this land however he
wishes, even by selling it." 3)

Andernfalls überlassen die Söhne den Eltern einen Teil ihres
Bodens zur Bewirtschaftung oder übernehmen die Altersversorgung durch finanzielle Zuwendungen. Meistens erhält der Hoferbe auch mehr Land, um die ältere Generation zu versorgen.
Angesichts der Tatsache, daß die Landparzellen heute nur noch
bedingt (ab 1 ha Fläche) geteilt werden dürfen und viele Söhne die Landwirtschaft verlassen, hat die Bodenteilung ihren
früheren hohen Stellenwert bei der Besitzteilung weitgehend
eingebüßt. Bei der späteren Frage der Vererbung ist ihre Bedeutung allerdings noch beträchtlich, denn Landbesitz gilt
noch immer als Rückversicherung für Notlagen und Mittel zur
Altersversorgung (vgl. Kap. 9.1.3).

- Aufhebung der Religionsgemeinschaft

Vielleicht eine der wichtigsten integrierenden Kräfte, welche
die Verbindungen zwischen geteilten Familien erhalten, ist die
Religionsgemeinschaft. Es darf nicht übersehen werden, daß

---

1) Sung, L. S., a.a.O., 1981, S. 369
2) Liu, C.Z., a.a.O., 1982a, S. 76
3) Sung, L.S., a.a.O., 1981, S. 371

gerade im Prozeß sozialer Umwälzungen und der Auflösung traditioneller Bindungen die Familienzugehörigkeit ein wichtiges Element der psychologischen Sicherheit und des sozialen Halts verkörpert. Da das chinesische Sozialsystem sich wesentlich stärker über Gruppenbildung als über Individualität definiert, stellt sich die Abstammungsgruppe auch als grundlegendste religiöse Einheit dar [1].
Selbst wenn sich seit langem ökonomisch und sozial voneinander unabhängige Familien konstituiert haben, wird dieser letzte Teilungsschritt hinausgezögert und die religiöse Funktion möglichst lange erhalten. Obwohl die jüngere Generation weniger von traditionellen Glaubensvorstellungen beeinflußt wird, genießen die Familienfeiern und Prozessionen zu Ehren der Vorfahren auch bei ihnen eine hohe Wertschätzung. Die Rückkehr zahlreicher Migranten zu bestimmten Festtagen in den Heimatort belegt die immer noch starke religiöse Integration in die Familie (vgl. Kap. 7.5.3).
Die rituelle Gemeinschaft der Abstammungsgruppe tritt am deutlichsten im Ahnenkult in Erscheinung. Repräsentiert wird die Reihe gemeinsamer patrilinearer Vorfahren durch deren Namensnennung auf den Ahnentafeln, die jeden Familienaltar zieren. Dort finden sich die verwandten Gruppen an den entsprechenden Feiertagen zusammen. Erst wenn die Verwandtschaft nach mehreren Generationen zu weitläufig geworden ist und die räumliche Trennung es erfordert, werden Kopien der Ahnentafeln angefertigt und in den neuen Haushalt überführt. Erst zu diesem Zeitpunkt ist die Familienteilung auch sozial bzw. psychologisch endgültig vollzogen.

Aus den vorangegangenen Schilderungen der verschiedenen Desaggregationsphasen ist deutlich geworden, daß eine Beschreibung bäuerlicher Familien allein nach ihren Haushaltsfunktionen als unzureichend angesehen werden muß, da sie dem Charakter der sozialen Gruppe nicht gerecht werden kann. Vor allem kann sie die zeitli-

---

1) Seiwert, H., a.a.O., 1985, S. 49

che Dimension des Funktionswandels nicht adäquat erfassen. Es sind jedoch drei Grundmuster in diesem Prozeß der Familienteilung erkennbar geworden, bei denen die Schritte der Auflösung von Haushalts-, Wohn- und Lebensgemeinschaft variieren (Fig. 7.4).

Fig. 7.4 : Grundmuster der Desaggregation

traditionelle Teilung	beschleunigte Teilung	unvollständige Teilung
Trennung d. Herdes	Eigentumsteilung	Trennung d. Herdes
Trennung d. Budgets	Aufhebung d. Wohngemeinschaft	Trennung d. Budgets
Eigentumsteilung	Aufhebung d. Religionsgemeinschaft	
Aufhebung d. Wohngemeinschaft		
Aufhebung d. Religionsgemeinschaft		
Neugründung d. Familien	Neugründung d. Familien	Haushaltsseparierung d. Familien

- Der traditionelle Teilungsprozeß vollzieht sich in mehreren aufeinanderfolgenden Schritten, die sich zumeist auf die Zeitspanne zwischen der Heirat des ältesten und des jüngsten Sohnes, wie dies z.B. in Fangliao beobachtet werden konnte, erstrecken. Spätestens dann jedoch sind die Funktionen der Familie neu verteilt, der Hof übergeben und die Wohnungen getrennt.

- Starke Abwanderungsbestrebungen in der Familie führen zu einer beschleunigten Auflösung des Haushalts (z.B. Checheng, Meinung, Putai) und zur Besitzaufteilung. Unabhängig davon erhalten sich oftmals soziale Funktionen, insbesondere dann, wenn nur ein Teil der Familie migriert und die übrigen Söhne vorort ansässig bleiben.

- Aufgrund höherer Lebenshaltungskosten in der Stadt verzögern sich in umittelbarer Industrienähe die Phasen der Wohnungs- und Eigentumsteilung. Es bilden sich erweiterte Familienhaushalte heraus, in denen Spannungen durch zuviele Mitglieder mittels abgegrenzter Wirtschaftsbereiche und Etablierung von Sekundärhaushalten ausgeglichen werden.

7.4.2 Organisationsformen der Familie

Eine konsquente Neuordnung der Familientypen unter gruppenspezifischen Aspekten zeigt nun, daß gegenwärtig drei Grundfomen der bäuerlichen Familienorganisation in Südtaiwan vorherrschen.

Typ I besteht aus Kernfamilieneinheiten, die noch weiter unterschieden werden müssen in solche, die

a) isoliert für sich leben oder nach der Abwanderung von Familienmitgliedern auf dem Hof zurückgeblieben sind;

b) nach der formalen Teilung als unabhängiger Bestandteil innerhalb eines erweiterten Verwandtschaftsnetzes leben [1].

---

[1] Den Begriff des 'erweiterten Verwandtschaftsnetzes' hat Harris (1973) geprägt, um damit die sozialen Beziehungen zwischen den Mitgliedern mehrerer ineinandergreifender Elementarfamilien zu beschreiben. Innerhalb der chinesischen Verwandtschaftsorganisation lassen sich auf diese Weise Beziehungen zwischen Familien- und Abstammungsgruppen charakterisieren. Untersuchungen, die eine angebliche Isolation der modernen Kernfamilien widerlegen, sind bisher von der europäischen Familiensoziologie vorgelegt worden. Bekannt sind darunter insbesondere die Arbeiten von E. Pfeil (1965) und L. Rosenmayr (1976), in denen gezeigt wird, daß in allen Industriegesellschaften Familienbeziehungen trotz räumlicher Trennung der älteren und jüngeren Generationen erhalten und gepflegt werden. Diese 'Intimität auf Abstand' zwischen Kernfamilieneinheiten kann der als Typ III identifizierten Form der modifizierten erweiterten Familie sehr nahe kommen. Sie ist aber durch eine größere Variabilität ihrer Funktionsbereiche von dieser zu unterscheiden; vgl. Harris,C.C. "Die Familie.Eine Einführung in ihre Soziologie", Freiburg 1973, S. 99; Pfeil, E. "Die Familie im Gefüge der Großstadt", Hamburg 1965; Rosenmayr, L. "Schwerpunkte der Soziologie des Alters", in: König, R., a.a.O., 1976, S. 336

Typ II umfaßt die erweiterte Familie als korporierte soziale Gruppe in Haushalts- und Wohngemeinschaft wie sie in der ethnologischen und agrarsoziologischen Literatur beschrieben wird (vgl. Kap. 7.1).

Typ III bezeichnet eine modifizierte Form der erweiterten Familie, die zwar als koresidentielle Gruppe, aber mit getrennten Wirtschaftsfunktionen fortbesteht.

Nachdem die oben vorgenommene strukturelle Typisierung (vgl. Kap. 7.3) solchermaßen ergänzt wurde, läßt sich nun auch die Wahrnehmung der verschiedenen Versorgungsfunktionen, die von der Familie geleistet werden müssen, bewerten (Fig. 7.5).

Fig. 7.5 : Familiale Organisationsformen und Funktionsbereiche

Form \ Funktion	Reproduktion	Sozialisation	Regeneration	Haushalt
Typ Ia	x	x	x	x
Typ Ib	x	v	v	v
Typ II	x	x	x	x
Typ III	x	x	x	v

x = wahrgenommene Funktionsbereiche
v = variable Funktionsbereiche

Nicht zuletzt aufgrund ihres zahlenmäßigen Rückgangs hat die bäuerliche Großfamilie ihre ehemalige wirtschaftliche und politische Durchsetzungskraft im Dorf eingebüßt und damit wichtige gesellschaftliche Funktionen an andere Institutionen abgegeben.
Man kann also mit Recht von einem Prozeß des Funktionswandels sprechen, in dem eine Schwerpunktverlagerung familialer Leistungen von sozialen auf ökonomische Bereiche stattfindet. Erweiterte Familien werden heutzutage wegen ihrer wirtschaftlichen Vorteile aufrechterhalten. In der bäuerlichen Familie wird damit auch ein Instrument zur Vermögenssicherung (in Form von Boden, Immobilien)

geschaffen, das vormals nur einigen privilegierten Familien zugänglich war. Auch die seit jeher herrschenden Formen der Kernfamilien und ihre gesellschaftlichen Positionen waren im Verlauf der Industrialisierung nicht von einem Verlust an Funktionen gekennzeichnet [1]. Vielmehr integriert die bäuerliche Kernfamilie nach wie vor alle Funktionsbereiche, die in erweiterten Familien nur auf mehrere Personen verteilt sind.

Die intrafamiliären Leistungen hängen in entscheidendem Maße vom verfügbaren Verwandtschaftskreis ab. Wie die Beziehung zwischen Organisationsform und Funktionsverteilung zeigt, sind heute praktisch alle sozialen und ökonomischen Funktionen einem Wandel unterworfen. Zwei Gruppen von Familien, Typ Ia und Typ II, füllen danach weiterhin sämtliche Funktionsbereiche aus, wobei die Kernfamilie aufgrund ihrer eingeengten Personalstruktur höheren Belastungen ausgesetzt ist als die erweiterte Familie. Viele dieser Familien sind zudem durch Migration, frühe Teilung und auslaufende Betriebe in ihrer Existenz gefährdet. Insbesondere in Notlagen werden sie anfälliger in den Versorgungsbereichen (z.B. Krankheit, Alter) und müssen auf öffentliche Einrichtungen zurückgreifen. - Gerade auf dem Gebiet der informellen Hilfeleistungen ist die erweiterte Familie aber noch immer eine tragfähige Institution. Sie kann diese Funktionen vor allem dann hinreichend ausfüllen, wenn sie durch wirtschaftliche Diversifizierung im Haushalt variabel ist (Typ III). Noch größere Vorteile verspricht die Organisation in Kernfamilien, die sich gleichzeitig auf ein Netz von Verwandten stützen können (Typ Ib). Im Gegensatz zum Verpflichtungscharakter in korporierten Verwandtschaftsgruppen herrschen dabei die mehr oder weniger fakultativen Beziehungen vor. Die Kernfamilie kann ihre unabhängige Position behaupten und außerdem ein verläßliches, reziprokes Beziehungsgefüge unterhalten.

In der regionalen Verteilung der verschiedenen Organisationsformen läßt sich deutlich nachvollziehen, wie sehr sich die Familien auf den gesellschaftlichen Wandel eingestellt haben und wo ihre Probleme liegen (Tab. 7.11).

---

1) König, R., a.a.O., 1977, S. 70

Tab. 7.11 : Organisationsformen der Familien (%)

Form \ Gemeinde	Linyuan	Fangliao	Checheng	Meinung	Putai
N =	169	153	169	187	167
Typ Ia	14.8	10.5	16.0	17.1	18.6
Typ Ib	18.9	35.3	43.2	40.6	45.5
Zwischensumme	33.7	45.8	59.2	57.7	64.1
Typ II	43.8	40.5	28.4	32.1	26.3
Typ III	22.5	13.7	12.4	10.2	9.6
	100.0	100.0	100.0	100.0	100.0

Quelle : Eigenerhebung

Im weiteren Umkreis des Industriezentrums Kaohsiung, Linyuan und Fangliao, erhalten sich mit den erweiterten Familien auch die bedeutendsten familialen Funktionsbereiche. Wirtschaftliche Absicherung und Wohnnähe bzw. -gemeinschaft bewirken eine hohe funktionale Flexibilität in den Familien. Dabei schlägt sich das andersartige Teilungsverhalten in Fangliao in einer bevorzugten Kernfamilienbildung nieder, bei der die Versorgungsfunktionen vom Verwandtschaftsnetz mitgetragen werden. Demgegenüber kommen durch die Wohnungsknappheit in Linyuan eher modifizierte erweiterte Familien vor. Auch in den industriefernen Gemeinden hat sich die Kernfamilienbildung zuungunsten des Erhalts von Großfamilienhaushalten durchgesetzt. Letztere können dort zwar existieren, haben aber in den Haushaltsfunktionen Schwierigkeiten, da ihre ökonomische Diversifizierung gering ist. Aufgrund der starken Abwanderung in Checheng, Meinung und Putai findet sich auch eine größere Gruppe von Restfamilien, deren Situation insofern problematisch ist, als sie am stärksten mit sozialen Funktionen belastet sind und der Unterstützung durch Institutionen bedürfen, andererseits aber die geringsten Zugangsmöglichkeiten (aufgrund mangelnder Infrastrukturausstattung) dazu haben.

Bislang wurde der Funktionswandel in Bezug auf die Familienstruktur analysiert und die einzelnen, von Veränderungen betroffenen sozialen und ökonomischen Bereiche abgesteckt. Die wirtschaftlichen Grundlagen und sozialen Beziehungen werden in den nachfolgenden Kapiteln noch genauer zu erläutern sein. Zuvor soll jedoch die Aufmerksamkeit einem weiteren Einflußfaktor zugewendet werden, der das bäuerliche Familienleben entscheidend mitbestimmt. Hinter dem Begriff der geographischen Mobilität oder Migration steht eine gesonderte Gruppe von Familienangehörigen, die aus den unterschiedlichsten Beweggründen ihren Heimatort verlassen und damit häufig nicht nur aus dem Blickwinkel ihrer Herkunftsfamilien rücken, sondern auch aus dem der Familiensoziologie. In Taiwan ist diese Gruppe der Migranten aber keineswegs unbedeutend für das Familienleben geworden und muß deshalb als integraler Bestandteil in dieser Untersuchung berücksichtigt werden.

7.5 Migration

Für die landwirtschaftliche Bevölkerung gewinnt die geographische und soziale Mobilität im Prozeß der Industrialisierung besondere Bedeutung. Letztlich stellt sie einen wichtigen Anpassungsmechanismus der Menschen an veränderte Lebensbedingungen dar und findet ihren Niederschlag in der Desaggregation der Familie [1].
Nicht die Tatsache der Familienteilung an sich ist jedoch an dieser Stelle interessant, sondern die Frage nach den Konsequenzen für die Ursprungsfamilie, die ja durch ihre Bindung an den Boden weitgehend immobil bleibt. Migration ist daher immer auch als Selektionsprozeß aufzufassen, der Individuen mit spezifischen sozialen und demographischen Merkmalen ergreift.
Wenngleich im Rahmen des Themas keine Fragen der persönlichen Motivation und innerfamiliärer Entscheidungen vertieft werden konnten - dafür wurden eine Reihe bereits vorhandener Untersuchungen

---

[1] Albrecht, G. "Soziologie der geographischen Mobilität", Stuttgart 1972, S. 58

zur Erklärung herangezogen [1] -, so ist doch die Kennzeichnung der migrierenden Personengruppen unerläßlich, um die verbliebene landwirtschaftliche Bevölkerung und ihre Entwicklungspotentiale über den Vergleich besser charakterisieren zu können.

7.5.1 Sozio-demographische Kennzeichen der Migranten

Über den Lebenszyklus von Personen und Familien lassen sich mehrere Teilaspekte der horizontalen und vertikalen Mobilität theoretisch verbinden, denn der Zeitpunkt der Abwanderung fällt für gewöhnlich mit bestimmten Phasen, wie z.B. dem Eintritt ins Berufsleben, der Familiengründung oder dem Ausscheiden aus dem Arbeitsprozeß zusammen. Die geringsten Änderungen treten vor der Geburt der Kinder, während ihres Heranwachsens und nach der Ablösung vom Elternhaus auf [2].
Demzufolge ist es nur erklärlich, daß die Migranten in ihrer Mehrzahl zu den Altersgruppen der unter 35jährigen gehören, d.h. es wird in der Folge von Söhnen und Töchtern (98 %) aus den befragten bäuerlichen Familien die Rede sein (Tab. 7.12).

Tab. 7.12 : Durchschnittliches Alter der Migranten (Jahre)

Alter \ Gemeinde	Linyuan	Fangliao	Checheng	Meinung	Putai
Söhne	29.2	24.4	26.1	25.5	29.3
Töchter	31.2	30.5	28.6	29.1	28.1

Quelle : Eigenerhebung

---

[1] Li, K.T. "Population Distribution and Quality of Life in the Taiwan Area", Industry of Free China Vol. LX, No. 3, 1983, S. 1-24; Speare, A. "The Determinants of Migration to a Major City in a Developing Country: Taichung, Taiwan", Institute of Economics, Academia Sinica (ed.) "Essays on the Population of Taiwan", Taipei 1973, S. 167-188; Kiang, Y.L. "Determinants of Migration from Rural Areas. A Case Study of Taiwan", Saarbrücken 1975
[2] Albrecht, G., a.a.O., 1972, S. 120; Li, K.T., a.a.O., 1983, S. 11

In welchem Ausmaß die bäuerlichen Familien Südtaiwans von den geographischen Mobilisierungsprozessen erfaßt wurden, spiegelt Tab. 7.13 wider.

Tab. 7.13 : Umfang der Migration in den Untersuchungsgemeinden (%)

Migranten \ Gemeinde	Linyuan	Fangliao	Checheng	Meinung	Putai
N (Personen) =	412	368	581	601	486
Anteil d. abgewanderten Familienmitglieder	20.8	24.7	35.9	31.3	31.2
Anteil d. abgewanderten					
- Söhne	34.1	34.8	48.3	46.4	49.0
- Töchter	63.3	63.3	50.3	51.4	49.4
- Enkel, Brüder	2.5	1.9	1.4	2.2	1.6
	100.0	100.0	100.0	100.0	100.0
Ø abgewanderte Personen aus					
- Kernfamilien	3.1	3.5	3.9	3.8	3.9
- Erweiterte Familien	3.5	3.1	3.8	3.8	3.7
- Großfamilien	2.5	2.5	3.7	2.4	2.0

Quelle : Eigenerhebung

Im Durchschnitt haben also drei bis vier Personen ihre Familien verlassen. Das entspricht in den industrienäheren Gemeinden Linyuan und Fangliao einem Fünftel bzw. einem Viertel aller Familienmitglieder; in den entfernteren Gemeinden steigt ihr Anteil sogar auf 36 % ! Dabei wird der Migrationsdruck sowohl für unverheiratete Töchter als auch für die Söhne stärker.
Entsprechend der zunehmenden Abwanderung in den abgelegenen länd-

lichen Gebieten sinkt natürlich auch die Familiengröße, und es
besteht eine direkte Beziehung zum Familientyp, da aus den noch
existierenden erweiterten Familien in der Regel weniger Söhne
ausgeschieden sind.

Obwohl Gallin recht eindrücklich den Beginn der Landflucht in den
sechziger Jahren aufgrund von Bodenknappheit und Bevölkerungsdichte beschrieb [1], konnte man schon damals in Taiwan nicht von typischen Armutswanderungen sprechen, wie sie aus anderen asiatischen
Ländern (Indien, Thailand, Korea) bekannt sind. Bereits die Charakterisierung von Migranten aus den siebziger Jahren zeigen, daß
diese von mangelnden Bildungs- und Berufschancen auf dem Land aber
keineswegs von Hunger und Armut in die Städte getrieben wurden.
Sie stammten vielmehr aus relativ gut situierten bäuerlichen Familien, hatten bereits vorher gearbeitet und suchten dann nach einer
Verbesserung ihrer beruflichen Position [2].
Diese Aussagen haben auch heute noch Gültigkeit. Die Suche nach
Arbeit und der Besuch weiterführender Schulen stellen die beiden
wichtigsten Beweggründe zur Migration der Söhne dar (Tab. 7.14).
Sie werden mit zunehmender Entfernung zur Großstadt wirksam. Die
Töchter verlassen in der Regel erst mit ihrer Heirat das Elternhaus.

Schulbesuch und Ausbildung fungieren als Hauptkanäle der geographischen Mobilität und Voraussetzung für den sozialen Aufstieg in
der Industriegesellschaft. Der verstärkte Zuzug besser gebildeter
Arbeitskräfte in die Städte wie auch die Migration zum Zweck der
Weiterbildung haben dort bereits zu einem Mangel an ungelernten
Arbeitskräften geführt, die in vielen Industriezweigen noch nachgefragt werden. Gleichzeitig werden für den vorgesehenen Einstieg
Taiwans in die technologieorientierte Produktion der achtziger
Jahre beruflich gebildete Fachkräfte benötigt, und man erwartet,
daß bis 1989 etwa 22 % der Beschäftigten einen Ober- bzw. Fachschulabschluß vorzuweisen haben [3].

---

1) Gallin, B., a.a.O., 1966, S. 120 f.
2) Speare, A., a.a.O., 1973, S. 172; Kiang, Y.L., a.a.O., 1975, S.90
3) CEPD, a.a.O., 1980, S. 5 f.

Tab. 7.14 : Abwanderungsgründe der Migranten (%)

Begründung \ Gemeinde	Linyuan	Fangliao	Checheng	Meinung	Putai
Söhne N =	137	125	270	269	232
- Schulbesuch	10.9	10.4	21.1	30.5	13.8
- Wehrdienst	36.5	16.0	17.4	19.7	12.9
- Arbeitssuche	29.9	56.8	58.5	46.5	68.5
- Heirat	12.4	10.4	2.6	1.1	3.0
- sonstige	10.3	6.4	.4	2.2	1.8
	100.0	100.0	100.0	100.0	100.0
Töchter N =	253	227	281	294	236
- Schulbesuch	2.4	4.8	13.5	12.9	10.6
- Arbeitssuche	6.3	14.1	22.1	26.9	25.4
- Heirat	91.3	80.6	63.7	59.2	64.0
- sonstige	-	.5	.7	1.0	-
	100.0	100.0	100.0	100.0	100.0

Quelle : Eigenerhebung

Die landwirtschaftliche Bevölkerung hat diese Herausforderung bereitwillig aufgenommen und widmet der (beruflichen) Bildung große Anstrengungen. Hierbei sind die Migranten gegenüber den Nichtmigranten jedoch erheblich im Vorteil, da das Land mit Fach- resp. Hochschulen völlig unterversorgt und der Übergang zum anschliessenden Arbeitsplatz nicht gewährleistet ist. Die lokale Ausstattung mit Schulen beeinflußt daher die Bildungsmigration in den einzelnen Untersuchungsgemeinden. Während beispielsweise in Linyuan der Ortswechsel erst für Hochschulabsolventen relevant wird, emigriert aus Meinung bereits eine Mehrzahl der Oberschulabgänger (Fig. 7.6). Je höher jedoch der Anteil der höhergebildeten Migranten desto stärker macht sich der Selektionsprozeß im Bildungsstand der zurückbleibenden Familienmitglieder bemerkbar.

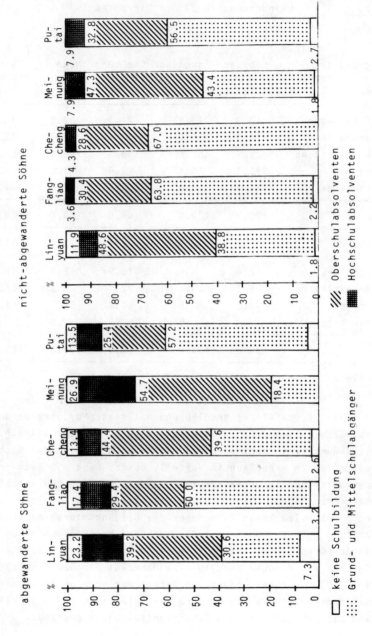

Fig. 7.6 : Vergleich der Bildungsstruktur von abgewanderten und nicht-abgewanderten Söhnen

Quelle : Eigenerhebung

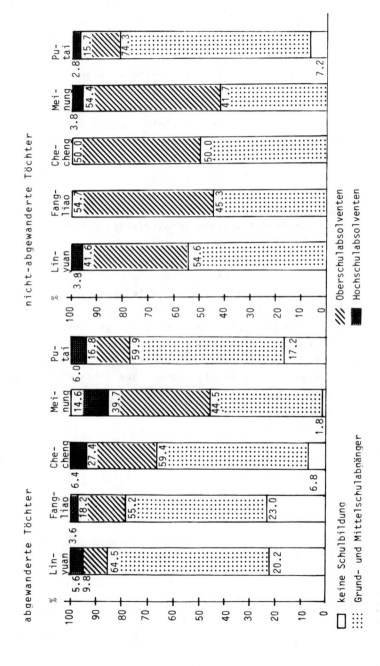

Fig. 7.7 : Vergleich der Bildungsstruktur von abgewanderten und nicht-abgewanderten Töchtern

Quelle : Eigenerhebung

In den stadtfernen Gemeinden sind es vor allem die Söhne mit Elementarschulabschluß, die nicht migrieren. Für die Abgänger höherer Schulen hängt die Entscheidung zur Abwanderung dann vom lokalen Arbeitsmarkt ab. Bei den Töchtern bietet sich ein etwas anderes Bild (Fig. 7.7). Bislang hatte man ihrer Ausbildung wenig Bedeutung beigemessen, so daß ein Großteil der durch Heirat migrierten Frauen keine oder lediglich eine Grundschule besuchen konnte. Auch die verhältnismäßig kleine Gruppe von Studentinnen ist mehrheitlich abgewandert. Dagegen hat offensichtlich ein Wandel in der Bewertung der Bildung für die noch im Elternhaus lebenden Töchter stattgefunden. Einem Großteil von ihnen wird jetzt der Oberschulbesuch ermöglicht.

Mit zunehmender Entfernung vom industriellen Zentrum wird allerdings der Arbeitsplatzmangel zum herausragenden 'Push-Faktor' für die jungen Leute, sofern sie nicht schon zwecks Schulbesuch oder Wehrdienst die Gemeinde verlassen haben. Dabei ersetzen Zeitungsanzeigen, Arbeitsämter und Beziehungen zu Freunden aus der Militärdienst- bzw. Schulzeit mittlerweile die herkömmlichen Arbeitsvermittlungsmethoden über Verwandte und Dorfbewohner [1]. Die Art der Arbeitsplatzfindung über institutionelle Wege korreliert außerdem mit steigendem Bildungsstand [2]. Das Risiko der Arbeitslosigkeit in der Stadt, das bei der Entscheidung zur Migration miteinbezogen wird, kann für die potentiellen Abwanderer angesichts der niedrigen Arbeitslosenrate von 1,3 % außer acht gelassen werden [3].

Die Mehrzahl der migrierten Söhne, vor allem aus den stadtfernen Gemeinden hat in Industrie und Handwerk Arbeit gefunden (Fig.7.8). Weitere 14-21 % sind im Dienstleistungssektor beschäftigt, und eine kleine Gruppe von ihnen hat selbständige Unternehmen gegrün-

---

[1] Wang, S.H./Apthorpe, R. "Rice Farming in Taiwan. Three Village Studies", Taipei 1974, S. 102; Speare, A., a.a.O., 1973, S. 181
[2] DGBAS "Monthly Bulletin of Labour Statistics, R.o.C.", Taipei 1981, S. 178
[3] CEPD, a.a.O., 1980, S. 11

Fig. 7.8 : Vergleich der Erwerbsstruktur von abgewanderten und nicht-abgewanderten Söhnen

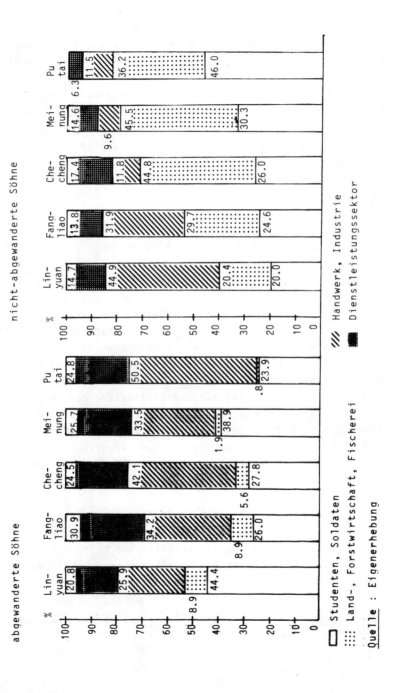

☐ Studenten, Soldaten ⋰⋰⋰ Land-, Forstwirtschaft, Fischerei ▨ Handwerk, Industrie ▦ Dienstleistungssektor

Quelle : Eigenerhebung

det. Dabei kann man grundsätzlich von einer Korrelation zwischen
Ausbildungsniveau und jetzigem Beruf ausgehen. Die besser Gebildeten sind in gehobenen Positionen des öffentlichen Dienstes untergekommen, andere in Angestelltenberufen oder in einfacher Lohnarbeit tätig. Eine verhältnismäßig ausgeglichene Verteilung in
der Erwerbsstruktur der Migranten unter Berücksichtigung ihrer
regionalen Herkunft bestätigt die Überlagerung dieses Faktors
durch das Kriterium der Bildung. Im krassen Gegensatz dazu spiegelt der Vergleich mit der Erwerbsstruktur der nicht-abgewanderten Söhne die Arbeitsmarktsituation in den einzelnen Gemeinden
wider (vgl. auch Kap. 8.3.2).

7.5.2 Wanderungsrichtung und - zeitpunkt

Nicht allein der Umfang der Migration variiert mit regionalen
Unterschieden zwischen den einzelnen Gemeinden, auch Zeitpunkt
und Zielorte der Abwanderung unterliegen den lokalen Voraussetzungen und den Fluktuationen in der Wirtschaftslage der Regionen.
Diese beiden Aspekte hingen in der Vergangenheit eng mit den Phasen der industriellen Entwicklung in Nord- und Südtaiwan zusammen und fanden ihren Niederschlag in entsprechenden Wanderungsbewegungen. Leider stehen aus den Statistiken nur Informationen
über das Bevölkerungswachstum als Anhaltspunkt für eine genauere
Beurteilung zur Verfügung, aus denen zwar das Migrationsvolumen,
nicht aber Ausgangsort und Richtung der Wanderung hervorgeht.
Diesem Mangel soll mit den Daten aus den fünf Untersuchungsgemeinden wenigstens ansatzweise begegnet werden (Tab. 7.15, 7.16).

Eine größere Gruppe von Söhnen und Töchtern bleibt nach ihrer
Trennung vom Elternhaus in der Gemeinde wohnhaft. Laut Definition
gilt die Entfernung nicht als wesentliches Kriterium der Migration; daher sind auch sie mit Einschränkungen dem abgewanderten
Personenkreis zuzurechnen [1].

---

1) Albrecht, G., a.a.O., 1972, S. 23; Lee, E.S. "Eine Theorie der
   Wanderung" in : Széll, G. "Regionale Mobilität", München 1972,
   S. 117

Tab 7.15 : Wanderungsrichtung der Migranten (%)

Richtung / Gemeinde	Linyuan	Fangliao	Checcheng	Meinung	Putai
Söhne N =	131	125	270	268	232
- Nordtaiwan	33.6	40.8	52.6	37.6	72.8
- Südtaiwan	16.0	14.4	13.3	23.5	14.3
- Kaohsiung-Stadt	24.4	24.8	25.9	30.2	11.6
- gl. Gemeinde	24.4	18.4	5.1	6.8	.8
	100.0	100.0	100.0	100.0	100.0
Töchter N =	253	225	281	283	236
- Nordtaiwan	14.6	27.1	47.3	27.9	47.9
- Südtaiwan	19.4	20.0	18.3	17.6	20.4
- Kaohsiung-Stadt	24.5	13.8	18.1	28.6	16.9
- gl. Gemeinde	41.1	39.1	15.6	25.1	15.3
	100.0	100.0	100.0	100.0	100.0

Tab. 7.16 : Abwanderungszeitpunkt der Migranten (%)

Zeitpunkt / Gemeinde	Linyuan	Fangliao	Checcheng	Meinung	Putai
Söhne N =	134	117	264	268	236
- bis vor 5 Jahren	70.9	66.7	52.7	57.9	50.8
- vor 5-10 Jahren	15.7	17.9	25.0	28.4	22.0
- vor 10-15 Jahren	9.0	12.8	15.5	6.7	14.8
- vor ü. 15 Jahren	4.4	2.6	6.8	7.0	12.4
	100.0	100.0	100.0	100.0	100.0

Fortsetzung S. 132

Fortsetzung Tab. 7.16

Zeitpunkt \ Gemeinde	Linyuan	Fangliao	Checheng	Meinung	Putai
Töchter N =	243	206	273	294	236
- bis vor 5 Jahren	37.8	38.8	43.2	42.2	42.8
- vor 5-10 Jahren	27.6	24.7	23.1	26.6	27.5
- vor 10-15 Jahren	16.5	14.6	15.7	13.9	17.8
- vor ü. 15 Jahren	18.1	21.9	18.0	17.3	11.9
	100.0	100.0	100.0	100.0	100.0

Quelle : Eigenerhebung

Vom Umfang her ist festzustellen, daß sowohl der Anteil der Söhne als auch der Töchter, die am Ort verbleiben, mit der Nähe zur Großstadt zunimmt, also in Linyuan und Fangliao am höchsten ist. Auf die infolge der Heirat von Söhnen vorgenommene Teilung von Familien wurde bereits eingegangen und gezeigt, daß der Desaggregation nicht überall und nicht vollständig ein Wegziehen aus der Gemeinde folgt. Es muß darauf hingewiesen werden, daß Teilungen eher nach starken Abwanderungen stattfinden; das zeitliche Nacheinander in diesem Prozeß verdeutlicht Ursache und Wirkung. Wenn also Söhne vorort wohnen bleiben, dann geschieht das, weil sie eine Alternative zur Migration - in diesem Fall nahe Arbeitsplätze oder Landbesitz - haben.

Lokale Wanderung meint hier in erster Linie auch Heiratswanderung. Der höhere Anteil von Töchtern in den Gemeinden findet seine Entsprechung in den Mustern der Heiratsmobilität, wie sie bereits von Crissmann aus dem Kreis Changhua bzw. Wang/Apthorpe aus Südtaiwan beschrieben wurden [1]. Traditionell sollten die jungen Frauen erst mit der Eheschließung das Elternhaus verlas-

---

[1] Crissmann, L.W. "Spatial Aspects of Marriage Patterns as Influenced by Marketing Behaviour in West Central Taiwan" in : Smith, C.A. "Regional Analysis", New York 1976, Vol. I, S. 123; Wang, S.H./Apthorpe, R., a.a.O. 1974, S. 103

sen, aber auch hier gilt die Aussage : je näher die Gemeinde an der Großstadt liegt, desto geringer ist die Heiratsmobilität. Der hohe Migrationsdruck in den abgelegenen ländlichen Gebieten hingegen bewirkt, daß die Töchter schon zu einem früheren Zeitpunkt - zwecks Studium, Arbeit o.ä. - wegziehen und später andernorts heiraten. In Putai z.B. hat die hohe Abwanderung der weiblichen Familienmitglieder bereits zu Problemen in der Partnerwahl der ansässigen jungen Bauern geführt. Dort und in Checheng heiraten nurmehr 15 % der Mädchen innerhalb der Gemeinde.

Neben der Lokalmigration sind jedoch regionale und überregionale Wanderungen die eigentlich relevanten Faktoren, an denen Industrialisierungseffekte bemessen werden können. Der Erhalt von sozialen Beziehungen hängt in entscheidendem Maße davon ab, inwieweit eine Fernmigration der Familienangehörigen auf der Suche nach Arbeit notwendig wird. Pendelmöglichkeiten bzw. die Ansiedlung innerhalb der Region können sich als wichtige Stütze des familiären Zusammenhalts erweisen.

Aus der Kombination der Angaben über Wanderungsrichtungen und -zeitpunkt lassen sich deshalb folgerichtig zwei Hauptströmungen der Migration im Untersuchungsgebiet feststellen :

- Die Anzahl der Auswanderer (die Taiwan verlassen haben) aus den bäuerlichen Familien ist verschwindend klein und kann in der Analyse ignoriert werden. Angesichts der geringen geographischen Ausdehnung Taiwans scheint es auch vermessen, von Fernmigration zu sprechen, dennoch werden in Anlehnung an die übliche Terminologie damit diejenigen Migranten bezeichnet, die in größtmöglicher Entfernung von ihren Familien, d.h. in diesem Falle in Nordtaiwan, leben.

Vor allem aus den entlegenen Gemeinden Checheng und Putai reagierte die landwirtschaftliche Bevölkerung schon in den sechziger Jahren auf das neugeschaffene Arbeitsangebot in Nordtaiwan und der Hauptstadt Taipei. Mehr als die Hälfte der Söhne - in Putai sogar 73 % - und ca. 47 % der Töchter sind seither in Richtung Norden abgewandert. Zwar haben auch aus den übrigen Gemeinden mehr als ein Drittel der Migranten die nörd-

lichen Industriegebiete als Bestimmungsort gewählt, jedoch
setzten die Wanderungsbewegungen dorthin aus Linyuan und
Fangliao erst später ein.

- Erst im vergangenen Jahrzehnt haben die Abwanderungswellen
auch die verkehrsgünstigen, stadtnäheren Gemeinden erfaßt,
etwa parallel zur Entwicklung der Industriemetropole Kaohsiung. Die Hauptwanderungen vollziehen sich innerhalb der
Region Südtaiwan, vor allem in Richtung auf Kaohsiung-Stadt
und seine angrenzenden Wohngemeinden. Sie sind für Söhne und
Töchter gleichermaßen zum Zielort geworden. Die Möglichkeiten
im Süden zu bleiben und damit auch den Kontakt zur Familie zu
erhalten, werden also genutzt. Gleichzeitig steigt die Mobilität und die Zahl der Umzüge in den letzten 5 Jahren erheblich an. Damit bestätigt sich einmal mehr die These Ravensteins, daß die große Masse der Wanderer nach Möglichkeit nur
kurze Entfernungen zurücklegt und die Strömungen sich am Bedarf nach Arbeitskräften und der Entwicklung der Industriezentren orientieren [1].

7.5.3 Auswirkungen auf Familie und Betrieb

Daß die Familienverbände mit der Abwanderung nicht aufhören zu
existieren, kann man am eindeutigsten über die ökonomischen und
sozialen Kontakte feststellen. Die Formen der gelockerten Familienbeziehungen sind durchaus keine neue Erscheinung in der chinesischen Gesellschaft, sie hängen aber mit dem Industrialisierungsprozeß zusammen. Schon in den frühen industriellen Entwicklungen aus der Vorkriegszeit Festlandchinas beschrieb Lang
eine ähnliche Situation, wie sie heute in Taiwan anzutreffen ist:

"Yet the Shanghai workers still had close contact with the soil
not only through their kinship ties ... but also through their
property ... With the majority of them this ownership was purely formal : they derived no income from it, they left the land

---

[1] Ravenstein, E.G. "Die Gesetze der Wanderung" in : Széll, G.,
a.a.O., 1972, S. 51

to their brothers and other near relatives, only retaining the title as security against possible unemployment." 1)

Diese drei Kriterien, nämlich ob der Migrant noch Anspruch auf seinen Landbesitz erhebt, ob er vielleicht (im Alter) zurückkehren wird oder das Land als Versicherung behält, können nicht quantifiziert werden. Falls allerdings die These von Rempel und Lobdell stimmt, daß Migranten aus Eigeninteresse den Kontakt zur Ursprungsfamilie halten, indem sie Geld nach Hause überweisen, dann können diese Transferzahlungen als ein Indikator für die Familiengebundenheit der abgewanderten Personen angesehen werden 2). Im vorliegenden Zusammenhang sind diese Beiträge allerdings nur aus der Sicht der Herkunftsfamilie von Interesse und können nicht in ihrer ganzen Komplexität erläutert werden, wie es in einer speziellen Migrationsstudie möglich wäre.

Als Personengruppen, die überhaupt Geld schicken, kommen in erster Linie berufstätige Söhne und Töchter in Frage. Zwischen Berufstätigkeit und Transferzahlungen besteht ein signifikanter Zusammenhang, während entfernter Wohnort und Abwanderungsdauer nur bedingt als Bestimmungsgründe gelten 3). Die Höhe des Betrags richtet sich nach dem Verdienst des Migranten und variiert in der Regel zwischen 1.000 - 5.000 NT$. Größere und einmalige Zahlungen sind durchaus üblich; ihre Rolle als Einkommensbeitrag ist jedoch außerordentlich schwierig abzuschätzen. Aufgrund der unregelmäßigen Überweisungen konnten auch die Informanten Umfang und Häufigkeit nur ungenau angeben. Insgesamt gesehen scheinen die Zahlungen aber von viel geringerer ökonomischer Bedeutung für den Haushalt zu sein als man dies bislang angenommen hat (Tab. 7.17).

---

1) Lang, O., a.a.O., 1946, S. 86
2) Rempel, H./Lobdell, R.A. "The Role of Urban-to-Rural Remittances in Rural Development", Journal of Development Studies, Vol. 14, No. 3, 1978, S. 336
3) Kiang, Y.L., a.a.O., 1975, S. 61

Tab. 7.17 : Transferzahlungen von Migranten (%)

Beiträge \ Gemeinde	Linyuan	Fangliao	Checheng	Meinung	Putai
Söhne N =	135	125	270	266	231
- regelmäßig	29.6	19.2	18.1	17.3	16.0
- gelegentlich	1.5	38.4	31.4	36.8	27.7
- nie	68.9	42.4	50.5	45.9	56.3
	100.0	100.0	100.0	100.0	100.0
Töchter N =	252	227	281	294	234
- regelmäßig	2.0	7.9	8.2	9.2	8.1
- gelegentlich	12.7	33.0	42.3	46.9	16.1
- nie	85.3	59.1	49.5	43.9	75.7
	100.0	100.0	100.0	100.0	100.0

Quelle : Eigenerhebung

Oftmals wird das Geld nur nach Bedarf geschickt oder als Neujahrsgeschenk überreicht; diese gelegentlichen Zahlungen kommen weitaus häufiger vor als regelmäßige monatliche Überweisungen. Nur in Linyuan sind ständige Beiträge überhaupt von Bedeutung, obwohl weniger als ein Drittel der Söhne Geld heimschicken. Am wichtigsten sind die Transferzahlungen offenbar in den beiden Gemeinden mittlerer Entfernung und landwirtschaftlicher Standortgunst. In Fangliao und Meinung bietet die finanzielle Unterstützung den Familien u.a. die Möglichkeit zu Investitionen in den Betrieb, z.B. durch den Bau von Fischteichen oder die Pflanzung von Obstbäumen. In den entfernteren Gemeinden dienen die Beiträge dagegen noch verstärkt dem Lebensunterhalt und Grundkonsum im Elternhaus. Trotzdem geht hier vermutlich die durchschnittlich längere Abwanderungsdauer mit einer sinkenden Rückwanderungsperspektive und damit geringeren familiären Verpflichtungen einher.

Überweisungen von berufstätigen unverheirateten Töchtern werden
im allgemeinen für deren zukünftige Aussteuer und die Ausrichtung
ihrer Hochzeit verwendet; fallweise sind sie auch als Rückzahlung
an die Familie für ihre Investitionen in die Ausbildung oder als
Beitrag zum Schulbesuch für andere Geschwister zu verstehen. Die
Zahl derjenigen Frauen, die solcherart ihre Familien unterstützen, variiert zwischen den Gemeinden ganz erheblich (15 - 56 %)
und in Proportionalität zur Anzahl der abgewanderten Töchter.

In der Literatur wird die Familiengebundenheit von Migranten immer wieder mit der ausgeprägten familistischen Orientierung der
chinesischen Gesellschaft begründet. Während einige Autoren in
der zunehmenden Abwanderung einzelner Mitglieder eine Schwächung
der Familienbeziehungen erkennen und daraus den Zerfall traditioneller Strukturen ableiten, vertreten andere die Ansicht, daß Migration eher innerfamiliäre Konflikte und latente Spaltungsten-
denzen neutralisiert und damit das emotionale Gefüge in der Familie festigt [1]. Beide Positionen sind richtig, wenn man die
Wanderungsmuster in den Untersuchungsgemeinden insgesamt betrachtet (vgl.auch Tab. 7.18), denn für Besuchskontakte gilt die Orts-
ansässigkeit als ausschlaggebendes Kriterium. Bleibt nämlich die
räumliche Nähe zur Ursprungsfamilie erhalten - die ja von den
meisten Migranten bevorzugt wird - so ist auch der Fortbestand
der familialen Beziehungen wahrscheinlich.
Demzufolge liegt die Besuchshäufigkeit in den Gemeinden mit ausgeprägter regionaler und lokaler Wanderung (Linyuan, Fangliao,
Meinung) höher als in Checheng und Putai, deren Migranten überwiegend nach Nordtaiwan gewandert sind und die mehrheitlich nur
an Familienfeiertagen oder zum Neujahrsfest nach Hause zurückkehren. Dieses Grundmuster im Besuchsverhalten ist bei den Söhnen selbstverständlich stärker vorhanden als bei den Töchtern,
deren Verpflichtungen gegenüber der Familie mit ihrer Heirat
erlöschen.

---

1) Pasternak, B. "Economics and Ecology" in : Ahern, E.M./Gates,H.
a.a.O., 1981, S. 154; Speare, A., a.a.O., 1973, S. 183; Liu,
P.K.C., a.a.O., 1981, S. 88

Tab. 7.18 : Familienkontakte von Migranten (%)

Besuche \ Gemeinde	Linyuan	Fangliao	Checheng	Meinung	Putai
Söhne N =	135	128	273	265	231
- öfter als 1 x im Monat	43.0	26.6	12.8	33.9	6.9
- alle 1-3 Monate	15.5	13.3	13.9	21.5	16.9
- 1-2 x im Jahr	41.5	60.1	73.6	44.6	76.2
	100.0	100.0	100.0	100.0	100.0
Töchter N =	249	223	272	292	233
- öfter als 1 x im Monat	33.7	36.8	19.9	24.3	6.9
- alle 1-3 Monate	22.1	19.7	12.5	20.9	15.0
- 1-2 x im Jahr	44.2	43.5	67.6	54.8	78.1
	100.0	100.0	100.0	100.0	100.0

Quelle : Eigenerhebung

Mit der Abwanderung von Familienangehörigen setzte gleichzeitig auch ein Prozeß der arbeitswirtschaftlichen Umstrukturierung in den landwirtschaftlichen Betrieben ein (vgl. Kap. 8.3). Zunächst führte der Abzug überzähliger Personen zu einer besseren Nutzung der verbleibenden Arbeitskraft. In den überdurchschnittlich starken Abwanderungsgebieten trat jedoch ein zeitweiliger Mangel an Arbeitskräften auf, der nach und nach durch Lohnarbeit resp. Maschineneinsatz ausgeglichen werden mußte. Diese Anpassung konnte nicht von allen Familien erfolgreich vollzogen werden. Hohe Migrationsraten haben die Herausbildung von Grenzbetrieben gefördert, in denen bis zu 95 % der Söhne abgewandert sind und das alternde Betriebsleiterehepaar zurückbleiben mußte (Tab. 7.19)[1].

---

1) zur Abgrenzung der Betriebstypen vgl. Kap. 8

Tab. 7.19 : Auswirkungen der Migration auf den Betrieb (%)

Gemeinde Betriebstyp	Linyuan		Fangliao		Checheng		Meinung		Putai	
	% migr.[1] Söhne	Hilfe[2] Betr.	% migr. Söhne	Hilfe Betr.	% migr. Söhne	Hilfe Betr.	% migr. Söhne	Hilfe Betr.	% migr. Söhne	Hilfe Betr.
N (Personen) =	109	18	111	23	238	22	206	20	223	49
% d. Söhne	33.0	16.5	48.1	20.7	74.8	9.2	60.4	9.7	72.9	22.0
Grenz-betriebe	80.0	5.6	88.5	30.4	94.8	36.4	88.0	5.0	93.7	38.8
Nebenerwerbs-betriebe	28.7	55.5	41.3	43.5	68.9	18.2	62.1	15.0	57.6	30.6
Übergangs-betriebe	29.5	33.3	16.7	–	52.9	27.2	53.8	–	67.9	10.2
Haupterwerbs-betriebe	41.7	5.6	50.0	26.1	75.8	18.2	50.7	80.0	69.2	20.4
	100.0	100.0	100.0	100.0	100.0	100.0	100.0	100.0	100.0	100.0

1) Anteil der migrierten Söhne an der Gesamtzahl der Söhne in den Betrieben
2) migrierte Söhne, die zu den Arbeitsspitzen im Betrieb helfen

Quelle : Eigenerhebung

Auch aus Neben- und Haupterwerbsbetrieben sind, selbst bei guten landwirtschaftlichen Voraussetzungen, mehr als die Hälfte der Söhne migriert. Allein der Zugang zu industriellen Arbeitsplätzen vermag die Söhne in der Familie, wenn auch nicht in der Landwirtschaft zu halten. Mit der Hilfe abgewanderter Söhne, die zu den Arbeitsspitzen auf den elterlichen Hof zurückkommen, können nur wenige Betriebe rechnen.

Als weitere Problematik ergibt sich die Frage nach der Hofübergabe und Altersversorgung des Betriebsleiterehepaares. Da diese Rolle im allgemeinen dem ältesten Sohn zufällt, sind mit dessen Abwanderung zum Teil erhebliche Konflikte verbunden. Die Chancen, daß zumindest einer der Söhne zurückkehrt, um den Betrieb weiterzuführen, sind sehr gering und werden von den Bauern sehr realistisch, d.h. pessimistisch, eingeschätzt (vgl. Kap. 9.1.3).

In der Zusammenfassung muß die Abwanderung also als folgenschwerster Auslöser für die Wandlungsprozesse in der bäuerlichen Familie bewertet werden. Er führt in vielen Fällen zur Desaggregation und wirkt sich in den sozial- und agrarstrukturell benachteiligten Gemeinden äußerst negativ aus. Dort kommt es zu einem verstärkten demographischen Selektionsprozeß hinsichtlich Alter, Bildungs- und Berufschancen zuungunsten der ortsansässigen bäuerlichen Bevölkerung. Die Intensität der Veränderungen variiert gleichermaßen mit regionalen Gegebenheiten. Je näher die Familien am Einzugsbereich des industriellen Zentrums leben, desto besser kann die geographische Mobilität einzelner Familienmitglieder aufgefangen werden, denn Pendelmöglichkeiten zum Arbeitsplatz sowie die bevorzugte lokale Wanderung erleichterten den Erhalt der Familienbeziehungen.

8. Familie und Betrieb

Aus den bislang geschilderten strukturellen und funktionalen Veränderungen, die sich in der bäuerlichen Familie vollzogen haben, geht hervor, daß diese Prozesse entscheidend auf einer Neuordnung der ökonomischen Grundlagen beruhen. Bodenreform, industrielle Erwerbschancen und Migration haben eine breitere Basis für die landwirtschaftlichen Familienbetriebe hinsichtlich ihrer Faktorausstattung mit Boden, Arbeitskraft und Kapital geschaffen. Die wechselseitigen Anpassungsmechanismen zwischen Familien und den von ihnen bewirtschafteten Betrieben stehen daher im Mittelpunkt der folgenden Erläuterungen.

Anders als in der industriellen Produktionsweise sind in der bäuerlichen Wirtschaft Lebensraum und Produktionsstätte räumlich nicht getrennt. Und obwohl Haushalt und landwirtschaftlicher Betrieb zwei verschiedene ökonomische Bereiche darstellen, sind sie doch eng miteinander verflochten und müssen in der Realität als sozio-ökonomische Einheit aufgefaßt werden [1]. Die direkteste Verbindung zwischen ihnen besteht über den von der Familie in den Betrieb eingebrachten Produktionsfaktor Arbeit, denn der Einsatz oder Entzug menschlicher Arbeitskraft bleibt auch unter sich wandelnden Lebensbedingungen ausschlaggebend für die Organisation des Betriebes.
Es ist also zu erwarten, daß sich die Veränderungen im Erwerbsverhalten der landwirtschaftlichen Bevölkerung maßgeblich auf die Arbeitskapazität der Betriebe auswirken. Die infolge der Erwerbstätigkeit einzelner Familienmitglieder verstärkte Kapitalakkumulation kann sich, sofern sie zum Nutzen des Betriebes investiert wird, in einer Intensivierung und Produktivitätsstei-

---

1) Die Definition des landwirtschaftlichen Haushalts geht dabei von einem speziellen Typ des privaten Haushalts aus, welcher gleichzeitig ein ursprünglicher Betrieb ist und durch drei Kriterien abgegrenzt wird : 1. eine direkte Verbindung mit dem abgeleiteten landwirtschaftlichen Betrieb, 2. die Art der Produktion der Unternehmung und 3. die landwirtschaftlichen Standortbedingungen; vgl. Schulz-Borck, H., a.a.O., 1963, S.65

gerung der Landwirtschaft niederschlagen. Falls eine Kapitalverwertung im außerbetrieblichen Bereich stattfindet, sind jedoch auch entgegengesetzte Effekt möglich. Dann stellt sich mit fortschreitender Entwicklung die Frage nach dem zukünftigen Stellenwert der Landwirtschaft und ihrer Bedeutung als Einkommensfaktor für die bäuerliche Familie. Es ist also zu ermitteln, welche Familien Arbeitskräfte für die gewerbliche Wirtschaft freistellen und ob diese berufliche Diversifizierung längerfristig eine Perspektive für die verbleibenden landwirtschaftlichen Betriebe bietet oder aber zu ihrer Aufgabe führen muß.

8.1 Regionale Differenzierung der Betriebstypen

Zu diesem Zweck ist es zunächst notwendig, die im Untersuchungsgebiet vorhandenen Betriebstypen zu identifizieren. Dazu dient eine betriebswirtschaftliche, mit der gleichen Grundgesamtheit arbeitende Paralleluntersuchung als Grundlage [1]. Da in den taiwanesischen Agrarstatistiken die Einkommensformierung des Haushalts als wichtigstes Klassifikationskriterium für Betriebstypen gilt und den übrigen innerbetrieblichen Aspekten erst in zweiter Linie Rechnung getragen wird, erschien es sinnvoller, nach einer Einteilung zu suchen, welche die betriebliche Arbeitskraft mitberücksichtigt, wie dies z.B. in den deutschen Agrarstatistiken der Fall ist [2]. Demzufolge werden in einem ersten Schritt Vollarbeitskraft- und Teilarbeitskraftbetriebe unterschieden, wobei das Vorhandensein mindestens einer vollen betrieblichen Arbeitskraft als Maßstab angesetzt ist (vgl. auch Kap. 8.3). Als nachgeordnetes zweites Abgrenzungskriterium wird die Einkommensformierung des Haushalts über das Verhältnis von betrieblichem zu außerbetrieblichem Einkommen (= größer bzw. kleiner 50 % des

---

1) In die betriebliche Auswertung konnten nicht alle erfaßten Familienhaushalte einbezogen werden, daher ist das Sample der nachfolgenden Berechnungen etwas kleiner (N = 763); vgl. auch Peters, H., a.a.O., 1986
2) Bundesministerium f. Ernährung, Landwirtschaft u. Forsten (Hrsg.) "Agrarbericht 1985 der Bundesregierung", Bonn 1986, Materialband S. 18 zur Definition der Betriebstypen

Gesamteinkommens) eingeführt. Mit Hilfe dieser an sozial-ökonomischen Kriterien ausgerichteten Typologie lassen sich für Südtaiwan vier verschiedene Betriebstypen abgrenzen (Fig. 8.1).

Fig. 8.1 : Betriebstypologie nach der erwerbsstrukturellen Bedeutung des landwirtschaftlichen Betriebes

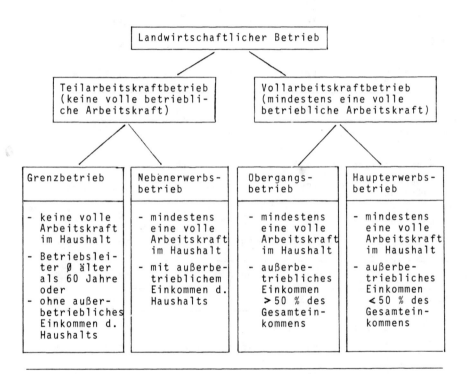

Quelle : in Anlehnung an Peters, H., a.a.O., 1986

In der quantitativen Analyse wird dann deutlich, daß in Abhängigkeit regionaler und landwirtschaftlicher Standortbedingungen eine Entsprechung zwischen bestimmten Familientypen und den jeweiligen Betriebstypen besteht (Tab. 8.1).

Tab. 8.1 : Regionale Differenzierung der Betriebstypen (%)

Betriebstyp \ Gemeinde	Linyuan	Fangliao	Checheng	Meinung	Putai
Kernfamilien N =	47	62	90	97	97
- Grenzbetriebe	12.8	12.9	22.2	20.6	24.7
- Nebenerwerbsbetriebe	63.8	50.0	37.8	32.0	19.6
- Übergangsbetriebe	6.4	6.5	7.8	6.2	6.2
- Haupterwerbsbetriebe	17.0	30.6	32.2	41.2	49.5
	100.0	100.0	100.0	100.0	100.0
Erweiterte Familien N =	68	63	60	68	41
- Grenzbetriebe	4.4	3.2	10.0	4.4	9.7
- Nebenerwerbsbetriebe	55.9	52.4	48.3	35.3	24.4
- Übergangsbetriebe	32.4	4.7	10.0	10.3	12.2
- Haupterwerbsbetriebe	7.3	39.7	31.7	50.0	53.7
	100.0	100.0	100.0	100.0	100.0
Großfamilien N =	35	12	5	10	8
- Grenzbetriebe	-	-	-	-	-
- Nebenerwerbsbetriebe	51.4	58.4	40.0	30.0	37.5
- Übergangsbetriebe	45.7	8.3	40.0	10.0	12.5
- Haupterwerbsbetriebe	2.9	33.3	20.0	60.0	50.0
	100.0	100.0	100.0	100.0	100.0

Quelle : Eigenerhebung und Peters, H., a.a.O. 1987

In Parallelität zur steigenden Anzahl älterer Ehepaare, deren Kinder migrieren, bilden sich in den strukturschwächeren Gemeinden Grenzbetriebe heraus. Ihr hervorstechendstes Problem ist die mangelnde Arbeitskraft in Haushalt und Betrieb. Die Hofnachfolge ist ungesichert. Selbst in einigen erweiterten Familien liegt die Frage nach der Zukunft des Betriebes offen, so daß ihre Betriebe im existenzgefährdeten Grenzbereich einzustufen sind.
Das Bestehen von Teilzeitbetrieben ist für alle Familientypen an die regional differierenden außerlandwirtschaftlichen Erwerbsmöglichkeiten geknüpft. Daher wurden im Umland der Industrie bereits mehr als 50 % der Betriebe auf die Nebenerwerbslandwirtschaft umgestellt. Es sind überwiegend ältere Familienoberhäupter, die im teilzeitlichen Arbeitseinsatz die Landwirtschaft weiterbetreiben, während die jüngere Generation außerhalb erwerbstätig wird (vgl. auch Kap. 7.3, Tab. 7.6). - Auch in den abgelegeneren Gemeinden sind die meisten erweiterten Familien auf außerbetriebliches Einkommen angewiesen. Vor allem sind es dort aber die Betriebsleiter selbst und häufig Kernfamilienvorstände, die nach Nebenerwerbsmöglichkeiten suchen und den Betrieb hinsichtlich der Arbeitswirtschaft neu ordnen.
In beinahe der Hälfte aller befragten Familien stellt sich die Landwirtschaft aber noch als ein wichtiger Beschäftigungsfaktor dar. Knapp 47 % der Betriebe werden durch mindestens eine volle Arbeitskraft bewirtschaftet, die überwiegend vom Betriebsleiterpaar aus Kernfamilien eingebracht wird. Bei landwirtschaftlich günstigen Voraussetzungen führen auch erweiterte Familien noch Haupterwerbsbetriebe. Meistens hat dann einer der Söhne den Betrieb bereits übernommen, so daß das Problem der Hofnachfolge auf absehbare Zeit nicht mehr besteht.
In den Gemeinden mit geringeren Standortvorteilen hingegen kristallisiert sich eine Gruppe von Übergangsbetrieben heraus, in denen zwar die Arbeitskraft zur Weiterbewirtschaftung ausreicht, der überwiegende Teil des Einkommens jedoch schon außerbetrieblich erwirtschaftet wird. In diesen erweiterten und vor allem Großfamilien ist über die Zukunft des Betriebes noch keine Entscheidung gefallen. - Ähnliche Schwierigkeiten stellen sich in verstärktem Maße für Vollarbeitskraftbetriebe in unmittelbarer

Industrienähe, die fast alle in diese Übergangsphase einzuordnen sind, insbesondere wenn sie von erweiterten Familien bewirtschaftet werden. Im Gegensatz zu vergleichbaren Betrieben in den abwanderungsstarken Gemeinden, denen als Alternative zum Haupterwerb nur die Betriebsaufgabe bleibt, ist in Linyuan die Tendenz zum Nebenerwerb nicht zu übersehen.

Damit wird deutlich, daß die im Verlauf der Industrialisierung vollzogene strukturelle Anpassung der Familien durch die Herausbildung entsprechender Betriebstypen reflektiert wird.
Die Existenz der beiden kritischen Gruppen von Grenz- bzw. Übergangsbetrieben weist recht eindringlich auf zwei Hauptproblemkreise der bäuerlichen Familien hin, nämlich die Gefährdung der Hofnachfolge und damit der eigenen Altersversorgung, wie auch die offensichtlich konfliktträchtige Entscheidung der jüngeren Generation für eine andere Lebensweise. Davon wird an späterer Stelle noch zu sprechen sein (vgl. Kap. 9).
Neben den beiden Problemgruppen erhalten sich jedoch in größerem Umfang gut laufende Neben- und Haupterwerbsbetriebe, die Kernfamilien und bei landwirtschaftlicher Standortgunst resp. Zugang zu gewerblichen Arbeitsplätzen auch erweiterten Familien eine Zukunft im Agrarsektor gewährleisten.
Um die sozial-ökonomische Lage und Perspektive der Familien besser beurteilen zu können, muß jedoch ihre landwirtschaftliche und erwerbsstrukturelle Basis noch genauerer Betrachtung unterzogen werden.

8.2 Familie und Bodenbesitz

In den meisten dichtbesiedelten Agrargebieten Asiens zählen hoher Bodendruck und ungleiche Bodenverteilung zu den gravierendsten Problemen der Agrarstruktur [1]. Sie begrenzen die landwirtschaftlichen Entwicklungsmöglichkeiten in entscheidendem Maße.

---

1) Wolz, A./Junghans, K.H. "Teilzeitlandwirtschaft in Süd- und Südostasien", Zeitschrift f. Land- u. Agrarsoziologie Jg. 1, Heft 2, 1984, S. 80 ff.

Allerdings ergeben sich, je nach den natürlichen bzw. wirtschaftlichen Standortverhältnissen und sozialen Bestimmungsgründen, regionale Unterschiede bezüglich der Anzahl der Menschen, die der knappe Boden tragen und ernähren kann.
Diese relative Größe liegt in den fruchtbaren Ebenen Südtaiwans bei ca. 1 - 1.5 ha Naßreisland, die notwendig sind, um das Überleben der bäuerlichen Familie aus der Landwirtschaft zu sichern. Eine entsprechende durchschnittliche Betriebsgröße wurde im Zuge der Landreform durch Bodenumverteilung erreicht [1]. Darüber hinaus wirkte sich die wachsende geographische Mobilität zunächst als positive Anpassung an die Flächenressourcen aus. Dennoch konnten diese beiden Faktoren das Problem einer zu geringen Betriebsgrössenstruktur nur zeitlich hinauszögern. Inzwischen haben erneuter Bevölkerungsdruck und Realteilungsrecht in der Erbfolge zur weiteren Flurzersplitterung beigetragen, so daß die durchschnittliche Betriebsgröße allenthalben sank. Etwa 40-50 % der landwirtschaftlichen Haushalte in Südtaiwan verfügen heute über weniger als 1 ha Land [2]. Das gilt gleichermaßen für die Mehrzahl der Untersuchungsgemeinden; nur in Putai beträgt die durchschnittliche Betriebsgröße noch 1.04 ha (vgl. Kap. 6, Tab. 6.1).
Welchen Stellenwert kann der Boden angesichts dieser Entwicklung noch für die bäuerliche Familie einnehmen ?
Ohne in romantisierende Beschreibungen der Mensch-Boden-Beziehungen abzugleiten, muß daran erinnert werden, daß der Besitz von Land über die ökonomische Funktion der Ernährungssicherung hinaus auch einen sozialen Wert darstellt [3]. Wie in Europa so determinierte vormals auch in Taiwan Landbesitz den sozialen Status der Familie in der ländlichen Gesellschaft. Die Lösung aus der Pachtabhängigkeit im Zuge der Agrarreform und die Möglichkeiten zum Landerwerb haben den Bauern u.a. eine selbstbewußtere, stärkere

---

1) Liu, C.Z., a.a.O., 1982a, S. 76 f.; die durchschnittliche Betriebsgröße betrug unmittelbar nach der Landreform 1952 noch 1.29 ha für Gesamttaiwan.
2) CAFC, Agricultural Census..., a.a.O., 1981, Tab. 10
3) Lupri, E. "Soziale Werte und sozialer Wandel in der ländlichen Gesellschaft", Sociologia Ruralis Vol. III, 1963, S. 168 ff.

soziale Position in der Gesellschaft gegeben. In Gesprächen mit (älteren) Informanten wurde immer wieder deutlich, daß Bodenbesitz nicht allein den materiellen sondern auch einen ideellen Wert repräsentiert, dessen Inhalte man am ehesten mit Gefühlen der Unabhängigkeit, sozialen Stellung und Sicherheit umschreiben kann. - Vor dem Hintergrund dieses sozial-ökonomischen Faktorenkomplexes gestaltet sich das Verhältnis der Menschen zum Boden.
Hierzu vermittelt Tab. 8.2 zunächst einen Eindruck über die Besitzverhältnisse der befragten Familien.

Tab. 8.2 : Durchschnittliche Flächenausstattung der Familienbetriebe (in 0.1 ha)

Familientyp		Linyuan	Fangliao	Checheng	Meinung	Putai
Kernfamilien	ha	.7	1.2	1.3	1.1	1.4
	%[1]	100.0	100.0	100.0	100.0	100.0
	%[2]	100.0	171.4	185.7	157.1	200.0
Erweiterte Familien	ha	.8	1.5	1.4	1.5	1.8
	%[1]	114.3	125.0	107.7	136.4	128.6
	%[2]	100.0	187.5	175.0	187.5	225.0
Großfamilien	ha	.8	1.0	2.0[3]	1.3	1.6
	%[1]	114.3	83.3	153.8	118.2	114.3
	%[2]	100.0	125.0	250.0	162.5	200.0

1) innergemeindliche Differenzierung zwischen den Familientypen
2) zwischengemeindliche Differenzierung im Familientyp
3) eingeschränkte Aussagekraft durch zu wenig Fälle

Quelle : Eigenerhebung

Grundsätzlich läßt sich feststellen, daß der Zersplitterungsprozeß in unmittelbarer Industrienähe am weitesten fortgeschritten ist. Die Betriebsgrößen in Linyuan entsprechen nurmehr 50 % der Flächen, die z.B. in Putai zur Verfügung stehen und reichen nicht mehr aus, um die Existenz der Familien zu sichern.

Zwischen diesen beiden Extremen variiert die Flächenausstattung
der Betriebe in den übrigen Gemeinden nur geringfügig; sie steigt
lediglich mit der Entfernung und sinkender Intensität der landwirtschaftlichen Produktion leicht an. Auch in Hinblick auf den
Familientyp weichen die Werte sowohl in der regionalen als auch
in der innergemeindlichen Differenzierung nur wenig voneinander
ab. Darin zeigt sich, daß im Verlauf der Industrialisierung die
alten Dependenzen von Bodenverfügbarkeit und Familientyp, wie
sie von Buck aus China beschrieben wurden (vgl. Kap. 7.1), durch
die Schaffung eines außerlandwirtschaftlichen Arbeitsplatzangebotes aufgehoben sind. - Betrachtet man jedoch in Anknüpfung an
die vorher gewonnenen Ergebnisse aus Kap. 7 die Relationen, so
ist eine Uminterpretation des Bodenbesitzes als subsistenzabsicherndes Produktionsmittel nicht zu verkennen, die sich, wenn
auch nur geringfügig, in der familientypischen Differenzierung
niederschlägt.

- Kernfamilien haben weitgehend genug Boden - d.h. 1 - 1.5 ha
  Naßreisland (s.o.) -, um ihren Lebensunterhalt aus der Landwirtschaft zu bestreiten. Entsprechend bewirtschaftet die Mehrheit von ihnen Haupterwerbsbetriebe (vgl. Tab. 8.1). Das gleiche gilt für den überwiegenden Anteil der Rentnerpaare, für die
  der Boden noch eine zentrale Rolle spielt. Sofern von den abgewanderten Kindern keine Unterstützung zu erwarten ist, stellt
  die Landwirtschaft oftmals die einzige Erwerbsquelle dar und
  sichert die Altersversorgung.

- Erweiterte Familien bemühen sich mehrheitlich, den Boden zusammenzuhalten und durch Wahrnehmung der "Economies of scale" zumindest einem Teil der Familie eine landwirtschaftliche Existenz
  zu sichern. In standortgünstigen Gemeinden ist dies im begrenzten Rahmen sogar für Vollerwerbsbetriebe möglich. Berufliche
  Diversifizierung und die Kombination landwirtschaftlicher und
  gewerblicher Einkommen unterstützen den Erhalt der Bodenressourcen darüber hinaus auch bei weniger guten Produktionsbedingungen.

- Großfamilien hingegen sind heutzutage nicht mehr in der Lage,
  ihre ökonomische Basis auf Landwirtschaft und Bodenbesitz allein zu gründen. Ihre Wohn- und Wirtschaftsgemeinschaft beruht

auf einer anderen Motivation, z.B. Kostenvorteilen in der Lebenshaltung (Linyuan), sozialer Absicherung im Falle von Arbeitslosigkeit (Fangliao, Meinung). Lediglich in Ausnahmefällen (Checheng, Putai) bleiben sie als Restgruppen bestehen.

Offensichtlich haben also erweiterte Familien bessere Voraussetzungen, um durch ihre Struktur erstens eine rentable Betriebsgröße zu erhalten, die mit einem landwirtschaftlichen Arbeitsplatz verbunden ist, zweitens durch Nebenerwerb höhere Einkommen zu erwirtschaften, die auch in den Betrieb investiert werden können und drittens familiale Versorgungsbereiche abzusichern.
In den beiden anderen Gruppen, Kernfamilien wie auch Großfamilien, kommt in der Regel eine dieser drei Komponenten zu kurz.

8.3 Erwerbsstruktur der Familien

Die zunehmende geographische Mobilität und der Berufswechsel der jüngeren Generation konnten selbstverständlich nicht ohne einschneidende Folgen für die arbeitswirtschaftliche Organisation in der Familie bleiben. Die Arbeitsverfassung [1] im landwirtschaftlichen Betrieb mußte umgestaltet werden, um die Existenzgrundlage der Familien zu garantieren. Drei Faktoren treten in diesem Prozeß konstitutiv hervor :

- Zunächst begrenzt die Anzahl der arbeitsfähigen Familienmitglieder die Variabilität der Arbeitsorganisation. Sie ist an entsprechende Familientypen gekoppelt und muß in diesem Zusammenhang differenziert werden (Tab. 8.3). Selbstverständlich ist die Arbeitskraft, die eine erweiterte Familie stellen kann, meistens größer als die einer Kernfamilie und wird ihrerseits

---

[1] Nach C.v.Dietze ist unter der Arbeitsverfassung "die Ordnung der Arbeit in der Landwirtschaft in Recht und Sitte" zu verstehen. "Sie zeigt die rechtliche und tatsächliche Stellung der Arbeitskräfte ebenso wie die Organisation der Zusammenarbeit an"; vgl. Dietze, C.v. "Agrarverfassung" in: "Staatslexikon", Bd.1, Freiburg 1957 (6.). Die Familienarbeitsverfassung als eine Form der landwirtschaftlichen Arbeitsverfassung (neben der Fremd- bzw. kooperativen Arbeitsverfassung) ist durch die Personalunion von Arbeits- und Familienfunktionen gekennzeichnet. Arbeits- und Wohnstätte bilden eine Einheit und das Familieneinkommen wird im eigenen Betrieb erzielt; vgl. Schulz-Borck, H., a.a.O., Bonn 1963, S. 163

in Industrienähe noch durch die stärkere Personenzahl in Großfamilien übertroffen, denen mitunter mehr als die doppelte Arbeitskraft einer Kernfamilie zur Verfügung steht.

Tab. 8.3 : Durchschnittlicher Arbeitskräftebesatz im Familienhaushalt (AK) 1)

Familientyp	Gemeinde		Linyuan	Fangliao	Checheng	Meinung	Putai
Kernfamilien	AK		2.3	2.0	1.7	1.8	1.8
	$\%^{1)}$		100.0	100.0	100.0	100.0	100.0
	$\%^{2)}$		100.0	87.0	73.9	78.3	78.3
Erweiterte Familien	AK		3.3	2.8	2.4	2.9	2.4
	$\%^{1)}$		143.5	140.0	141.2	161.1	133.3
	$\%^{2)}$		100.0	84.8	72.7	87.9	72.7
Großfamilien	AK		5.4	3.9	$4.0^{3)}$	3.1	$2.4^{3)}$
	$\%^{1)}$		234.8	195.0	235.3	172.2	133.3
	$\%^{2)}$		100.0	72.2	74.1	57.4	44.4

1) innergemeindliche Differenzierung zwischen den Familientypen
2) zwischengemeindliche Differenzierung im Familientyp
3) eingeschränkte Aussagekraft durch zu wenig Fälle
Quelle :

Entsprechend der zunehmenden Zahl migrationsgeschädigter und Altenteilerfamilien in den entlegeneren ländlichen Gemeinden macht sich auch in der regionalen Differenzierung ein allgemeines Gefälle der Arbeitskapazität zwischen den einzelnen Familientypen

---

1) Die Arbeitskraft einer Person wird hier nach Alter und Geschlecht bemessen; vgl. in Erweiterung der Definition des BML, Agrarbericht..., a.a.O., 1986, S. 10; Peters, H., a.a.O.

1	Arbeitskrafteinheit	=	Mann zwischen 15 - 60 Jahren
0.5	"	=	Mann älter als 60 Jahre
0.2	"	=	Mann jünger als 15 Jahre
0.8	"	=	Frau zwischen 15 - 60 Jahren
0.3	"	=	Frau älter als 60 Jahre
0.1	"	=	Frau jünger als 15 Jahre

bemerkbar. Kernfamilien z.B. verfügen dort nurmehr über 78 %
der Arbeitskraft, die Kernfamilien in Industrienähe einsetzen
können; in Großfamilien sinkt sie im Extremfall (Putai) um
55 %.

- In Abhängigkeit von ihrem Arbeitskraftpotential unterscheidet
  sich auch der mögliche Grad der Arbeitsteilung und der beruflichen Diversifizierung in der Familie, der sich wiederum auf
  den jeweiligen Betriebstyp niederschlägt (s.u. Tab. 8.5).

- Schließlich muß berücksichtigt werden, daß die zunehmende Mechanisierung der landwirtschaftlichen Produktion, insbesondere
  im Reisanbau, zur Entstehung von Lohnunternehmen geführt hat,
  mit deren Hilfe Familienarbeitskraft substituiert werden kann.
  Ganze Arbeitsgänge (z.B. Pflanzen, Jäten, Ernten) lassen sich
  kontraktieren und durch Kapital ersetzen.
  In anderen Produktionszweigen (z.B. Gemüse- und Tabakanbau)
  wirbt man in geringerem Umfang auch saisonale Fremdarbeits-
  kräfte an, um Arbeitsspitzen zu bewältigen. Permanente Fremd-
  arbeitskräfte sind sehr selten und treten nur vereinzelt in
  kapitalintensiven Veredelungs- oder Fischzuchtbetrieben auf.

Grundsätzlich hat sich also die Familienarbeitsverfassung des
landwirtschaftlichen Betriebes erhalten, jedoch lassen sich Verschiebungen im betrieblichen Arbeitseinsatz von Familienmitgliedern deutlich nachweisen. Dies wird im nächsten Abschnitt zu zeigen sein.

8.3.1 Landwirtschaftliche Arbeitsverfassung

Tab. 8.4 bildet zunächst den betrieblichen Arbeitskräftebesatz für die Untersuchungsgemeinden ab und setzt sie in Beziehung zur vorhandenen Arbeitskraft im Haushalt.

Tab. 8.4 : Durchschnittliche betriebliche Arbeitskraft im Verhältnis zur Arbeitskraft im Haushalt (AK,%)

Familientyp	Gemeinde	Linyuan	Fangliao	Checheng	Meinung	Putai
Kernfamilien	$AKH^{1)}$	2.3	2.0	1.7	1.8	1.8
	$AKB^{2)}$	.7	.9	.8	1.0	1.0
	$\%^{3)}$	30.4	45.0	47.1	55.6	55.6
	$\%^{4)}$	100.0	100.0	100.0	100.0	100.0
	$\%^{5)}$	100.0	128.6	114.3	142.9	142.9
Erweiterte Familien	$AKH^{1)}$	3.3	2.8	2.4	2.9	2.4
	$AKB^{2)}$	.9	1.0	.9	1.3	1.4
	$\%^{3)}$	27.3	35.7	37.5	44.8	58.3
	$\%^{4)}$	128.6	111.1	112.5	130.0	140.0
	$\%^{5)}$	100.0	111.1	100.0	144.4	155.6
Großfamilien	$AKH^{1)}$	5.4	3.9	4.0	3.1	2.4
	$AKB^{2)}$	1.1	.8	1.4	1.5	1.4
	$\%^{3)}$	20.4	20.5	35.6	48.4	58.3
	$\%^{4)}$	157.1	88.9	175.0	150.0	140.0
	$\%^{5)}$	100.0	72.7	127.3	136.4	127.3

1) verfügbare Arbeitskraft des Haushalts
2) betriebliche Arbeitskraft
3) Anteil der im Betrieb eingesetzten Arbeitskraft des Haushalts
4) innergemeindliche Differenzierung zwischen den Familientypen
5) zwischengemeindliche Differenzierung innerhalb des Familientyps

Quelle : Eigenerhebung

Es zeigt sich nunmehr deutlich, daß in fast allen Familien durchschnittlich eine volle Arbeitskraft für den Betrieb zur Verfügung gestellt wird. Aus den jeweiligen familiären, erwerbsstruk-

turellen und regionalen Besonderheiten ergeben sich dann tendenzielle Abweichungen. Im Allgemeinen kann man mit zunehmender Industrienähe einen sinkenden Arbeitskräftebesatz beobachten, während mit steigender Intensität der Landwirtschaft und höheren Betriebsgrößen in den ländlichen Gemeinden auch mehr Arbeitskraft eingesetzt wird. Dieser Effekt tritt insbesondere in Meinung und Putai hervor. Diejenigen Betriebe, in denen weniger als eine Arbeitskraft vorhanden ist, zeichnen sich entweder durch einen hohen Anteil älterer Bauern (über 60 Jahre) aus oder führen eine extensivere Landwirtschaft (Reis, Zuckerrohr, Dauerkulturen) im Nebenerwerb (Linyuan, Fangliao, Checheng).
Des weiteren sind Kernfamilien wegen ihrer geringeren Personenzahl auf eine intensivere Nutzung ihrer Arbeitskräfte in der Landwirtschaft angewiesen als erweiterte Familien. Ausschlaggebendes Kriterium für den Umfang der betrieblichen Arbeitskraft ist die Nähe zum außerlandwirtschaftlichen Arbeitsplatzangebot (Linyuan, Fangliao). In Industrieumgebung wird weniger als ein Drittel der Familienarbeitskraft im Betrieb eingesetzt, während sie in den stärker landwirtschaftlich orientierten Gemeinden (Meinung, Putai) noch mehr als 50 % der gesamten Kapazität umfaßt. Dort hat die Landwirtschaft ihre erwerbsstrukturelle Bedeutung für die Familie also keineswegs verloren.

Der Agrarzensus führrt alle landwirtschaftlichen Haushalte, in denen Lohneinkommen außerhalb des Betriebes erzielt wird, als Nebenerwerbsbetriebe und gelangt daher in seinen Aussagen zu einer äußerst geringen Anzahl landwirtschaftlicher Vollerwerbsbetriebe in den Untersuchungsgemeinden (vgl. Tab. 6.1). Dieser Eindruck muß angesichts der Tatsache, daß in den meisten der befragten Familien noch eine volle betriebliche Arbeitskraft vorhanden ist, revidiert werden. Da allerdings mehrere teilzeitlich beschäftigte Personen diese Arbeitskraft erbringen können, muß der Stellenwert der Landwirtschaft als Beschäftigungsfaktor für die Familie an der Anzahl derjenigen Mitglieder bemessen werden, die darin noch einen vollständigen Arbeitsplatz finden.
Hierüber gibt Tab. 8.5 Aufschluß.

Tab. 8.5 : Arbeitseinsatz von Familienmitgliedern im Betrieb (%) [1]

a) Arbeitseinsatz des Betriebsleiterpaares

Gemeinde Familienmitglied		Linyuan		Fangliao		Checheng		Meinung		Putai	
		Mann	Frau	Mann	Frau	Mann	Frau	Mann	Frau	Mann	Frau
Personen insg.	N =	146	139	135	125	149	136	169	165	145	136
in Grenzbetrieben	N =	7	7 [2]	8	5 [2]	21	15	16	16	22	18
- nicht beschäftigt		42.9	57.1	-	40.0	14.3	40.0	-	31.3	9.0	27.8
- vollzeitbeschäftigt		14.2	28.6	62.5	-	9.5	6.1	12.5	6.3	45.5	5.6
- teilzeitbeschäftigt		42.9	14.3	37.5	60.0	76.2	53.9	87.5	62.4	45.5	66.6
		100.0	100.0	100.0	100.0	100.0	100.0	100.0	100.0	100.0	100.0
in Nebenerwerbsbetrieben	N =	84	79	71	66	64	63	59	58	38	35
- nicht beschäftigt		14.3	53.2	8.5	57.6	6.3	36.5	5.1	17.2	5.3	22.9
- vollzeitbeschäftigt		11.9	8.9	12.7	3.0	14.1	12.7	6.8	13.8	13.2	17.1
- teilzeitbeschäftigt		73.8	37.9	78.8	39.4	79.6	50.8	88.1	69.0	81.5	60.0
		100.0	100.0	100.0	100.0	100.0	100.0	100.0	100.0	100.0	100.0
in Übergangsbetrieben	N =	41	39	9	9 [2]	17	15	16	15	18	18
- nicht beschäftigt		9.8	28.2	-	-	17.6	13.3	12.5	20.0	5.6	22.2
- vollzeitbeschäftigt		70.7	38.5	66.7	44.4	41.2	60.0	37.5	46.7	88.9	72.2
- teilzeitbeschäftigt		19.5	33.3	33.3	55.6	41.2	26.7	50.0	33.3	5.5	5.6
in Haupterwerbsbetrieben	N =	14	14 [2]	47	45	47	43	78	76	67	65
- nicht beschäftigt		-	28.6	6.4	13.3	6.4	20.9	5.1	7.9	-	10.8
- vollzeitbeschäftigt		78.6	50.0	70.2	42.2	55.4	41.9	61.5	51.3	86.6	49.2
- teilzeitbeschäftigt		21.4	21.4	23.4	44.5	38.2	37.2	33.4	40.8	13.4	40.0
		100.0	100.0	100.0	100.0	100.0	100.0	100.0	100.0	100.0	100.0

Fortsetzung Tab. 8.5 :

b) Arbeitseinsatz der Söhne und Töchter

Familienmitglied \ Gemeinde	Linyuan		Fangliao		Checheng		Meinung		Putai	
	Mann	Frau	Mann	Frau	Mann	Frau	Mann	Frau	Mann	Frau
Personen insg. N =	217	98	118	46	79	58	111	73	77	58
in Grenzbetrieben N =	4	1[2]	3	1[2]	4	5[2]	5	4[2]	5	4[2]
- nicht beschäftigt	50.0	100.0	-	100.0	75.0	100.0	20.0	50.0	100.0	25.0
- vollzeitbeschäftigt	-	-	-	-	-	-	-	-	-	25.0
- teilzeitbeschäftigt	50.0	-	100.0	-	25.0	-	80.0	50.0	-	50.0
	100.0	100.0	100.0	100.0	100.0	100.0	100.0	100.0	100.0	100.0
in Nebenerwerbsbetrieben N =	115	58	69	22	37	23	39	22	26	23
- nicht beschäftigt	74.8	79.3	62.4	100.0	43.3	91.4	48.7	68.2	73.1	87.0
- vollzeitbeschäftigt	-	-	1.4	-	16.2	4.3	2.6	-	7.7	-
- teilzeitbeschäftigt	25.2	20.7	36.2	-	40.5	4.3	48.7	31.8	19.2	13.0
	100.0	100.0	100.0	100.0	100.0	100.0	100.0	100.0	100.0	100.0
in Übergangsbetrieben N =	85	28	10	3[2]	16	7[2]	13	6[2]	8	9[2]
- nicht beschäftigt	63.5	75.0	80.0	66.7	31.2	85.7	23.1	83.3	62.5	77.8
- vollzeitbeschäftigt	4.7	-	10.0	-	18.8	-	15.4	-	12.5	-
- teilzeitbeschäftigt	31.8	25.0	10.0	33.3	50.0	14.3	61.5	16.7	25.0	22.2
	100.0	100.0	100.0	100.0	100.0	100.0	100.0	100.0	100.0	100.0
in Haupterwerbsbetrieben N =	13	11[2]	36	20	22	23	54	41	38	22
- nicht beschäftigt	38.6	81.8	61.1	95.0	72.7	82.6	35.2	65.9	60.6	90.9
- vollzeitbeschäftigt	30.7	-	22.2	-	18.2	-	27.8	2.4	28.9	-
- teilzeitbeschäftigt	30.7	18.2	16.7	5.0	9.1	17.4	37.0	31.7	10.5	9.1
	100.0	100.0	100.0	100.0	100.0	100.0	100.0	100.0	100.0	100.0

1) Der Beschäftigungsgrad im landwirtschaftlichen Betrieb ergibt sich nicht aus der Berechnung der Arbeitskraft (vgl. S. 151), sondern aus der angegebenen Arbeitszeit (vollzeitbeschäftigt = mehr als 7 Stunden pro Tag, teilzeitbeschäftigt = weniger als 7 Stunden pro Tag im Betrieb beschäftigt), so daß auch in Betrieben, die weniger als eine volle AK vorzuweisen haben, dennoch Personen vollzeitlich tätig sein können.

2) Begrenzte Aussagekraft durch zu wenig Fälle, die Kennzahlen wurden der Vollständigkeit halber aufgeführt

Quelle : Eigenerhebung

Mit dem Familientyp ist in der Regel auch der Personenkreis der
landwirtschaftlichen Arbeitskräfte abgesteckt. Nach wie vor
stellt das Betriebsleiterehepaar die Hauptarbeitskraft, wobei
das Familienoberhaupt vor allem in den Übergangs- und Haupterwerbsbetrieben seine volle Arbeitskraft einsetzt. Diese Tendenz
verstärkt sich mit zunehmender Entfernung und Kernfamilienbildung auf dem Land, während erweiterte Familien aufgrund ihrer
verfügbaren Positionen auch Söhne und Töchter in der Landwirtschaft einsetzen können.
Das Ausmaß, in dem die jüngere Generation zur betrieblichen Arbeit herangezogen wird, variiert mit der landwirtschaftlichen
Standortgunst und in Abhängigkeit vom Betriebstyp. Da ein Großteil der Söhne außerlandwirtschaftlicher Beschäftigung nachgeht
und nur stundenweise im Betrieb mithelfen kann, sind es vor allem die Hoferben aus Haupterwerbsbetrieben, die noch ganz im
landwirtschaftlichen Arbeitsprozeß verbleiben und zum Teil sogar den Betrieb leiten. - Töchter werden kaum, allenfalls zu den
Arbeitsspitzen eingesetzt; die Mitarbeit schulpflichtiger Kinder
ist nicht üblich.
Die Arbeitskraft der Ehefrau wird in den stadtfernen Gebieten
und vor allen Dingen in den Übergangs- und Haupterwerbsbetrieben
vollzeitlich gefordert. Am stärksten ist sie in Meinung und Putai eingespannt, dort ist die Arbeitsintensität der Produktion
sehr hoch und überwiegend in Handarbeit zu leisten, so z.B. im
Tabak- und Gemüseanbau oder dessen Verarbeitung. Wenn der Betriebsleiter eine Nebenerwerbstätigkeit aufnimmt, wird der Betrieb zwar umgestellt und ein Teil der Arbeiten von der Frau
übernommen. In der Regel zieht sie sich jedoch von der Feldar-
beit zurück und bleibt im Haushalt tätig.
Der Arbeitsanfall in der Landwirtschaft kann also von den im
Haushalt verbliebenen Familienmitgliedern größtenteils gedeckt
werden. Die Arbeitskraftressourcen determinieren die betrieblichen Strukturen in viel stärkerem Maße als die beiden übrigen
Produktionsfaktoren Boden und Kapital. Daß außerdem ein Großteil des letzteren bereits aus gewerblichen Tätigkeiten erwirtschaftet wird belegen die folgenden Ausführungen.

8.3.2 Außerlandwirtschaftliche Erwerbstätigkeit

Der außerhalb der Landwirtschaft erwerbstätige Personenkreis aus den befragten Familien umfaßt in erster Linie das Familienoberhaupt selbst und seine Söhne. Für die weiblichen Familienangehörigen, die im Regelfall an den Haushalt gebunden sind, bleiben die Erwerbsmöglichkeiten sehr eingeschränkt. Während die Bäuerin stärker im Betrieb eingespannt ist, versorgen Großmütter und die Schwiegertöchter Kinder und Haushalt. Lediglich die unverheirateten Töchter arbeiten nach dem Schulabschluß sofern sich Chancen zum Erwerb bieten. Es ist jedoch zu berücksichtigen, daß die jüngere Generation in starkem Maße durch Wochenendpendeln oder Migration zu den Arbeitsplätzen in den Ballungszentren hinzieht (vgl. Kap. 7.5.1). Daraus wird deutlich, daß es sich bei den erfaßten Beschäftigten um den mit zunehmender Industrieferne immer kleiner werdenden Anteil verbliebener bzw. noch nicht abgewanderter Söhne und Töchter handelt.

Selbstverständlich variiert das Volumen der erwerbstätigen Familienmitglieder in Abhängigkeit vom lokalen Arbeitsmarkt in den Gemeinden, der sich mit zunehmender Entfernung von der Industriemetropole Kaohsiung rapide verschlechtert. Vor allem für die jüngere Generation macht sich dieses Gefälle bemerkbar (Tab. 8.6). Während die Zahl der von Kernfamilien bewirtschafteten Haupterwerbsbetriebe mit wachsender Industrieferne ansteigt, nehmen in Linyuan und Fangliao die Kernfamilienvorstände eine Erwerbstätigkeit auf und stellen den Betrieb auf Teilzeitarbeit um.

Der größte Teil gewerblicher Arbeitskräfte wird jedoch von erweiterten und Großfamilien gestellt, die ihre Betriebe entweder in Nebenerwerbsbetriebe umgewandelt oder die Landwirtschaft der Eltern-resp. Geschwistergeneration überlassen haben. So sind neben der jüngeren Generation, deren Erwerbschancen in den agrarisch orientierten Gemeinden relativ gering sind, sogar 30 % der Vorstände aus erweiterten Familien erwerbstätig. Hier treten also Väter und Söhne zum Teil in Konkurrenz um die wenigen vorhandenen Arbeitsplätze.

Tab. 8.6 : Erwerbstätigkeit in den Familien (%)

Erwerbstätigkeit \ Gemeinde	Linyuan	Fangliao	Checheng	Meinung	Putai
Kernfamilien N =	54	68	89	103	104
- ohne Nebenerwerb	27.8	27.9	48.3	58.3	61.5
- Erwerbstätigkeit d. Familienoberhaupts	55.6	52.9	39.3	32.0	27.9
- Erwerbstätigkeit and. Familienmitglieder	16.6	19.2	12.4	9.7	10.6
	100.0	100.0	100.0	100.0	100.0
Erweiterte Familien N =	72	61	61	71	47
- ohne Nebenerwerb	13.9	21.3	29.5	36.6	57.4
- Erwerbstätigkeit d. Familienoberhaupts	22.2	36.1	34.4	31.0	21.3
- Erwerbstätigkeit and. Familienmitglieder	63.9	42.6	36.1	32.4	21.4
	100.0	100.0	100.0	100.0	100.0
Großfamilien N =	38	15	4	9	8
- ohne Nebenerwerb	2.6	13.3	25.0	22.2	75.0
- Erwerbstätigkeit d. Familienoberhaupts	34.2	40.0	25.0	11.1	25.0
- Erwerbstätigkeit and. Familienmitglieder	63.2	46.7	50.0	66.7	-
	100.0	100.0	100.0	100.0	100.0

Quelle : Eigenerhebung

Das Erwerbsverhalten der landwirtschaftlichen Bevölkerung spiegelt sehr genau die Qualität der Arbeitsplätze und ihre Verteilung in der Region Südtaiwan wider, die ja bereits bei der Darstellung der Untersuchungsgemeinden (vgl. Kap. 6) geschildert wurde. Ein Vergleich der Erwerbsstruktur von Familienoberhäuptern und Söhnen illustriert die Beschäftigungssituation für die bäuerlichen Familien nun etwas detaillierter (Fig. 8.2, Tab.8.7, 8.8) [1]. Dabei wird deutlich, daß nicht allein die abgewanderten Familienangehörigen (vgl. Kap.7.5.1) den Berufswechsel von der Landwirtschaft zur industriellen und lohnabhängigen Erwerbstätigkeit vollzogen haben, sondern auch die im Haushalt verbliebenen Söhne und ein Teil der Bauern selbst. Während letztere jedoch wegen ihrer Bindung an den Betrieb vermehrt im tertiären Sektor am Ort beschäftigt sind, hat die mobilere jüngere Generation im weiteren Umkreis industrielle und handwerkliche Arbeit aufgenommen.

Von der Herausbildung einer Fabrikarbeiterschaft im Bereich der industriellen Produktion kann allerdings nur in Umgebung der Metropole Kaohsiung gesprochen werden. Immerhin die Hälfte der erwerbstätigen Söhne und ca. ein Drittel der Familienoberhäupter aus Linyuan sind in der nahen Schwerindustrie und im Hafen angestellt. In allen Gemeinden entlang der Küste hat zudem der infrastrukturelle Ausbau im vergangenen Jahrzehnt über Baugewerbe und Handwerk ein lokales Beschäftigungsangebot geschaffen, das überwiegend von jüngeren Männern (insbesondere in Fangliao) angenommen worden ist. Die Familienoberhäupter haben sich verstärkt im

---

1) Die Einteilung der Berufsgruppen erfolgte nach der Standardklassifikation des Internationalen Arbeitsamtes (die auch in den taiwanesischen Statistiken angewendet wird), in die drei Wirtschaftsbereiche : Agrar-, Industrie- und Dienstleistungssektor. Da im Verlauf der Industrialisierung Infrastrukturausbau und Marktanbindung eine bedeutende Rolle für die ländliche Entwicklung spielen, wurden im Sekundärsektor Handwerk und Baugewerbe als eigene Gruppe vom industriell produzierenden Gewerbe unterschieden, und im Dienstleistungssektor wurde der Handel als getrennte Kategorie angeführt. Auf diese Weise kann besser eingeschätzt werden, inwieweit die bäuerliche Bevölkerung an der erwerbsstrukturellen Differenzierung teilhat.
Zur beruflichen Klassifikation vgl. International Labour Organization (ILO), ed. "International Standard Classification of Occupations", Genf 1981 (2.), S. 9 ff.

Fig. 8.2 : Erwerbsstruktur der Familienoberhäupter und der Söhne in den Untersuchungsgemeinden (%)

Familienoberhäupter

Gemeinde	Lin-yuan	Fang-liao	Che-cheng	Mei-nung	Pu-tai
Land-, Forstwirtschaft, Fischerei	26.7	20.0	23.8	37.5	26.2
Industrie	20.0	26.6	25.0	21.4	14.3
Handwerk	16.7	21.9	16.1	23.2	21.4
Handel	6.3	1.8	1.8		
Dienstleistungssektor	31.7	25.2	33.3	16.1	14.3
	4.9			1.8	23.8

Söhne

Gemeinde	Lin-yuan	Fang-liao	Che-cheng	Mei-nung	Pu-tai
Land-, Forstwirtschaft, Fischerei	21.2	21.7	34.3	45.4	30.1
Industrie	3.4	5.8	14.3	4.0	
Handwerk	15.1	44.9	25.7	15.2	27.4
Handel		2.9			
Dienstleistungssektor	51.4	7.2	22.8	21.2	25.3
	8.9	20.4	9.1	9.1	13.2

☐ Land-, Forstwirtschaft, Fischerei
⋮ Industrie
▨ Handwerk
▦ Dienstleistungssektor
■ Handel

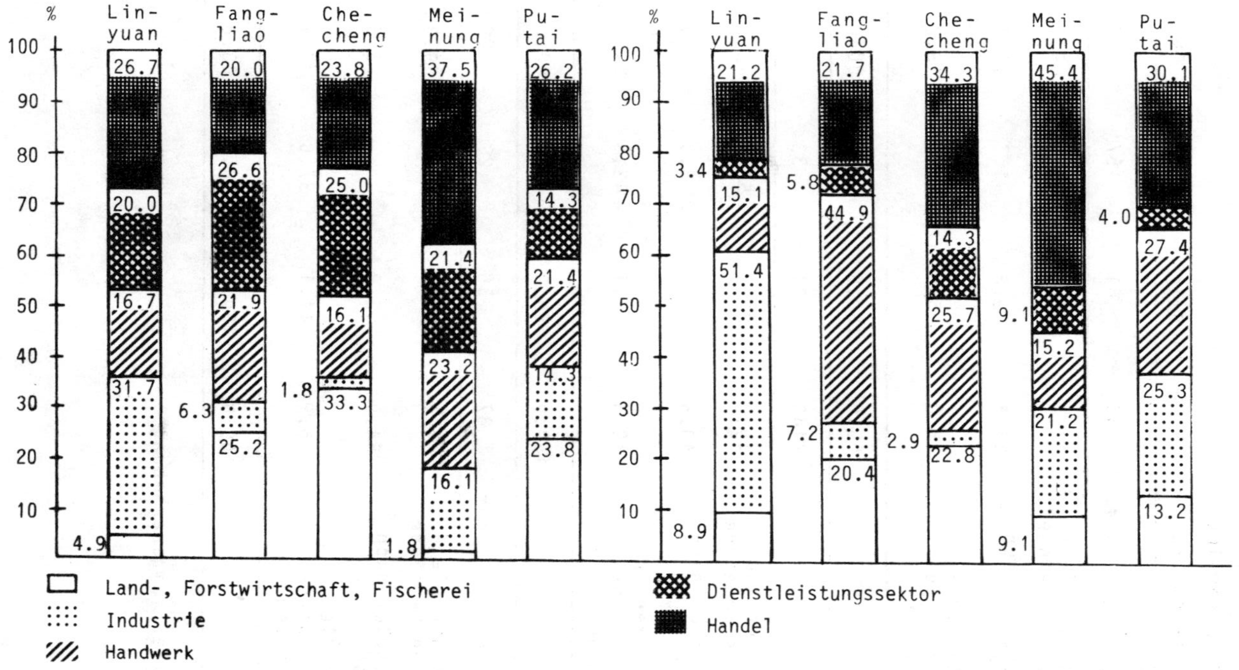

Quelle : Eigenerhebung

Tab. 8.7 : Arbeitsorte der außerlandwirtschaftlich erwerbstätigen Familienmitglieder (%)

Arbeitsort \ Gemeinde	Linyuan	Fangliao	Checheng	Meinung	Putai
Familienoberhaupt N =	60	61	57	55	41
- in der gleichen Gemeinde	61.7	85.2	63.2	69.1	87.8
- Pendler nach Kaohsiung	33.3	9.8	1.7	12.7	4.9
- Pendler in Nachbargemeinden	5.0	5.0	35.1	18.2	7.3
	100.0	100.0	100.0	100.0	100.0
Söhne N =	143	71	33	33	20
- in der gleichen Gemeinde	49.0	87.3	54.5	48.5	70.0
- Pendler nach Kaohsiung	40.5	5.6	3.0	27.3	-
- Pendler in Nachbargemeinden	10.5	7.1	42.5	24.2	30.0
	100.0	100.0	100.0	100.0	100.0
Frauen N =	87	36	27	28	28
- in der gleichen Gemeinde	39.1	86.1	63.0	89.3	78.6
- Pendler nach Kaohsiung	54.0	2.8	-	3.6	-
- Pendler in Nachbargemeinden	6.9	11.1	37.0	7.1	21.4
	100.0	100.0	100.0	100.0	100.0

Quelle : Eigenerhebung

Handel eine zusätzliche Erwerbsquelle eröffnet. In den übrigen Dienstleistungsbereichen sind Väter und Söhne gleichermaßen vertreten. Lediglich Meinung mit einer durchschnittlich höheren Bildung seiner Arbeitskräfte (vgl. Kap. 7.5.1, Fig. 7.6) weist einen größeren Anteil an Verwaltungsangestellten und Lehrern auf, die zum Teil täglich bis in die neuen Dinestleistungszentren am Rande von Kaohsiung pendeln. In der strukturell benachteiligten Gegend um Putai hingegen wird jede Nebenerwerbsmöglichkeit, die sich anbietet wahrgenommen, ohne daß Präferenzen für den einen oder anderen Sektor sichtbar werden.

In der Regel ist die jüngere Generation aufgrund ihres Bildungsvorsprungs gegenüber den Familienoberhäuptern begünstigt. Das läßt sich an der Beständigkeit der Arbeitsplätze ablesen (Tab. 8.8). Dauerarbeitsplätze werden überwiegend in der produzierenden Industrie und im tertiären Sektor geboten, während z.B. das Baugewerbe saisonabhängiger ist. Infolgedessen sinken mit der Entfernung von Kaohsiung die Vollbeschäftigungsraten bei gleichzeitigem Ansteigen der Teilzeitbeschäftigung. Insbesondere macht sich dies beim Nebenerwerb der Familienoberhäupter bemerkbar - in Checheng haben 45 % von ihnen maximal 6 Monate im Jahr Arbeit. In Linyuan hingegen kann man von einer beständigen und festen Erwerbstätigkeit der Landwirte ausgehen. Die jüngere Generation, vor allem auch die Frauen, haben zum überwiegenden Teil ebenfalls ganzjährig außerhalb der Landwirtschaft Beschäftigung gefunden.

Tab. 8.8 : Anteil der vollbeschäftigten außerlandwirtschaftlich erwerbstätigen Familienmitglieder (%)

Familienmitglieder		Linyuan	Fangliao	Checheng	Meinung	Putai
Familienoberhaupt	N =	59	58	53	54	37
- vollbeschäftigt		88.1	48.3	41.5	27.8	40.5
- teilzeitbeschäftigt		11.9	51.7	58.5	72.2	59.5
		100.0	100.0	100.0	100.0	100.0
Söhne	N =	141	67	27	32	19
- vollbeschäftigt		91.5	59.7	63.0	93.8	78.9
- teilzeitbeschäftigt		8.5	40.3	37.0	6.2	21.2
		100.0	100.0	100.0	100.0	100.0
Frauen	N =	72	26	18	21	24
- vollbeschäftigt		97.2	69.2	94.4	90.5	54.2
- teilzeitbeschäftigt		2.8	30.8	5.6	9.5	45.8
		100.0	100.0	100.0	100.0	100.0

Quelle : Eigenerhebung

8.4 Einkommensformierung und -verwertung

Aus gesamtwirtschaftlicher Perspektive gesehen gilt das Verhältnis zwischen Wirtschaftswachstum und Einkommensverteilung als wichtiges Kriterium für die Entwicklung innerhalb eines Landes, denn gerade der sektorale Strukturwandel von der agrarisch zur industriell geprägten Gesellschaft beeinträchtigt meistens die Verteilungsgerechtigkeit zuungunsten der bäuerlichen Bevölkerung. Diesbezügliche, für Taiwan angestellte Untersuchungen belegen bis in die frühen siebziger Jahre infolge der starken Einbindung der Landwirtschaft in den Industrialisierungsprozeß eine ausgeglichene Einkommensentwicklung zwischen den beiden Sektoren [1]. Seither wirken sich jedoch die höheren Zuwächse der Industriegehälter einerseits sowie die demographischen Veränderungen auf dem Land andererseits negativ auf die Einkommensverteilung aus. Die Disparitäten treten in den Statistiken deutlich hervor, denen zufolge das Einkommen landwirtschaftlicher Haushalte im Jahre 1979 um 24 % niedriger lag als das der nicht-landwirtschaftlichen Haushalte [2]. Diese allgemeine Aussage zur schlechteren Einkommenslage der bäuerlichen Familien muß jedoch angesichts der steigenden außerlandwirtschaftlichen Erwerbstätigkeit der Bevölkerung differenzierter gesehen werden.

8.4.1 Einkommensniveau und -formierung

Zwar ist ein quantifizierter Vergleich über die wirtschaftliche Situation der Haushalte nur unter Berücksichtigung aller materiellen Ressourcen (also auch der privaten Vermögen, Einkünfte aus Renten etc.) zu erreichen und muß an dieser Stelle mangels geeigneter Daten entfallen, man kann aber davon ausgehen, daß die verfügbaren finanziellen Mittel des Haushalts eine annähernde Vorstellung über seine Bedarfsdeckungsmöglichkeiten vermitteln.

---

1) Kuznetz, S., a.a.O., 1976, S. 1 ff.
2) DGBAS "Handbook of Survey of Income and Expenditure", Taipei 1979, Vol. I, S. 155

Um die ökonomische Bedeutung des Betriebes und der außerlandwirtschaftlichen Erwerbstätigkeit für die Familien besser bewerten zu können, wurden drei Einkommensarten in die Berechnungen einbezogen :

- das landwirtschaftliche Roheinkommen des Betriebes,
- aus gewerblicher Tätigkeit erzielte Löhne und Gehälter,
- Einkünfte aus landwirtschaftlicher Lohnarbeit, Verpachtung etc.

Die vorangegangenen Ausführungen haben gezeigt, daß betriebstypische Ausformungen und Arbeitsverfassung entscheidend durch den Familientyp determiniert werden. Die Paralleluntersuchung von Peters belegt zusätzlich seine dominante Rolle für die Einkommensformierung der Haushalte neben den landwirtschaftlichen Ressourcen [1].

Demnach gehören insbesondere Familien mit Grenzbetrieben infolge ihrer hohen Abhängigkeit vom landwirtschaftlichen Ertrag zu den benachteiligten Einkommensgruppen. Obwohl auch Haupterwerbsbetriebe qua definitionem den größten Teil ihres Einkommens aus der Landwirtschaft beziehen, wirken sich in ihnen ein besserer Arbeitskräftebesatz, natürliche Standortvorteile und die jeweilige Produktionsintensität positiv auf die landwirtschaftliche Einkommensbasis aus, so daß höhere Pro-Kopf-Einkommen erzielt werden. Neben- und Übergangsbetriebe sichern durch Lohneinkünfte generell ein besseres Einkommensniveau.

Da die weitgehende Affinität von Kernfamilien zu Haupterwerbs- und Grenzbetrieben sowie der Mehrgenerationsfamilien zu Nebenerwerbs- und Übergangsbetrieben vorausgesetzt werden kann (vgl. Kap. 8.1), gilt der Familientyp als Bezugsgröße für das Einkommen in Tab. 8.9 :

---

[1] Peters, H., a.a.O., Schaubild 7, S. 205 ff.

Tab. 8.9 : Einkommensformierung und durchschnittliches Einkommensniveau in den Familienhaushalten (NT$, %)

Familientyp \ Gemeinde	Linyuan NT$[1]	%	Fangliao NT$	%	Checheng NT$	%	Meinung NT$	%	Putai NT$	%
Kernfamilien N =	49		63		90		97		97	
Gesamteinkommen des Haushalts	215.7	100.0	254.1	100.0	166.6	100.0	200.2	100.0	166.3	100.0
- landwirtschaftl. Roheinkommen	67.1	31.1	114.7	45.1	81.2	49.0	118.4	59.1	60.2	60.2
- außerlandwirtschaftl. Einkommen	145.1	67.3	122.9	48.4	62.1	37.3	64.1	32.0	44.2	26.6
- sonstige Einkommen [2]	3.5	1.6	16.6	6.5	23.4	13.7	17.6	8.9	22.0	13.2
Erweiterte Familien N =	68		63		61		67		43	
Gesamteinkommen des Haushalts	302.1	100.0	276.1	100.0	241.7	100.0	350.5	100.0	215.1	100.0
- landwirtschaftl. Roheinkommen	67.0	22.2	136.5	49.4	98.8	40.9	184.9	52.8	121.2	56.5
- außerlandwirtschaftl. Einkommen	230.8	76.4	123.6	44.8	109.3	45.2	152.0	43.4	79.9	37.2
- sonstige Einkommen	4.3	1.4	16.0	5.8	33.6	13.9	13.6	3.8	14.0	6.3
Großfamilien N =	35		13[3]		6[3]		11[3]		8[3]	
Gesamteinkommen des Haushalts	454.1	100.0	302.6	100.0	259.4	100.0	352.7	100.0	157.7	100.0
- landwirtschaftl. Roheinkommen	71.7	15.8	74.0	24.5	121.2	46.7	199.0	56.4	77.2	49.0
- außerlandwirtschaftl. Einkommen	377.6	83.2	200.9	66.5	136.7	52.7	132.6	37.6	45.7	29.0
- sonstige Einkommen	4.8	1.0	27.1	9.0	1.5	0.6	21.0	6.0	34.7	22.0

1) in 1.000 NT$
2) Einkünfte aus landwirtschaftlicher Lohnarbeit, Verpachtungen, Maschineneinsatz etc.
3) Begrenzte Aussagekraft durch zu wenig Fälle

Quelle : Eigenerhebung

Die Höhe des Einkommens, welches die bäuerliche Familie erwirtschaftet, wird eindeutig durch ihre Erwerbsstruktur bestimmt. Je ausgeprägter die berufliche Diversifizierung innerhalb der Familie und je vorteilhafter die lokalen Arbeitschancen, desto höher liegt das Einkommensniveau, umso mehr steigen aber auch die Disparitäten zwischen Familien innerhalb einer Gemeinde. Das führt dazu, daß in unmittelbarer Industrienähe Großfamilien etwa doppelt so hohe Einkommen erzielen wie Kernfamilien. Landwirtschaftliche Standortvorteile, z.B. in Meinung, können die Einkommensunterschiede, die durch den Nebenerwerb in industrienahen Gemeinden hervorgerufen werden, teilweise ausgleichen. Mit zunehmender Entfernung und sinkender natürlicher Standortgunst allerdings wächst die Gruppe der einkommensschwächeren Familien an.

In proportionalem Verhältnis dazu wird die Einkommensformierung generell durch den Bedeutungsschwund des landwirtschaftlichen Betriebes gekennzeichnet. Zwar variiert das Niveau des landwirtschaftlichen Roheinkommens in erster Linie mit der natürlichen Standortgunst und den betrieblichen Ressourcen - die höchsten landwirtschaftlichen Einkommen können also in Meinung, die niedrigsten in Putai verzeichnet werden -, der Beitrag zum Gesamteinkommen beträgt jedoch nur selten mehr als 50 %.
Die Höhe der außerlandwirtschaftlichen Einkommen richtet sich nach Anzahl und Qualifikation der Erwerbstätigen. In den umfangreicheren Großfamilien Linyuans, deren verdienende Mitglieder geregelte Industriegehälter beziehen, erreichen sie deshalb ein überdurchschnittliches Niveau und haben den Beitrag der Landwirtschaft, der weniger als ein Fünftel ihres Einkommens ausmacht, völlig zurückgedrängt.
Infolge abnehmender Quantität und Saisonalität der Arbeitsplätze sowie geringerer Qualifikation der nicht-migrierten bäuerlichen Bevölkerung in Hinblick auf Alter, Bildung etc. (vgl. Kap. 7.5) sinken die gewerblichen Einkommen in den entfernteren Gemeinden erheblich. Sie stellen im negativsten Fall der Kernfamilien Putais etwa 26 % des Gesamteinkommens, in vergleichbaren Gemeinden aber immerhin ein Drittel desselben.

Eine Ausnahme bilden hier die erweiterten Familien der Hakkagemeinde Meinung, in denen sich hohe betriebliche und hohe Lohneinkommen kombinieren [1]. Eine Gruppe gebildeter und gut bezahlter Angestellter im tertiären Sektor hebt die Einkommensdisparitäten zu den gewerblichen Gehältern im Industrieumland weitgehend auf.

Der Erhalt erweiterter Familien mit erwerbsstrukturell diversifizierten gemeinschaftlichen Haushalten sichert die Einkommensbasis der Familien also am wirkungsvollsten. Die Arbeitsteilung garantiert einerseits ausreichende Arbeitskraft für die Landwirtschaft und andererseits Nebeneinkünfte aus der industriellen Erwerbstätigkeit. Gleichzeitig darf nicht übersehen werden, daß in ihnen eine ausgeglichene Einkommensentwicklung innerhalb des familialen Lebenszyklus erreicht wird, in dem die Altengeneration finanziell wesentlich besser versorgt ist als dies in Kernfamilien und zurückbleibenden Rentnerhaushalten der Fall ist.

---

1) 1983 lagen die monatlichen Durchschnittslöhne für (ungelernte) Fabrikarbeiter (-innen), kleinere Angestellte etc. bei 6.000 - 10.000 NT$, für mittlere Angestellte, Facharbeiter, Handwerker etc. bei 10.000-15.000 NT$, für Lehrer, höhere Beamte etc. bei 15.000-20.000 NT$ und höher. Quelle: Eigenerhebung

8.4.2 Lebenshaltung

Selbstverständlich können nur eingehende Untersuchungen der Haushaltsführung Aufschluß über die Verwendung der finanziellen Mittel geben. Unter der Prämisse, daß mit steigenden Einkünften der Familie auch ihre Ansprüche am Lebensstandard wachsen, lassen sich jedoch mit Hilfe des Lebenshaltungsindikators grundsätzlich Aussagen zur Einkommensverwertung treffen [1].
Zu diesem Zweck wurden die Familienhaushalte hinsichtlich ihrer Ausstattung mit materiellen Gütern des täglichen Bedarfs befragt (z.B. Kühlschrank, Radio, Wasser-/Stromversorgung, Motorrad, Telefon). Diese nach ihrem Prestigewert beurteilten Gegenstände ließen sich über eine Punkteskala aggregieren [2].
Danach konnten vier Gruppen von Haushalten unterschieden werden, deren Ausstattung :

- als sehr niedrig bzw. unterversorgt eingestuft wurde
  (- 10 Punkte, Gruppe I);

- einer durchschnittlichen Grundausstattung entsprach
  (- 15 Punkte, Gruppe II);

- mit derjenigen städtischer Haushalte vergleichbar ist
  (- 25 Punkte, Gruppe III);

- als überdurchschnittlich gut zu erkennen war
  (> 25 Punkte, Gruppe IV).

---

1) "Der Lebensstandard... gilt im allgemeinen als Norm, als das, was angestrebt wird, während die Lebenshaltung (das Lebensniveau) die tatsächlich, aktuelle Verwirklichung des Lebensstandards darstellt" vgl. Schulz-Borck, H. "Der Landwirtschaftliche Haushalt - Buchführung und Budget", Land- und Hauswirtschaftlicher Auswertungs- und Informationsdienst, Heft 158, Bonn 1969, S. 8

2) Die Beurteilung orientierte sich an der im Agrarzensus erhobenen Häufigkeit, mit der die Güter in den landwirtschaftlichen Haushalten vorkamen. Dementsprechend und nach ihrem durchschnittlichen Preisniveau wurden sie in der Punkteskala hoch oder niedrig eingestuft : z.B. Fernsehen, Radio je 1 Punkt; Herd, Wasserboiler, Kühlschrank je 2 Punkte; Telefon, Auto, Klimaanlage je 4-5 Punkte usw.. Zur Häufigkeit vgl. CAFC, Agricultural Census ..., a.a.O., 1980, Tab. 33

Tab. 8.10 : Lebenshaltung der Familien (%)

Gruppe \ Gemeinde	Linyuan	Fangliao	Checheng	Meinung	Putai
Kernfamilien N =	57	70	100	108	107
Gruppe I	7.0	7.1	28.0	4.7	17.8
Gruppe II	14.0	28.6	30.0	33.3	35.5
Gruppe III	66.7	60.0	41.0	54.6	43.9
Gruppe IV	12.3	4.3	1.0	7.4	2.8
	100.0	100.0	100.0	100.0	100.0
Erweiterte Familien N =	75	68	69	73	50
Gruppe I	5.3	2.9	7.2	1.4	14.0
Gruppe II	9.3	32.4	36.2	21.9	24.0
Gruppe III	66.7	55.9	52.2	67.1	58.0
Gruppe IV	18.7	8.8	4.4	9.6	4.0
	100.0	100.0	100.0	100.0	100.0
Großfamilien N =	38	16	5	12	10
Gruppe I	-	6.3	20.0	-	20.0
Gruppe II	18.4	31.2	-	33.3	50.0
Gruppe III	68.4	62.5	80.0	50.0	30.0
Gruppe IV	13.2	-	-	16.7	-
	100.0	100.0	100.0	100.0	100.0

Quelle : Eigenerhebung

Die Konsumgüterversorgung der befragten Familien ist in unmittelbarem Zusammenhang mit dem außerlandwirtschaftlichen Nebeneinkommen zu sehen und, da erweiterte Familien über höhere Einkommen verfügen, auch vom Familientyp abhängig. Mit sinkender Bedeutung der Landwirtschaft und Zunahme anderer Erwerbsquellen richtet

sich die Einkommensverwertung vermehrt auf eine Verbesserung des
Lebensstandards. Dort, wo die Landwirtschaft noch die Existenzgrundlage der Familie darstellt, muß allerdings ein Großteil des
Geldes in die Erhaltung des Betriebes zurückfließen.
Wiederum sind es generell Kernfamilien und damit die unteren Einkommensgruppen, deren materielle Lebenshaltung hinter der erweiterter Familien zurücksteht und dies um so stärker in den strukturschwachen Gemeinden mit hohem Rentneranteil. In Stadtnähe und
bei gutem Nebenerwerb erreichen sie ein relativ hohes Niveau, das
der Ausstattung in erweiterten Familien vergleichbar ist. Überall
muß die Mehrzahl der erweiterten und, bis auf wenige Ausnahmen,
auch der Großfamilien, zu den beiden oberen Lebenshaltungsgruppen
gerechnet werden, bei denen sich ein Stadt-Land-Gefälle überhaupt
nicht mehr niederschlägt.

In einer Zusammenschau der angesprochenen ökonomischen Faktoren
wird deutlich, daß die wirtschaftliche Situation der bäuerlichen
Familien in Parallelität zu den ablaufenden strukturellen Veränderungen entsprechend differenziert zu beurteilen ist. Im Zuge
des durch die Industrialisierung geschaffenen Arbeitsplatzangebotes haben vor allem erweiterte Familien von der Umstellung auf
die Nebenerwerbslandwirtschaft profitiert, indem sie ihre Berufsstruktur diversifiziert haben. Unter den gegebenen Umständen war
dies für sie die einzige Möglichkeit zur Einkommenssteigerung.
Gleichzeitig konnten die Betriebe als Rückversicherung, Vermögensanlage und Versorgungsbasis erhalten werden, so daß viele
dieser Familien aufgrund der doppelten Erwerbsquelle heute sogar
besser gestellt sind als nicht-landwirtschaftliche, städtische
Familien [1]. Treten noch günstige landwirtschaftliche Bedingungen
hinzu, so steigen Einkommen und Lebenshaltung an.
Mit sinkenden Erwerbschancen, Produktionsnachteilen und mangelnder infrastruktureller Anbindung nehmen jedoch die Problemgruppen zu. Rentnerpaare, Kernfamilien mit Arbeitskräfteknappheit
und hoher Abhängigkeit vom landwirtschaftlichen Einkommen unterhalten in den entfernten Gemeinden die Mehrzahl der Betriebe.

---

1) Mao, Y.K., a.a.O., 1981, S. 20

9. Soziale Beziehungen

In einem dritten Schritt muß nun nach den Auswirkungen der vorher beschriebenen Strukturveränderungen auf das familiale Zusammenleben gefragt werden. Den Ausgangspunkt dieser Überlegungen bildet die Hypothese, daß eine industrialisierungsbedingte Differenzierung der wirtschaftlichen Grundlagen innerhalb der bäuerlichen Familie ihrer traditionellen Autoritätsstruktur die Legitimation entzieht [1]. Berufliche Diversifizierung, außerlandwirtschaftliche Einkommen, geographische und soziale Mobilität einzelner Mitglieder bewirken, daß die patriarchalische Familienführung zunehmend in Frage gestellt und der persönlichen Entscheidungsfreiheit, z. B. bei der Partnerwahl oder Kontrolle der Finanzen, mehr Spielraum zugestanden wird.
Es kommt zu einer phasenverschobenen Anpassung (cultural lag) von Wertorientierungen und sozialen Beziehungen an die ökonomischen Verhältnisse. Dabei sollte jedoch die Interdependenz von Sozialverhalten und Umweltbedingungen nicht außer Acht gelassen werden. Lupri hat bereits darauf verwiesen, daß bestimmte traditionelle Werthaltungen immer auch als Kriterium für die Wahl zwischen alternativen Möglichkeiten fungieren [2]. Sie entscheiden letztlich über die Akzeptierung neuer, veränderter Verhaltensweisen in der bäuerlichen Familie, z.B. über Bildungs- und Berufschancen der Kinder. Unter Berücksichtigung dieses vielseitigen Prozesses wird hier nichtsdestotrotz die These vertreten, daß diejenigen konfuzianischen Wertvorstellungen, welche die Familienautorität begründen, von der rasanten ökonomischen Entwicklung in Taiwan überholt wurden und eine Kluft zwischen Anspruch und Realität geschaffen haben. Diesen "Cultural Lag" gilt es nachfolgend zu beschreiben.
Selbstverständlich kann eine Befragung nicht die Qualität der zwischenmenschlichen Beziehungen zum Untersuchungsgegenstand erheben. Es geht hier vielmehr um eine Problemfeldanalyse auf-

---

1) Goode, W.J., a.a.O., 1963, S. XI; Harris, C.C., a.a.O., 1973, S. 135
2) Lupri, E., a.a.O., 1963, S. 166

grund von einigen Indikatoren, die von der Verfasserin aus der
Auseinandersetzung mit ethnologischen Fallstudien abgeleitet
wurden im Bemühen, deren Aussagen auch empirisch greifbarer zu
machen. Zur Charakterisierung des intrafamilialen Beziehungsgefüges werden drei Faktoren herangezogen : Heiratsverhalten, Entscheidungsbefugnis und soziale Sicherung. Im Anschluß daran ist
auch das Verhältnis der Familien zu den wichtigsten gesellschaftlichen Bezugsgruppen, dem Verwandtschaftsverband resp. der Dorfgemeinschaft in die Betrachtung einzubeziehen, um zu sehen, inwieweit das segmentäre Organisationsprinzip des Sozialsystems
dem Prozeß der funktionalen Differenzierung in der Industriegesellschaft standhalten kann.

9.1 Familienbeziehungen

Die familistische Orientierung des chinesischen Sozialsystems
wird durch die konfuzianische Ethik begründet. Grundlage der
Gesellschaftsordnung sind die fünf Kardinalbeziehungen (五倫),
die durch Zuschreibung bestimmter Tugenden das zwischenmenschliche Verhältnis kennzeichnen (Fig. 9.1).

Fig. 9.1 : Fünf Kardinalbeziehungen der konfuzianischen Ethik

Personenverhältnis	Art der Beziehung
1. Vater - Sohn	Solidarität und Zuneigung
2. Souverän - Minister	Rechtschaffenheit
3. Mann - Frau	Aufmerksamkeit in getrennten Funktionsbereichen
4. Älterer - Jüngerer	Ordnung und Rangfolge
5. Freund - Freund	Treue

Quelle : Yang, M.M.C., a.a.O., 1978, S. 6

Innerhalb dieses Beziehungsschemas erfährt seit Jahrhunderten
bis in die Gegenwart hinein jedes Individuum seine Statuszuweisung nach den Prinzipien von Seniorität, Loyalität und Rollenerfüllung; gleichzeitig sind damit sämtliche Autoritätsansprüche definiert [1]. Dem Primat des Mannes und des Alters entsprechend käme also traditionell dem ältesten männlichen Familienmitglied die Stellung des Oberhauptes (家長) und der höchsten Autorität zu, danach dem ältesten Sohn als seinem Stellvertreter und Nachfolger.

Es ist einleuchtend, daß ein solchermaßen formalisiertes Sozialsystem den Heiratsregelungen und der ehelichen Rollenfestlegung besonderes Interesse entgegenbringt. Auf diese Weise wird die gesellschaftliche Zugehörigkeit der Familienmitglieder gesichert und der Transfer von Rechten auf Kinder, soziale und wirtschaftliche Leistungen legitimiert.
Gerade in der bäuerlichen Familie, deren Wirtschaftsführung entscheidend von den sich ergänzenden Geschlechterrollen abhängt, muß die Heirat auch als Besetzung bestimmter wirtschaftlicher Positionen und Mittel der sozialen Sicherung interpretiert werden [2]. In jedem Fall aber steht die Ehe unter der Vormundschaft der Familie und ist keine Wahlgemeinschaft zwischen zwei Individuen.
Im Prozeß der Industrialisierung wird die relativ geschlossene soziale Gruppe der bäuerlichen Familie allerdings aufgebrochen. Den Änderungen familiärer Funktionen entspricht auch eine Neubewertung der Familienbeziehungen. Dabei wird insbesondere der Realitätsbezug des patriarchalischen Leitbildes zu überprüfen sein, das ja im wesentlichen an Vorstellungen über die chinesi-

---

1) Autorität soll hier verstanden werden als die Fähigkeit einer Person zur Machtausübung, welche aufgrund von Wertvorstellungen der betroffenen Personen als rechtmäßig anerkannt wird; vgl. Harris, C.C., a.a.O., 1973, S. 131; Fuchs, W. et.al., a.a.O., 1978, S. 84; für die chinesische Kultur vgl. Wilson, R.W. "Learning to be Chinese. The political socialization of children in Taiwan", London 1970, S. 19
2) Rosenbaum, H., a.a.O., 1981, S. 80

schen Großfamilien geknüpft ist. In den zumeist vernachlässigten Kernfamilien, die sowohl in der Vergangenheit als auch gegenwärtig den vorherrschenden Familientyp bilden (vgl. Kap. 7), sind dagegen die Beziehungen zwischen den Ehegatten viel bedeutsamer als das Autoritätsgefälle zwischen den Generationen. Sie verdienen hier entsprechende Beachtung.

9.1.1 Partnerwahl

Da alleinstehenden Personen in der chinesischen Gesellschaft keine soziale und vormals auch keine wirtschaftliche Existenzmöglichkeit eingeräumt wurde, hat das Sozialsystem eine Vielfalt von Eheschließungsformen hervorgebracht, die alle darauf gerichtet sind, gleichwie den Fortbestand der Familie in männlicher Linie zu sichern.
Nach wie vor bleibt die arrangierte Form der Ehe auch heute vorherrschend, in der man auf die Vermittlung eines Partners durch Freunde, Verwandte bzw. professionelle Heiratsvermittler Wert legt. Dieses Verfahren hat insofern eine Modifizierung durchlaufen, als die Entscheidung nicht mehr über die Köpfe der Betroffenen hinweg gefällt wird. Vielmehr ist man der Ansicht, die Heirat solle von den Kindern ausgehen, bedürfe aber der Zustimmung der Eltern. Meistens wird ein Vermittler erst dann eingeschaltet, wenn ein junges Paar seine Entscheidung bereits getroffen hat und die noch immer streng formalisierten Hochzeitsvorbereitungen (z.B. Vorstellung bei den Schwiegereltern, Verlobung, Mitgiftregelung etc.) eingeleitet werden. Zumindest ein Sohn, nach Möglichkeit der Hoferbe, sollte diesem Heiratsmodus folgen.

Unter dem Begriff Heiratsmodus sind hier mehrere Auswahlverfahren des Partners und verschiedene Eheschließungsformen zusammengefaßt, die im chinesischen Sozialsystem früher außerordentlich vielfältig waren. Sie werden in drei Gruppen gegliedert :

- die freie Partnerwahl zwischen zwei Personen;
- die von einem Vermittler zwischen den Familien der zukünftigen Eheleute arrangierte Heirat;
- abweichende Heiratsformen, von denen hier nur die wichtigsten angeführt werden: Es war vormals üblich, eine Ziehtochter im Kindesalter in die Familie aufzunehmen und sie später mit einem der Söhne zu verheiraten. Dadurch wurden nicht allein die hohen Ausgaben einer Hochzeit umgangen, sondern gleichzeitig durch entsprechende Erziehung zum töchterlichen Gehorsam der vorprogrammierte Schwiegermutter - Schwiegertochterkonflikt abgemildert. Noch in den dreißiger Jahren wurden 15 % der Ehen in Südtaiwan auf diese Weise geschlossen [1].
Ehepaare ohne männliche Nachkommen waren gezwungen, einen Sohn zu adoptieren oder einen jungen Mann, zumeist aus armen bzw. kinderreichen Verhältnissen, zur Einheirat in die Familie zu bewegen. Beide Formen, sowohl der Adoption von Schwiegertöchtern als auch der uxorilokalen Heirat galten allerdings als minderwertig ("minor marriages" 童養媳) und Prestigeverlust für die Familie.

Neuere Untersuchungen weisen darauf hin, daß die Normen der Ablehnung der Ehelosigkeit, Familienfortführung und formeller Eheschließungen noch immer Gültigkeit besitzen [2].

Dies bestätigen auch die Befragungsergebnisse, bei denen im Vergleich zwischen dem Heiratsmodus der Eltern- und dem der Kindergeneration jedoch eine "Liberalisierung" der Heiratsregelungen zum Ausdruck kommt (Tab. 9.1). Die sogenannten Liebesheiraten nehmen zu. Schulbesuch, Berufstätigkeit und bessere Kommunikationswege erweitern generell die Kontaktmöglichkeiten der Jugendlichen, insbesondere auch der jungen Frauen.

---

1) Wolf, A.P./Huang, C.S. "Marriage and Adoption in China, 1845-1945", Stanford 1980, S. 325
2) Wong, C.K., a.a.O., 1981, S. 80

Tab. 9.1 : Veränderungen im Heiratsmodus zwischen Eltern- und Kindergeneration (%)

Gemeinde / Heiratsmodus	Linyuan Eltern	Linyuan Kinder	Fangliao Eltern	Fangliao Kinder	Checheng Eltern	Checheng Kinder	Meinung Eltern	Meinung Kinder	Putai Eltern	Putai Kinder
Kernfamilien N =	56	32	68	36	98	64	106	56	104	63
- freie Partnerwahl	5.4	12.5	4.4	13.9	11.2	39.1	5.7	5.4	1.9	12.7
- arrangierte Heirat	94.6	71.9	95.6	83.3	88.8	43.8	92.4	76.8	98.1	58.7
- beide Formen	-	12.5	-	2.8	-	14.0	-	17.8	-	27.0
- abweichende Formen	-	3.1	-	-	-	3.1	1.9	-	-	1.6
	100.0	100.0	100.0	100.0	100.0	100.0	100.0	100.0	100.0	100.0
Erweiterte Familien N =	73	57	67	44	67	43	72	51	48	32
- freie Partnerwahl	2.7	8.8	7.5	13.6	9.0	16.3	2.8	7.8	8.3	15.6
- arrangierte Heirat	93.2	73.7	92.5	68.2	89.5	53.5	95.8	78.4	89.6	59.4
- beide Formen	-	15.8	-	15.9	-	23.3	-	13.7	-	21.9
- abweichende Formen	4.1	1.7	-	2.3	1.5	6.9	1.4	-	2.1	3.1
	100.0	100.0	100.0	100.0	100.0	100.0	100.0	100.0	100.0	100.0
Großfamilien[1] N =	36	25	13	6	5	3	12	6	8	2
- freie Partnerwahl	2.8	8.0	7.7	16.7	40.0	33.3	-	16.7	-	50.0
- arrangierte Heirat	97.2	84.0	92.3	83.3	60.0	66.7	91.7	-	100.0	50.0
- beide Formen	-	8.0	-	-	-	-	-	-	-	-
- abweichende Formen	-	-	-	-	-	-	8.3	-	-	-
	100.0	100.0	100.0	100.0	100.0	100.0	100.0	100.0	100.0	100.0

1) eingeschränkte Aussagekraft in den industriefernen Gemeinden durch zu wenig Fälle

Quelle : Eigenerhebung

Dennoch setzen sich in Anlehnung an die regionale Differenzierung der Familientypen auch verschiedene Tendenzen im Heiratsverhalten der Befragten durch. In den Gemeinden mit starker Abwanderung z.B. zeigt sich am verhältnismäßig hohen Anteil der Söhne, die ihren Partner frei gewählt haben, daß mit der räumlichen Trennung die Einflußmöglichkeiten der Eltern auf die Lenkung der sozialen Kontakte eingeschränkt werden.
Damit sinken auch die Chancen, eine(n) Schwiegertochter(-sohn) zu finden, die (der) bereit wäre, die harte landwirtschaftliche Arbeit im Betrieb zu übernehmen. Zwar wurden abweichende Heiratsformen wie die Adoption von Schwiegertöchtern oder polygyne Ehen, die in der Elterngeneration verschiedentlich vorkamen, nahezu aufgegeben, aber uxorilokale Heiraten treten noch vereinzelt auf, wenn kein männlicher Nachfolger vorhanden oder der Fortbestand des Hofes gefährdet ist.
Im Umland der Industriestadt Kaohsiung hingegen verzögert sich die Ablösung der jüngeren Generation von den Eltern. Da die Söhne im erweiterten Familienverband leben, wirkt das Familieninteresse stärker auf die Partnerwahl ein. Angesichts der Tatsache daß die Rolle des landwirtschaftlichen Betriebes jedoch infolge der erwerbsstrukturellen Diversifizierung zurückgedrängt wird, ist dieser Einfluß nicht mehr unbedingt an die Erhaltung des Hofes geknüpft.
Auch in Meinung hält man an der arrangierten Heirat fest. In diesem Verhalten kommt einerseits die ethnische Abgrenzung der hakkasprachigen Bevölkerung zum Ausdruck, andererseits ist aber ein starkes Interesse der Familien an einer Weiterführung der prosperierenden landwirtschaftlichen Betriebe vorhanden.
Eine der vormals wichtigsten Funktionen der Heirat, nämlich die Aufnahme neuer Arbeitskräfte in die Familie, hat sich also unter dem Einfluß von geographischer Mobilität und Nebenerwerb gewandelt. Sie gilt aber noch dort, wo der landwirtschaftliche Betrieb einen relevanten Einkommens- und Beschäftigungsfaktor darstellt. Auch der Aspekt einer adäquaten Betreuung der Altengeneration durch die Schwiegertochter spielt dabei noch eine Rolle.

9.1.2 Autoritätsstruktur

Mit der Eheschließung findet generell auch eine Neuordnung der Autoritätsstrukturen statt, sei es, daß das junge Paar sich in den Haushalt der Eltern bzw. Schwiegereltern einfügt oder daß es für sich allein lebt. Gründen die Eheleute eine Kernfamilie, so steht zunächst die Beziehung der Ehegatten im Vordergrund. Sie wird zumindest nach außen hin unumstritten von der Autorität des Mannes über die Frau geprägt, unabhängig von den Handlungsvollmachten und Einflußmöglichkeiten, welche der Ehefrau durch die häusliche Rollenteilung eingeräumt werden.
Danach konzentriert sich das Bestreben des Familienoberhauptes auf Heranwachsen und Ausbildung der Kinder bis zum Eintritt ins Erwerbsleben und ihrer Volljährigkeit. Aber erst durch ihre Heirat erwerben die Söhne im gewohnheitsrechtlichen Sinn ihren Erwachsenenstatus als Erben und Anteiler am Familieneigentum mit allen Rechten und Pflichten [1].
Von diesem Zeitpunkt an wird, sofern sich erweiterte Familien bilden, die Autorität und Durchsetzungsfähigkeit des Oberhauptes zunehmend gefordert, denn seine zwei Hauptaufgabenbereiche, der Entscheidung bei familiären Angelegenheiten und Koordination der Aktivitäten von Familienmitgliedern sowie die Verwaltung des Familieneigentums, werden von nun an in Frage gestellt [2].
Sung hat in diesem Zusammenhang darauf hingewiesen, daß der Entscheidungsspielraum des Vaters dabei von dem Verhältnis zwischen ererbtem und erworbenem Eigentum mitbestimmt wird, d.h. den Einkommensbeiträgen und Tätigkeiten der übrigen Familienmitglieder wächst große Bedeutung zu.

"First, acquired property is more likely to lead to jealousy (and hence early division) than inherited property, simply because the principle governing the division of acquired property leaves more room for disagreement. Brothers are less likely to quarrel if they are guaranteed equal shares by descent and do not need to negotiate the division of property acquired through joint but not necessarily equal efforts." [3]

---

1) Cohen, M.L., a.a.O., 1976, S. 70 ff.
2) Liu, P.K.C., a.a.O., 1981, S. 86
3) Sung, L.S., a.a.O., 1981, S. 377

Mit der Teilung, Landübergabe und dem Transfer der Finanzkontrolle ändert sich die Autorität der Elterngeneration von Grund auf. Der Vater genießt wohl weiterhin Respekt und wird als Repräsentant der Familie anerkannt, er hat jedoch die entscheidenden Kontrollfunktionen an die Söhne abgetreten und sich unter Umständen sogar in Abhängigkeit (Altersversorgung) zu ihnen begeben [1].

Eine Vielzahl von ethnologischen Studien beschreibt das traditionelle Beziehungsschema chinesischer Großfamilien, in denen eine außerordentlich spannungsgeladene Atmosphäre zwischen Vätern und Söhnen, Schwiegermüttern und Schwiegertöchtern herrscht. Hinzu tritt die Konkurrenz unter Schwiegertöchtern und unter den Brüdern, welche die Generationskonflikte zusätzlich verschärfen und schließlich das Autoritätsgefälle zwischen den Ehepartnern, so daß der Eindruck eines überaus hierarchischen, patriarchalischen Beziehungsgefüges vermittelt wird [2].

Das Verhältnis der Ehegatten in Kernfamilien wurde bislang stillschweigend in dieses Bild eingefügt. Aber nicht nur die unterschiedlichen Familientypen fanden bei der Analyse von Autoritätsstrukturen wenig Beachtung, auch andere wichtige Einflußfaktoren wie z.B. die ökonomischen Ressourcen und Erwerbsstrukturen in den Familien wurden vernachlässigt.

Daß die Autorität des "pater familias" konfuzianischer Prägung in der Realität differenzierter zu sehen ist, sollen die folgenden Ausführungen zu den Befragungsergebnissen zeigen, die in Tab. 9.2 zusammengefaßt sind. Entsprechend der beiden obengenannten Aufgabenbereiche des Familienoberhaupts wurde der innerfamiliäre Entscheidungsprozeß als Indikator für die Autoritätsstrukturen gewählt. Durch eine weitere Untergliederung der Frage nach der Entscheidungsfindung in Familienangelegenheiten einerseits und bei Investitionen andererseits konnten sowohl soziale als auch ökonomische Komponenten einbezogen werden.

---

1) Cohen, M.L., a.a.O., 1976, S. 75
2) Wolf, M., a.a.O., 1972, S. 142; Baker, H.D.R. "Chinese Family and Kinship", London 1979

Tab. 9.2 : Entscheidungen über Familienangelegenheiten und Investitionen im Betrieb (%)

Entscheidung \ Gemeinde	Linyuan		Fangliao		Checheng		Meinung		Putai	
	Familie	Investitionen	Familie	Investitionen	Familie	Investitionen	Familie	Investitionen	Familie	Investitionen
Kernfamilien N =	57	57	69	69	100	100	107	107	107	106
Oberhaupt :										
- entscheidet allein	50.9	38.6	33.3	26.1	28.0	24.0	22.4	18.7	27.1	29.3
- befragt Ehefrau	22.8	21.0	39.1	39.1	49.0	50.0	56.1	50.5	52.3	37.7
- befragt Söhne/Vater	19.3	28.1	23.2	30.4	17.0	18.0	19.6	28.0	15.9	13.2
- befragt Nachbarn/Freunde	7.0	12.3	4.4	4.4	6.0	8.0	1.9	2.8	4.7	19.8
	100.0	100.0	100.0	100.0	100.0	100.0	100.0	100.0	100.0	100.0
Erweiterte Familien N =	75	75	68	68	69	69	72	72	50	50
Oberhaupt :										
- entscheidet allein	42.7	37.3	27.9	22.1	39.1	23.2	25.0	22.2	30.0	26.0
- befragt Ehefrau	22.7	17.3	30.9	26.5	33.3	30.4	36.1	37.5	30.0	28.0
- befragt Söhne/Vater	29.3	42.7	39.7	47.0	26.1	40.6	38.9	34.7	38.0	38.0
- befragt Nachbarn/Freunde	5.3	2.7	1.5	4.4	1.4	5.8	-	5.6	2.0	8.0
	100.0	100.0	100.0	100.0	100.0	100.0	100.0	100.0	100.0	100.0
Großfamilien N =	38	38	16	16	5	5	12	12	10	10
Oberhaupt :										
- entscheidet allein	26.3	26.3	25.0	25.0	40.0	20.0	33.3	25.0	10.0	20.0
- befragt Ehefrau	21.0	-	25.0	18.7	-	-	25.0	33.3	30.0	40.0
- befragt Söhne/Vater	39.5	52.6	50.0	56.3	60.0	80.0	41.7	33.3	40.0	30.0
- befragt Nachbarn/Freunde	13.2	21.1	-	-	-	-	-	8.4	20.0	10.0
	100.0	100.0	100.0	100.0	100.0	100.0	100.0	100.0	100.0	100.0

Quelle : Eigenerhebung

Eine Relativierung der Ergebnisse ergibt sich allerdings infolge mangelnder Vergleichsdaten aus der Vergangenheit und, da es sich um Eigenaussagen des Familienoberhaupts handelt, aus einer möglichen Überbewertung seiner Person.

Sehr schnell wurde in den Antworten eine Verknüpfung zwischen Entscheidungsmechanismen und Familientyp deutlich. Je mehr familiale Positionen zur Verfügung stehen, desto größer ist auch der Einfluß der erwachsenen Söhne und umso geringer wird die Beteiligung der Ehefrau am Entscheidungsprozeß. Ihre Mitspracherechte sind zwangsläufig in Kernfamilien viel bedeutsamer, denn diese Familien haben Generationskonflikte entweder noch vor sich oder bereits überstanden.
In Hinblick auf die regionale Verteilung der Familientypen kann hieraus eine relativ starke Position der Frau in den von Kernfamilien geprägten industriefernen Gemeinden gefolgert werden. Das traditionsverhaftete Beziehungsgefüge mit seiner vergleichsweise egalitären Rollenverteilung zwischen den Eheleuten wird aufgrund frühzeitiger Ablösung der Kinder vom Elternhaus kaum angetastet. - Mit zunehmender Industrienähe verliert die Frau an Einfluß auf die Familienangelegenheiten und, mit dem Funktionswandel im Haushalt, vor allem in den ökonomischen Bereichen. Die Auswirkungen demographischer Veränderungen und die erwerbsstrukturelle Differenzierung innerhalb der Familie sind also die wichtigsten Bestimmungsfaktoren für das Autoritätsgefüge.

Neben der personalen Umstrukturierung durch Migration und Teilung kann auch die verstärkte soziale Mobilität der jüngeren Generation für den Wandel innerfamiliärer Autoritätsverhältnisse verantwortlich gemacht werden. Höhere Bildung und beruflicher Aufstieg der außerlandwirtschaftlich Erwerbstätigen sowie die Rückwirkungen eines veränderten städtischen Lebensstils von abgewanderten Familienmitgliedern schlagen sich in einer zunehmenden Diskrepanz zwischen den Wertvorstellungen der Eltern- und Kindergeneration nieder. Der Einfluß dieser Faktoren macht sich beispielsweise in Meinung besonders bemerkbar, wo eine hochgebildete und sozial avancierte jüngere Generation offensichtlich in massiven Auseinandersetzungen um die väterliche Autorität zu vermehrten Besitzteilungen geführt hat (vgl. Kap. 7.4.1, Tab. 7.10).

Solange die heranwachsenden Kinder noch unverheiratet und finanziell abhängig sind, liegt die Entscheidungsbefugnis über Ausbildung und Berufstätigkeit in der Hand des Vaters. Mit ihrem Eintritt ins Erwerbsleben jedoch werden die Einkommensbeiträge der Söhne zu einem Machtfaktor, der ihre Mitspracherechte erweitert. Als differenzierende Variable wirken sich auch hier die regional unterschiedliche Erwerbssituation und die Bedeutung die dem Betrieb als ökonomischer Ressource zukommt, aus.
So finden sich die stärksten Modifizierungen in der Autoritätsstruktur in den erweiterten und Großfamilien Linyuans, die mehrheitlich noch von Oberhäuptern der ersten Generation geführt werden (vgl. Kap. 7.3, Tab. 7.6). Ihr Anspruch auf alleinige Entscheidung in Familienangelegenheiten wird kaum in Frage gestellt, aber im wirtschaftlichen Bereich, d.h. bei Investitionen in Immobilien oder den Betrieb, müssen sie ihre Autorität mit den Söhnen teilen. Schließlich verdienen diese das Gros des Familieneinkommens (vgl. Kap. 8.4), während der Betrieb als finanzielle Basis des Vaters für sie von geringerer Bedeutung ist. Die sozialen Vorteile einer gemeinschaftlichen Haushaltsführung bleiben jedenfalls erhalten, während eventuelle Autoritätskonflikte über die wirtschaftliche Mitverantwortung neutralisiert werden.
Die Familien Fangliaos und Meinungs sind durch zwei nebeneinander bestehende Autoritätsmuster gekennzeichnet. In den erweiterten Familien spiegeln sich ähnliche Spannungen wider wie in Linyuan, sie werden aber viel früher durch Teilung und Abwanderung gelöst. - Lediglich der Hoferbe bleibt im Elternhaus und seine Interessen richten sich, gleich denen des Vaters, auf den Betrieb, den er unter Umständen schon übernommen hat. Damit fällt ihm die ökonomische Entscheidungsbefugnis zu, die seine Stellung gegenüber dem Vater festigt. Da die Landwirtschaft noch die tra-

gende Rolle spielt, werden auch eventuelle Nebenerwerbseinkommen in den Betrieb reinvestiert und die Entscheidungen darüber in gemeinschaftlicher Absprache getroffen.
In den durch Teilung und neolokale Heirat hervorgegangenen Kernfamilien dagegen gestalten sich die Autoritätsverhältnisse in mehr oder weniger traditionellen Beziehungen, wobei hier mit Aufnahme einer Nebenerwerbstätigkeit des Mannes und wachsender Verantwortlichkeit der Frau für den Betrieb auch ein zunehmend partnerschaftliches Entscheidungsverhalten sichtbar wird.
In den beiden landwirtschaftlich wie auch erwerbsstrukturell benachteiligten Gemeinden Checheng und Putai verringert sich der Einfluß außerlandwirtschaftlicher Erwerbstätigkeit. Dafür wirken die obengenannten demographischen Verschiebungen umso stärker auf den Erhalt der herkömmlichen Beziehungen ein.

Um zu einer deutlichen inhaltlichen Bewertung des familialen Autoritätsgefüges zu gelangen, wären ausführlichere Informationen notwendig, die in einer übergreifenden Untersuchung wie der vorliegenden verständlicherweise nicht berücksichtigt werden konnten. Stattdessen soll der Generationenkonflikt in einer weiteren Ausdrucksform, dem Problem der Hofnachfolge, noch näher erläutert werden.

9.1.3 Alterssicherung und Hofnachfolge

In Taiwan wie auch in anderen sich industrialisierenden Gesellschaften beruht das System der sozialen Sicherung noch in hohem Maße auf der Eigenvorsorge und den Leistungen von Angehörigen, während Leistungen seitens des Arbeitgebers, der freien Wohlfahrtspflege und der öffentlichen Institutionen erst im Aufbau begriffen sind.
Kranken- und Sozialversicherung wird in der Regel nur für Beamte und Angestellte im öffentlichen Dienst oder in Großunternehmen

gezahlt. Sie erreicht derzeit etwa 22 % der Bevölkerung [1].
Für die Mehrzahl der kleineren Betriebe, Einzelhandel und Bauern existierte bislang keine Versicherungspflicht, so daß diese Familien weitgehend auf eigene Vorkehrungen für Notlagen angewiesen sind.
Die Schaffung einer ausreichenden Eigenvorsorge hängt aber in entscheidendem Maße von der ökonomischen Stärke der Familie ab und damit auch von ihrer personalen Struktur. Migration und Besitzteilung gefährden das traditionelle soziale Netz mit der Konsequenz, daß viele bäuerliche Familien den Unterhaltsanforderungen für Alte, Kranke und Invalide kaum noch gewachsen sind.
Ähnlich wie im Versorgungssystem europäischer Landwirte, das die Ausgründung von Altenteilerhaushalten und das Inkrafttreten einer Rentenzahlung mit dem Zeitpunkt der Hofübergabe vorsieht, liegt die Versorgung der Altengeneration in Taiwan im Aufgabenbereich der Söhne bzw. des Hoferben, der bei der Teilung und Hofübernahme den entsprechend größeren Erbteil erhält. Die Eltern gehören allerdings häufig dem gleichen Haushalt an und begeben sich damit in Abhängigkeit zu den Söhnen. Es nimmt daher nicht Wunder, daß die meisten Familienobehäupter bemüht sind, den Besitz und damit ihre finanzielle Verfügungsgewalt so lange als möglich zusammenzuhalten.
Problematisch wird dieses Bestreben mit der zunehmenden Abwanderung von Familienangehörigen. Einerseits muß früher als üblich geteilt und der Hof übergeben werden, andererseits war die Migration aus manchen Familien so massiv, daß die Nachfolge gefährdet ist. Das Resultat wird in einer wachsenden Zahl isolierter Altenteilerhaushalte sichtbar, die als Restfamilien auf ihren Betrieb als Versorgungsbasis angewiesen sind (vgl. Kap. 7.4.1).
Daher gilt Landbesitz nach wie vor als wichtigster Rückhalt für Notlagen und Alter. Geringe Bodenmobilität und das unverändert vorherrschende Realteilungsprinzip in der Erbfolge bestätigen dies [2].

---

1) CEPD "The Social Welfare System and Social Welfare Expenditures of the R.o.C.", Industry of Free China Vol. LX, No.3, 1983, S. 26
2) Liu, C.Z., a.a.O., 1982a, S. 82 f.

Obwohl die staatlich propagierte Anerbenregelung in Industrienähe (aufgrund zu kleiner Flächen und Erwerbstätigkeit der Familienmitglieder) und in landwirtschaftlich günstigen Gebieten (zum Erhalt leistungsfähiger Haupterwerbsbetriebe) leicht zugenommen hat, wird in ca. 70% der befragten Familien das Land unabhängig vom Betriebstyp an die Söhne verteilt (Tab. 9.3). Besitztitel bedeuten noch immer ein Stück sozialer Sicherheit.

Tab. 9.3 : Änderungen im Erbfolgeprinzip zwischen Eltern- und Sohngeneration (%)

Erbfolge \ Gemeinde	Linyuan	Fangliao	Checheng	Meinung	Putai
Entstehung des Hofes durch : N=	167	153	174	192	169
Erbgang :					
- Realteilung	80.2	73.9	59.8	78.1	81.0
- Anerbenregelung	15.0	13.7	19.0	9.9	9.5
Neugründung	4.1	12.4	21.2	12.0	9.5
	100.0	100.0	100.0	100.0	100.0
Hofübergabe an die Söhne durch N=	168	151	176	193	168
Vererbung :					
- Realteilung	70.2	70.9	63.6	78.8	81.0
- Anerbenregelung	20.2	17.9	15.9	15.5	9.5
Verkauf, Rückgabe	9.6	11.9	20.5	5.7	9.5
	100.0	100.0	100.0	100.0	100.0

Quelle : Eigenerhebung

Wie groß aber andererseits die Verunsicherung vieler Familien über die Hofnachfolge ist, wurde in der Befragung deutlich. Auf die bewußt konditional gestellte Frage nach der Zukunft des Betriebes für den Fall, daß keiner der Söhne ihn weiterführen wollte, trat die Ratlosigkeit offen zutage. Nurmehr 16 % aller Bauern waren sich einer Hofübernahme ganz sicher, weil bereits ein Nachfolger feststand (Tab. 9.4). 40 % von ihnen verschoben dieses Problem auf die zukünftige Besitzteilung und Entscheidung der Söhne und weitere 44 % sehen die einzige Möglichkeit in der Betriebsaufgabe.

Tab. 9.4 : Einschätzung der Zukunft des Betriebes (%)

Betriebe \ Gemeinde		Linyuan	Fangliao	Checheng	Meinung	Putai
- Familienoberhaupt ist sicher, daß der Hof übernommen wird	N =	50	21	4	20	23
	%	33.8	15.3	2.6	11.5	15.6
- Familienoberhaupt ist unsicher und überläßt die Entscheidung den Söhnen	N =	51	62	79	58	58
	%	34.5	45.3	51.3	33.3	39.5
- Familienoberhaupt beabsichtigt, den Hof aufzugeben	N =	47	54	71	96	66
	%	31.7	39.4	46.1	55.2	44.9
Betriebe insgesamt	N =	148	137	154	174	147
	%	100.0	100.0	100.0	100.0	100.0
davon : Grenzbetriebe	N =	9	10	25	22	29
- F. ist sicher		55.6	30.0	8.0	9.2	17.2
- F. ist unsicher		44.4	50.0	64.0	31.8	31.0
- F. gibt auf		-	20.0	28.0	59.0	51.8
		100.0	100.0	100.0	100.0	100.0
Nebenerwerbs- betriebe	N =	86	72	65	57	32
- F. ist sicher		27.9	15.3	-	8.8	12.5
- F. ist unsicher		34.9	52.8	55.3	33.3	18.8
- F. gibt auf		37.2	31.9	44.7	57.9	68.7
		100.0	100.0	100.0	100.0	100.0

Fortsetzung Tab. 9.4 :

Gemeinde Betriebe		Linyuan	Fangliao	Checheng	Meinung	Putai
Übergangs- betriebe	N =	39	7	16	14	12
- F. ist sicher		38.4	28.6	12.5	28.6	-
- F. ist unsicher		28.4	28.6	37.5	28.6	66.7
- F. gibt auf		33.4	42.8	50.0	42.8	33.3
		100.0	100.0	100.0	100.0	100.0
Haupterwerbs- betriebe	N =	14	48	48	81	74
- F. ist sicher		42.8	10.4	-	11.1	18.9
- F. ist unsicher		42.8	35.4	43.7	34.6	47.3
- F. gibt auf		14.3	54.2	56.3	54.3	33.8
		100.0	100.0	100.0	100.0	100.0

Quelle : Eigenerhebung

Sollte sich diese Einschätzung in der Realität bewahrheiten, so hieße dies, daß etwa die Hälfte der Bauern im Alter von sehr geringen landwirtschaftlichen Einkommen (die aus Verpachtung oder dem in Lohnarbeit bewirtschafteten Betrieb resultieren) leben müßten. Bei Betriebsaufgabe wären sie auf Rücklagen oder Sozialhilfe angewiesen. Verständlicherweise stellen daher bessere Einkommen aus der Landwirtschaft nach Meinung der Bauern den verläßlicheren Weg zur Alterssicherung dar. Unkenntnis über Inhalte und Ziele eines Renten- bzw. Altershilfesystems mögen diese Ansicht prägen, unterstützt vom propagierten Leitbild der Regierung, das den mehrgenerationalen bäuerlichen Familienhaushalt als Solidargemeinschaft beschwört. Anspruch und Wirklichkeit klaffen hier jedoch weit auseinander : Überalterung und familiale Desaggregation fordern längerfristig neue Lösungen zur sozialen Sicherung für die landwirtschaftliche Bevölkerung.

In der Betrachtung regionaler und betriebstypischer Differenzierungen ergibt sich weiterhin die agrarpolitisch interessante Konstellation, daß sowohl die Alterssicherung (über den erweiterten

Familienverband) als auch die Weiterführung des Betriebes in den
industrienahen Gemeinden durch Nebenerwerb besser gewährleistet
werden, während sie in den eigentlich landwirtschaftlich orientierten Gebieten mit überwiegendem Haupterwerb in Frage gestellt
sind. Mit zunehmendem Migrationsdruck sinken die Hoffnungen auf
eine Hofübernahme : sogar in den Haupterwerbsbetrieben der standortbegünstigten Gemeinden wissen die Bauern oft nicht, ob einer
der Söhne zur Nachfolge bereit ist. Mehr als die Hälfte der Betriebsleiter müßte den Hof dann aufgeben. Die sozial-ökonomische
Lage der Rentner ist damit eng an Maßnahmen geknüpft, die durch
ein entsprechendes außerlandwirtschaftliches Arbeitsangebot die
junge Generation in der Gemeinde halten und außerdem langfristig
ein staatliches Sicherungssystem anstreben, um die Probleme der
Hofübergabe zu regeln.

9.2 Soziale Partizipation

Bisher galt die Aufmerksamkeit dem familiären Interaktionsfeld
und seinen Reaktionen auf die sich wandelnden Umweltbedingungen
im Verlauf der Industrialisierung. Zu der Veränderung der sozioökonomischen Grundlagen der Familie treten aber auch Anpassungsprozesse ihres gesamten sozialen Umfelds hinzu, die verarbeitet
werden müssen. Die sozialen Beziehungen zu Verwandten, Nachbarn
und anderen Gruppen gewinnen eine neue Qualität je stärker Dorf
und Gemeinde an der gesamtgesellschaftlichen Integration teilhaben.
Man kann wohl davon ausgehen, daß die meisten Dörfer der dichtbesiedelten Ebenen Südtaiwans auch früher keine isolierten Einheiten darstellten, sondern über Feudal- und Verwaltungsstrukturen in den gesamtstaatlichen Rahmen eingebettet waren. Die Verbindung zu diesen übergeordneten politischen Institutionen wurde
durch die traditionelle Dorfführung (Lineage- bzw. Nachbarschaftsvorstände) hergestellt. - Nach 1949 zog die Veränderung der wirtschaftlichen und politischen Rahmenbedingungen allerdings einen
Wandel dieser Beziehungen nach sich (vgl. Kap. 4). Infrastrukturelle Erschließung, das Vordringen öffentlicher Institutionen in

den Gemeinden sowie die soziale Mobilisierung der bäuerlichen
Bevölkerung mußten die Autorität bestehender Führungsgremien in
Frage stellen und neubewerten. Diese Führungspersonen sind jedoch
nach wie vor die unmittelbaren Ansprechpartner für die bäuerlichen Familien. Deshalb wurden sie in die Untersuchung einbezogen.

9.2.1 Verwandtschaftsbeziehungen

Umfangreiche Verwandtschaftsgruppen bildeten vormals die Grundlage gesellschaftlicher Organisation in den Dörfern Taiwans [1].
Neben den Beziehungen zwischen patrilinear verwandten Familien
(親族) waren vor allem die Bindungen an andere Gruppen, die den
gleichen Namen trugen (親堂) - bei denen ein gemeinsamer Vorfahre vermutet aber nicht mehr ermittelt werden konnte - oder auch
affine Verwandte (親戚) von Bedeutung. Die Qualität der verwandtschaftlichen Beziehungen (感情) wurde durch Wertmaßstäbe aus der
konfuzianischen Ethik und ihrer hierarchischen Struktur geprägt.
Die Beziehungen mochten gut oder schlecht sein, sie basierten auf
bestimmten Verhaltensregeln und zugeschriebenen Positionen, die
zu erfüllen waren [2].
Die Mehrzahl dieser korporativen, segmentär organisierten Verwandtschaftsverbände wurde bereits durch die japanische Kolonialpolitik und die Landreform der Nationalregierung aufgebrochen [3].
Nach dem Entzug ihrer wichtigsten ökonomischen Grundlage, dem
Bodenbesitz, und der allgemein sinkenden Bedeutung der Landwirt-

---

1) Vgl. hierzu die vielfältige ethnologische Literatur bezüglich der bäuerlichen Sozialorganisation Taiwans, z.B. Ahern, E.M., a.a.O., 1973; Gallin, B. "Mediation in Changing Chinese Society in Rural Taiwan", in: Buxbaum, D.C. "Traditional and Modern Legal Institutions in Asia and Africa", Leiden 1967, S. 77-90; Pasternak, B., a.a.O., 1972; Harrell, S. "Social Organization in Hai-shan", in: Ahern, E.M./Gates, H., a.a.O., 1981, S. 125-147. Sie alle belegen die Bedeutung und Multifunktionalität von Verwandtschaftsgruppen.
2) Wilson, R.W., a.a.O., 1970, S. 19; Gallin, B., a.a.O., 1966, S. 171
3) Fried, M.H. "Some Political Aspects of Clanship in a Modern Chinese City", in: Swartz, M.J. et.al. "Political Anthropology", Chicago 1972, S. 293; Gallin, B., a.a.O., 1966, S. 115

schaft im Verlauf der Industrialisierung verlagerten sie ihre
wirtschaftlichen Aktivitäten zunehmend auf den gewerblichen Sektor. Ein Großteil der Industrie- und Handelsfirmen liegt heute
in Händen starker Familienverbände.
Mit den veränderten ökonomischen Voraussetzungen und dem Vordringen staatlicher Institutionen (Farmer's Association, Partei,
Banken etc.) in der ländlichen Gesellschaft traten auch die sozialen Funktionen der Verwandtschaftsgruppen, z.B. soziale und
politische Kontrolle, Konfliktregelung und Interessenvertretung
in den Hintergrund [1]. Abwanderung und Umstrukturierungen im Familientyp führten außerdem zu einer personellen Schwächung, so
daß man von einem tiefgreifenden Funktionswandel der Verwandtschaftsbeziehungen sprechen muß.

Der formalisierte, reziproke Charakter der Beziehungen ermöglicht
es, mit Hilfe sozio-ökonomischer Indikatoren, wie z.B. Wohnnähe
und Kooperationsformen, den heutigen Stellenwert des Verwandtennetzes im bäuerlichen Sozialgefüge in der Befragung zu überprüfen.
Dabei ist zunächst festzuhalten, daß aufgrund der massiven demographischen Mobilisierung nurmehr 45 - 65 % der bäuerlichen Familien überhaupt noch Verwandte vor Ort wohnen haben (Tab. 9.5).
Für einen Großteil von ihnen spielt also der alltägliche verwandtschaftliche Kontakt kaum noch eine Rolle; er ist eher auf die Ebene von Besuchen, Familienfeiern und größeren Gemeinschaftsaktivitäten angehoben.
Unter Verwandtschaft sind hier in erster Linie Geschwisterhaushalte zu verstehen, die durch Teilungsprozesse entstanden sind,
ferner in geringerem Umfang Angehörige zweiten Grades. Dort wo
sich die traditionelle Bauweise erhalten hat (Meinung und Putai,
vgl. Kap. 5.3.3), wohnen sie häufig im gleichen Gehöft. Die rege
Bautätigkeit in den Küstengemeinden hingegen hat mit dem Umzug
in Neubauten auch eine stärkere räumliche Trennung von Verwandten
mit sich gebracht. Abgesehen von diesen neueren residentiellen
Gewohnheiten hängt der Bestand des Verwandtschaftsnetzes jedoch

---

1) Gallin, B., a.a.O., 1967, S. 82 ff.

Tab. 9.5 : Räumliche Nähe von Verwandten (%)

Wohnnähe \ Gemeinde	Linyuan	Fangliao	Checheng	Meinung	Putai
Anteil d. Familien m. Verwandten in räumlicher Nähe insgesamt	N = 77 45.3	93 60.0	108 61.7	115 59.6	108 64.7
Kernfamilien N =	57	70	100	108	107
- Verwandte im gl. Gehöft	15.8	21.4	19.0	35.2	43.0
- Verwandte im gl. Dorf	42.1	58.6	54.0	37.0	29.9
- ohne Verwandte vor Ort	42.1	20.0	27.0	27.8	27.1
	100.0	100.0	100.0	100.0	100.0
Erweiterte Familien N =	75	68	69	73	50
- Verwandte im gl. Gehöft	6.7	14.7	7.2	19.2	22.0
- Verwandte im gl. Dorf	33.3	29.4	39.2	23.3	28.0
- ohne Verwandte vor Ort	60.0	55.9	53.6	57.5	50.0
	100.0	100.0	100.0	100.0	100.0
Großfamilien N =	38	17	6	12	10
- Verwandte im gl. Gehöft	5.3	-	16.7	50.0	50.0
- Verwandte im gl. Dorf	31.6	35.3	33.3	-	-
- ohne Verwandte vor Ort	63.1	64.7	50.0	50.0	50.0
	100.0	100.0	100.0	100.0	100.0

Quelle : Eigenerhebung

entscheidend vom Aggregationsgrad der Familien ab. Erweiterte Familien stellen aufgrund ihrer mehrgenerativen Struktur selbst korporierte Gruppen dar, die fallweise noch mit Verwandtenhaushalten aus der Teilung der Elterngeneration assoziiert sind. Mitunter haben sich auch mit der Hofübergabe an die zweite Generation Geschwisterhaushalte abgespalten, die aber am Ort geblieben sind. Wie bereits in Kap. 7.4.2 ausgeführt wurde, erhalten sich in den migrationsstarken Gemeinden infolge hoher Teilungsraten eine größere Zahl miteinander verwandter Kernfamilien. Nur etwa ein Viertel dieser Familien ist nach Abwanderung sämtlicher Angehörigen völlig auf sich gestellt. Bei den meisten Familien kann man jedoch von relativ intensiven verwandtschaftlichen Kontakten ausgehen.

Die Kooperation zwischen den Familien erstreckt sich sogar noch über die in unmittelbarer Nähe lebenden Verwandten hinaus auf entfernter wohnende Angehörige (Tab. 9.6). Sie beinhaltet verschiedene Formen der ideellen, vor allem aber materiellen Unterstützung. Obwohl Landbanken und Farmer's Association Kredite anbieten, wird die Finanzhilfe im Verwandtschaftskreis bei privaten und kleineren Investitionen bevorzugt in Anspruch genommen. In diesen Rahmen fallen beispielsweise die Ausrichtung von Familienfeiern, Hausrenovierungen, Ausbildungskosten und Nahrungsmittelhilfen. Auch gemeinschaftliche Arbeitseinsätze im privaten Bereich sind durchaus üblich; insbesondere für die finanziell benachteiligten Familien Putais sind Arbeitsaustausch und Naturalleistungen von einiger Bedeutung, da die Monetarisierung der Beziehungen noch nicht so weit fortgeschritten ist.
Darüber hinaus ist zu vermuten, daß die Einflußnahme von Verwandten in familiären Angelegenheiten und bei größeren Investitionen nach wie vor gegeben ist (vgl. auch Tab. 9.2).
Die Verwandtschaftsgruppen haben für die bäuerliche Familie also zwei wichtige Funktionen erhalten: zum einen als Träger materieller Unterstützung in Notfällen und Organisation gegenseitiger Hilfsaktionen und zum anderen als Bezugsgruppe für soziale Kontakte (z.B. auch Religionsgemeinschaft, Nachbarschaft, soziale Kontrollgruppe).

Tab. 9.6 : Kooperation zwischen verwandten Familien (%)

Kooperation / Gemeinde		Linyuan	Fangliao	Checheng	Meinung	Putai
Anteil d. kooperierenden Familien insgesamt	N =	103	92	127	142	120
		60.6	59.4	72.6	73.6	71.9
Kernfamilien	N =	57	70	100	108	107
- Kooperation		59.6	72.9	76.0	76.9	75.7
- keine Kooperation		40.4	27.1	24.0	23.1	24.3
		100.0	100.0	100.0	100.0	100.0
Erweiterte Familien	N =	75	68	69	73	50
- Kooperation		58.7	51.5	68.1	68.5	62.0
- keine Kooperation		41.3	48.5	31.9	31.5	38.0
		100.0	100.0	100.0	100.0	100.0
Großfamilien	N =	38	17	6	12	10
- Kooperation		65.8	35.4	66.7	75.0	80.0
- keine Kooperation		34.2	64.6	33.3	25.0	20.0
		100.0	100.0	100.0	100.0	100.0

Quelle : Eigenerhebung

9.2.2 Beziehungen in Dorf und Gemeinde

Im dörflichen und gemeindepolitischen Bezugsrahmen allerdings konnten die Verwandtschaftsgruppen dem Prozeß funktionaler Differenzierung nicht standhalten. Es läßt sich eine allmähliche Aufhebung der kollektiven Vertretungsprinzipien zugunsten individueller Interessenwahrnehmung feststellen. Das von den Japanern zur Sicherung der politischen Stabilität eingeführte System der kollektiven Verantwortlichkeit von Verwandtschaftsgruppen stärkte deren soziale Kontrollmöglichkeiten früher ganz erheblich [1]. Neuere Untersuchungen zeigen aber, daß Verwandtschaft heute nicht länger als ausschlaggebendes Kriterium für eine Zugehörigkeit zu Fraktionen im Dorf angesehen werden kann [2]. Zwar bilden die Lineageoberhäupter in ihrer Eigenschaft als Haushaltsvorstände noch immer eine informelle Führungsgruppe, die sich über Nachbarschaft, Dorfrat bis hin zu den Gemeindegremien konstituiert, jedoch haben sich Charakter und Inhalte dieser Beziehungen grundsätzlich verändert. So wurde beispielsweise die ehemals wichtige Rolle der Lineagevorstände bei Schlichtungsbemühen weitgehend zurückgedrängt. Dies hängt u.a., wie Gallin zu Recht bemerkt, mit einem Wandel der Konfliktgründe zusammen [3]. Während die früher häufigsten Streitigkeiten um Wasser- und Pachtrechte die gesamte Lineage tangierten, traten nach den Besitzumwälzungen der Landreform zunehmend Auseinandersetzungen zwischen Individuen in den Vordergrund. Integre Vertrauenspersonen aus der Nachbarschaft und der Dorfchef werden daher eher zu Rate gezogen :

"The way conflicts are resolved provides another indication of
the way community integration is achieved. Disputes between
households are first thrashed out between the heads of the
households involved. If no solution is reached, the case is
usually brought to the headman for arbitration. He hears both
sides, calls whatever witnesses may be necessary, and suggests

---

1) Pasternak, B., a.a.O., 1972, S. 99
2) de Lasson, A. "The Farmer's Association Approach to Rural Development - The Taiwan Case", Saarbrücken 1976, S. 174 ff.
3) Gallin, B., a.a.O., 1967, S. 89

a compromise only where the disputants are unable to effect a satisfactory solution themselves. He has no power to enforce his decision. Should his mediation fail, however, the only recourse would be to an arbitration committee at the township level or to a court of law." 1)

Dieser Übergang von Aufgaben, die ehemals den Verwandtschaftsgruppen zufielen, zur heutigen wachsenden Inanspruchnahme der administrativen Wege und Institutionen kann also am Beispiel der Konfliktregelung erläutert werden. Die Familienoberhäupter wurden befragt, wen sie im Falle eines Streites mit anderen Bauern um eine Vermittlungstätigkeit bitten würden. Die Skala möglicher Antworten umfaßte traditionelle Führungspersonen, z.B. Verwandtschafts- und Nachbarschaftsvorstände, weiterhin das Dorfoberhaupt als gewählten aber staatlich legitimierten Funktionsträger sowie die zuständigen offiziellen Behörden, d.h. Gerichte, Verwaltungsämter etc., (Tab. 9.7).

Tab. 9.7 : Vermittlung in Streitfällen (%)

Vermittlung / Gemeinde		Linyuan	Fangliao	Checheng	Meinung	Putai
Familienoberhaupt wendet sich an :	N =	171	155	176	195	168
- Lineageoberhaupt		14.0	8.4	14.8	10.3	9.5
- Nachbarschaftsvorstand		11.7	14.2	10.8	25.6	12.5
- Dorfoberhaupt		40.4	52.3	44.3	26.2	39.9
- staatl. Institutionen		7.1	14.2	20.6	24.1	7.7
keine Antwort		26.8	10.9	9.5	13.8	30.4
		100.0	100.0	100.0	100.0	100.0

Quelle : Eigenerhebung

1) Pasternak, B., a.a.O., 1972, S. 98

Da Konflikte in der chinesischen Gesellschaft einer äußerst negativen Bewertung unterliegen, war der Anteil an verweigerten und ausweichenden Antworten bei dieser Frage sehr hoch. Die Respondenten wollten damit jeden Verdacht zurückweisen, sie seien streitsüchtig oder könnten jemals in rechtliche Auseinandersetzungen verwickelt werden [1].
Deutlich in den Hintergrund getreten ist aber die traditionelle Vermittlerfunktion der Verwandtschafts- und Nachbarschaftsvorstände. Obwohl das Vertrauen in die zuständigen staatlichen Institutionen nicht sehr ausgeprägt ist, weitet sich ihre Inanspruchnahme doch in den drei Gemeinden aus, in denen während der letzten Jahre agrarstrukturelle Umwälzungen (Betriebsumstellung, Besitzteilung etc.) verstärkt stattgefunden haben (Fangliao, Checheng, Meinung).
Die Schlüsselstellung im Vermittlungsprozeß nimmt jedoch mehrheitlich der Dorfchef ein, dem durch seine Wahl von der Bevölkerung die Entscheidungslegitimation zuerkannt wird und der gleichzeitig als offizieller Funktionsträger Verbindungen zu den Behörden, z.B. Gemeindeverwaltung, Farmer's Association, unterhält.

Vielerorts sind die Farmer's Assocaition zum gemeindepolitischen Knotenpunkt geworden. Die angebotenen Dienstleistungen wie Kreditvergabe, Beratung, Vermarktung, Weiterbildung, Frauen- oder Jugendprogramme haben ihnen zu einer gewissen Vormachtstellung gegenüber anderen Institutionen, wie z.B. der Gemeindeverwaltung, verholfen. Mitsprachemöglichkeiten durch Beiräte, die auch das Management des Verbandes beaufsichtigen, bewirken eine stärkere Interessenvertretung und politische Beteiligung der Bauern [2].
Eine Ursache für die geringe Akzeptanz der staatlich initiierten Gemeinschaftseinrichtungen und Parteiaktivitäten liegt sicherlich an der schwachen Integrationsfähigkeit der lokalen Admini-

---

1) Ein Formulierungsfehler in der Frage ist nach mehrfachen Pretests und Diskussionen mit chinesischen Soziologen unwahrscheinlich.
2) vgl. hierzu die Analyse de Lassons über Aufbau, Funktionen und Wirkungen der Farmer's Association; de Lasson, A., a.a.O., 1976

stration, die mit solchen Aufgaben betraut ist. So existiert beispielsweise ein öffentliches Dorfentwicklungsprogramm, das den infrastrukturellen Ausbau, Dorfbildverschönerungen, Gemeinschaftszentren u.ä. fördert. Eine weitergehende Aktivierung der Bevölkerung ist darin allerdings nicht vorgesehen [1]. Die gewachsenen sozialen Strukturen im Dorf und ihre speziellen Interessenlagen werden kaum berücksichtigt. Zu nennen sind in diesem Zusammenhang vor allem der Erhalt von Spargruppen (標會), einer traditionellen dörflichen Institution der kurzfristigen Kreditvergabe im Nachbarschaftskreis, ebenso die informeller organisierten Nachbarschaftsgruppen oder Tempelgemeinschaften.

Diese unterschiedliche Gewichtung der neueren, offiziellen und der herkömmlichen Einrichtungen durch die Bauern trat in der Befragung über ihre Zugehörigkeit zu einzelnen Gruppierungen deutlich hervor (Tab. 9.8).

Tab. 9.8 : Partizipation der Bauern in Gruppen und Verbänden (%)

Gruppierung \ Gemeinde	Linyuan	Fangliao	Checheng	Meinung	Putai
Mitglied in:[1] N =	171	155	175	195	168
- Farmer's Association	59.1	47.7	46.3	41.5	63.7
- Parteien	10.5	11.6	12.6	7.7	7.7
- Spargruppen	13.5	47.1	32.6	39.5	8.3
- Nachbarschafts- u. Tempelgemeinschaften	7.0	4.5	13.1	16.9	6.5

1) Mehrfachnennungen möglich
Quelle : Eigenerhebung

Ein Großteil der Bauern ist Mitglied der Farmer's Association und/oder, je nach der betrieblichen Produktionsstruktur, der

---

1) Apthorpe, R., a.a.O., 1972, S. 53

gleichartigen Fishermen's Association. Mitunter sind auch Ehefrauen und Söhne eingetragen, da auf diese Weise höhere Kreditwürdigkeit und doppeltes Stimmrecht erwirkt werden können. Voraussetzung ist eine entsprechende selbständige Registrierung von Haushalt bzw. Land (vgl. auch Kap. 7.4, Tab. 7.8). Die überschriebenen Landbesitztitel an andere Familienangehörige verschaffen so auch Erwerbstätigen und Nicht-Landwirten Zugang zu den Dienstleistungen des Verbandes.

Die Mitgliedschaft in einer Partei, in der Regel der Kuomintang-Partei, spielt für die Bauern kaum eine Rolle, denn sie kann lediglich für die gemeindepolitischen Ambitionen einiger weniger von Nutzen sein.

Demgegenüber stellen die Spargruppen offensichtlich - insbesondere für die Bauern in den landwirtschaftlich orientierten Gemeinden (Fangliao, Checheng, Meinung) - noch eine wichtige, unkompliziert erreichbare Geldquelle dar, die in Ergänzung zu den Krediten der Farmer's Association oder Landbank beansprucht werden kann [1]. In unmittelbarer Industrienähe sind sie aufgrund höherer Einkommen und geringerer landwirtschaftlicher Investitionen weniger bedeutsam, ebenso in den finanziell schwachen Familien Putais, die beinahe vollständig auf offizielle Kredite angewiesen sind.

Da Nachbarschafts- und Tempelgemeinschaften zumeist informell und nur zeitweise organisiert sind und die Zugehörigkeit zu ihnen selbstverständlich ist, mußte in der vorliegenden Betrachtung ein größerer Bereich des sozialen Lebens bäuerlicher Familien unberücksichtigt bleiben. Nur wenige Bauern gaben eine formelle Mitgliedschaft in solchen Gruppen an. Deshalb wurde ergänzend nach ihrer Teilnahme an den Festlichkeiten des Dorfes gefragt (Tab.9.9). Das Ergebnis weist deutlich darauf hin, das diese Gruppierungen nach wie vor einen wichtigen gesellschaftlichen Bezugspunkt für die Familien bilden.

---

1) Wolf betont in ihrer Studie außerdem die Bedeutung von Spargruppen bei der Organisation und Kapitalbildung unter den Frauen des Dorfes; vgl. Wolf, M., a.a.O., 1972, S. 223. Diese Information bestätigte sich wiederholt in Gesprächen der Verfasserin mit Bäuerinnen, konnte aber über die Befragung der Familienoberhäupter nicht erhoben werden.

Tab. 9.9 : Teilnahme der Bauern an dörflichen Festen (%)

Teilnahme \ Gemeinde	Linyuan	Fangliao	Checheng	Meinung	Putai
Familie N =	171	155	176	194	168
- nimmt teil	76.0	71.0	68.2	79.4	78.6
- nimmt nicht teil	24.0	29.0	31.8	20.6	21.4
	100.0	100.0	100.0	100.0	100.0

Quelle : Eigenerhebung

9.2.3 Einschätzungen der befragten Bauern

Schließlich wurde ein kleinerer offener Fragenkomplex in das Interview aufgenommen. in dem die Informanten selbst zu Wort kommen sollten. Sie wurden nach den von ihnen wahrgenommenen Veränderungen in Familie, Betrieb und Dorf während der vergangenen zehn Jahre befragt und konnten aus ihrer Perspektive notwendige Entwicklungsmaßnahmen für die Zukunft vorschlagen.
Es war die Absicht, auf diese Weise Übereinstimmungen und Diskrepanzen zwischen der Einschätzung der Bauern und den Untersuchungsergebnissen sichtbar zu machen sowie die Relevanz der regional unterschiedlichen Entwicklungen auch in diesem Bereich hervorzuheben.
Die Äußerungen der Bauern zu den Tab. 9.10 - 9.12 zugrundeliegenden Fragen wurden in Gruppen zusammengefaßt, in denen drei Bewertungsrichtungen - keine Veränderungen, positiv empfundene Veränderungen, negativ empfundene Veränderungen - zum Ausdruck kamen.

Das Problembewußtsein der Bauern in den verschiedenen Gemeinden ist hoch und spiegelt sehr genau die jeweiligen sozialen und ökonomischen Spannungen wider, die im Vorangegangenen beschrieben wurden. Die häufigsten Feststellungen in allen Familien betreffen die Verbesserung der materiellen Lebenshaltung sowie der Ernährungslage, den Erwerb von Konsumgütern usw. aber auch die steigenden Bildungs- und Berufschancen für die Kinder (Tab. 9.10).

Die allgemeinen Lebensverhältnisse werden in unmittelbaren Zusammenhang mit den familialen Strukturveränderungen gebracht. Starke Schrumpfungsprozesse durch Abwanderung und Teilung unterliegen einer negativen Bewertung. Die Tatsache, daß die Kinder aus dem Haus gehen, führt zunächst zu einer finanziellen Einschränkung, da häufig noch Geld für Ausbildung und die Existenzgründung bereitgestellt werden muß und die Unsicherheit groß ist, ob man im Alter von den abgewanderten Kindern noch unterstützt wird. Vor allem zurückbleibende Rentnerpaare sehen darin eine grundsätzliche Verschlechterung ihrer Situation.

Auch in erweiterten Familien werden Teilung und Migration zunächst als nachteilig empfunden. Da sich die Familie jedoch infolge von Einheirat und Geburten wieder vergrößert und die erwerbstätigen Mitglieder zum Haushaltsbudget beitragen, werden die Verhältnisse positiver oder zumindest als konsolidiert betrachtet. Ähnliches gilt für die Großfamilien in Linyuan, wohingegen sich die Großfamilien in den übrigen Gemeinden im Prozeß der Auflösung befinden.

Regionale Differenzierungsprozesse bilden sich gleichermaßen ab, etwa in der Stagnation und strukturellen Schwächung der Familien in Putai. Die Dynamik des sozio-ökonomischen Wandels in den Küstengemeinden, der mit der Zeit selbst das entfernte Checheng erfaßt hat, wird ebenso sichtbar wie die Verbesserung der sozialen Lage vieler Familien in der mobilisierten bäuerlichen Bevölkerung Meinungs.

Tab. 9.10 : Wahrgenommene Veränderungen in der Familie (%)

Veränderungen 1) \ Gemeinde	Linyuan	Fangliao	Checheng	Meinung	Putai
Kernfamilien N =	57	69	100	108	107
- es hat sich nichts geändert	8.8	5.8	11.0	11.1	31.1
- die Lebensbedingungen haben sich verbessert	42.1	65.2	60.0	67.6	42.3
- die Lebensbedingungen haben sich verschlechtert	22.9	30.4	30.0	12.9	8.4
- die Familie hat sich erweitert	5.3	-	2.0	2.8	1.9
- die Familie ist geschrumpft	31.6	30.4	29.0	23.2	21.2
Erweiterte Familien N =	74	68	68	73	50
- es hat sich nichts geändert	17.6	8.8	14.7	15.1	40.0
- die Lebensbedingungen haben sich verbessert	50.0	69.1	58.8	61.6	36.0
- die Lebensbedingungen haben sich verschlechtert	16.5	25.0	28.0	8.2	24.0
- die Familie hat sich erweitert	16.2	13.2	7.4	10.9	-
- die Familie ist geschrumpft	23.0	23.5	26.5	21.9	14.0

1) Mehrfachnennungen möglich

Fortsetzung Tab. 9.10 S. 202

Fortsetzung Tab. 9.10 :

Veränderungen Gemeinde 1)	Linyuan	Fangliao	Checheng	Meinung	Putai
Großfamilien N =	38	16	5	12	10
- es hat sich nichts geändert	18.4	6.3	20.0	41.7	40.0
- die Lebensbedingungen haben sich verbessert	44.7	50.0	60.0	25.0	60.0
- die Lebensbedingungen haben sich verschlechtert	13.2	31.3	-	8.3	-
- die Familie hat sich erweitert	34.2	18.7	40.0	16.7	-
- die Familie ist geschrumpft	7.9	25.0	-	33.4	-

1) Mehrfachnennungen möglich

Quelle : Eigenerhebung

Deutlich stellt auch die Wahrnehmung betrieblicher Veränderungen eine Reflexion der landwirtschaftlichen Entwicklung in den Gemeinden dar (Tab. 9.11). Sie variiert zwischen großer Perspektivlosigkeit im strukturschwachen Putai über augenfällige Umorientierungsprozesse im Integrationsgebiet der Industriemetropole und entlang der Küste bis hin zu einer positiven Einschätzung der landwirtschaftlichen Existenzmöglichkeiten im standortbegünstigten Meinung. Dabei treten betriebliche Stagnation und eine abwartende Haltung in den Problemgruppen der Grenz- und Übergangsbetriebe, deren Zukunft ungesichert ist, klar hervor. In Haupt- und Nebenerwerbsbetrieben sind dagegen Entscheidungen über produktionstechnische Umstellungen, Neuordnung des Bodenbesitzes (Teilung, Pacht, Verkauf etc.) und arbeitswirtschaftliche Organisation bereits gefallen.

Tab. 9.11 : Wahrgenommenen Veränderungen im Betrieb (%)

Veränderungen 1) \ Gemeinde	Linyuan	Fangliao	Checcheng	Meinung	Putai
Grenzbetriebe N =	11	11	27	23	29
- es hat sich nichts geändert	45.5	45.5	37.0	30.4	62.1
- produktionstechnische Umstellung	18.2	27.3	37.0	4.3	20.7
- Veränderung des Bodenbesitzes	18.2	18.2	7.4	4.3	-
- Aufnahme von Nebenerwerb	-	-	3.7	-	-
- allgemein verbesserte Bedingungen	18.2	18.2	25.9	65.2	24.1
- allgemein schlechtere Bedingungen	9.1	-	14.8	-	3.4
Nebenerwerbsbetriebe N =	87	71	65	58	32
- es hat sich nichts geändert	25.3	38.0	36.9	29.3	71.9
- produktionstechnische Umstellung	44.8	43.7	49.2	10.3	15.6
- Veränderung des Bodenbesitzes	4.6	8.5	1.5	1.7	-
- Aufnahme von Nebenerwerb	9.2	1.4	-	-	-
- allgemein verbesserte Bedingungen	23.0	14.1	30.8	56.9	15.6
- allgemein schlechtere Bedingungen	17.2	7.0	4.6	3.4	-

1) Mehrfachnennungen möglich

Fortsetzung Tab. 9.11 S. 204

Fortsetzung Tab. 9.11 :

Veränderungen / Gemeinde [1]	Linyuan	Fangliao	Checheng	Meinung	Putai
Übergangsbetriebe N =	41	8	16	14	12
- es hat sich nichts geändert	29.3	37.5	25.0	50.0	58.3
- produktionstechnische Umstellung	43.9	25.0	56.3	7.1	25.0
- Veränderung des Bodenbesitzes	7.3	-	-	-	16.7
- Aufnahme von Nebenerwerb	2.4	-	-	-	-
- allgemein verbesserte Bedingungen	21.9	37.5	18.8	28.6	-
- allgemein schlechtere Bedingungen	9.8	12.5	12.5	-	8.3
Haupterwerbsbetriebe N =	14	47	49	82	74
- es hat sich nichts geändert	14.3	8.5	20.4	30.5	48.6
- produktionstechnische Umstellung	35.7	63.8	57.1	28.0	37.8
- Veränderung des Bodenbesitzes	-	19.1	4.1	1.2	5.4
- Aufnahme von Nebenerwerb	-	-	-	-	-
- allgemein verbesserte Bedingungen	42.9	27.7	30.6	52.4	13.5
- allgemein schlechtere Bedingungen	28.6	19.1	18.4	6.1	-

1) Mehrfachnennungen möglich

Quelle : Eigenerhebung

Tab. 9.12 : Wahrgenommene Veränderungen in der Gemeinde und notwendige Entwicklungsmaßnahmen (%)

Veränderung [1] \ Gemeinde	Linyuan	Fangliao	Checheng	Meinung	Putai
Familienoberhaupt bemerkt : N =	170	154	175	195	168
- keine Veränderung	26.5	14.9	21.7	39.5	39.9
- Verbesserung der Infrastruktur	45.9	42.4	39.4	32.3	39.9
- demographische Verschiebungen	12.9	18.8	15.4	10.3	9.5
- wirtschaftliche Veränderungen	12.9	26.0	1.7	.5	8.3
- allg. positive Dorfentwicklung	40.0	44.2	63.4	40.0	19.0
Notwendige Entwicklungsmaßnahmen :					
- keine Vorschläge	8.2	9.7	8.0	5.1	.6
- Ausbau der Infrastruktur	54.1	53.9	51.4	58.5	82.1
- Ausbau des Dienstleistungssektors	10.0	14.9	26.9	6.2	6.5
- wirtschaftliche Maßnahmen	4.1	3.2	14.3	10.3	3.6

1) Mehrfachnennungen möglich

Quelle : Eigenerhebung

Positiv bewerteten die Bauern die allerorts sichtbare Entwicklung des Gemeinwesens in den Dörfern (Tab. 9.12). Vor allem der infrastrukturelle Ausbau des Straßennetzes, im Transport- und Kommunikationsbereich sowie die Flurbereinigungsprogramme werden als Fortschritt gemessen, obwohl noch erhebliche Mängel im Versorgungsbereich (z.B. Kanalisation, Abfallbeseitigung) bestünden. Wirtschaftliche Umwälzungen in der Landwirtschaft oder durch die Industrieansiedlung wurden in den stadtnahen Gebieten registriert; im weiteren Einzugsbereich hingegen fordern die Bauern Initiativen zur Arbeitsplatzbeschaffung und den Ausbau der Dienstleistungen. Hinter diesem Wunsch verbergen sich auch noch immer mangelnde Versorgungseinrichtungen, Bildungsinstitutionen und Freizeitangebote.

Im Gegensatz dazu werden die negativen demographischen Entwicklungen (Abwanderung, Überalterung) in den betroffenen Gemeinden nur selten erwähnt, obwohl sie in den eigenen Familien doch als einschneidende Veränderungen wahrzunehmen sind. Darin zeigt sich, daß die Verbesserung der materiellen Lebensbedingungen auf dem Land für die Bauern noch immer Priorität gegenüber anderen sozialen Problemen hat.

10. Zusammenfassung und Schlußfolgerungen

Ausgangspunkt der vorliegenden Studie war die Frage nach dem allgemeinen Ablauf des Industrialisierungsprozesses und seinen kulturellen Variationsmöglichkeiten. Sie wurden in Hinblick auf die sozio-ökonomische Mobilisierung bäuerlicher Bevölkerungsgruppen im chinesischen Kulturkontext Taiwans während der vergangenen vierzig Jahre untersucht.

Methodisch basiert die Ausarbeitung auf einer sekundäranalytisch gestützten empirischen Feldforschung, in welcher der Versuch unternommen wurde, den gesamtgesellschaftlichen Bezugsrahmen, einen regional differenzierten Untersuchungsraum und auf mikrosoziologischer Ebene die bäuerliche Familie in einen Systemzusammenhang zu stellen. Durch ein solches Verfahren können Wirkung, Richtung und Interdependenz einer Vielzahl von Faktoren, die in der ländlichen Entwicklung Bedeutung erlangen, sichtbar gemacht und erklärt werden.

In der Verbindung mikro- und makrosoziologischer Analyseebenen geht die Untersuchung über die bislang angewendeten ethnologischen Methoden der teilnehmenden Beobachtung und Fallstudien hinaus, mit denen in der Vergangenheit das taiwanesische Dorf- und Familienleben relativ losgelöst vom nationalen Kontext beschrieben wurde. Erstmals konnten damit die bereits bekannten und die neugewonnenen Ergebnisse über das Verhalten bäuerlicher Familien quantifiziert und differenziert dargestellt werden, so daß ihre ethnologische Aussagekraft auch gesamtgesellschaftliche Relevanz erhält.

Landwirtschaft und ländliche Bevölkerung bildeten wichtige Bestandteile des taiwanesischen Entwicklungskonzeptes, das, nachdem eine durchgreifende Bodenreform die agrarstrukturellen Hemmnisse ausgeräumt hatte, eine exportorientierte Agrarproduktion bei gleichzeitigem Ausbau des Binnenmarktes und der Verarbeitungsindustrie verfolgte. - In parallelgeschalteten Phasen industrieller und landwirtschaftlicher Aufbaumaßnahmen konnte außerdem ein ausreichendes Arbeitsplatzangebot geschaffen werden, das den wachsenden Bevölkerungsdruck auf dem Land abfing. Angesichts der Tatsache, daß in vielen Ländern ein extrem hohes Bevölkerungswachstum der wirtschaftlichen Entwicklung davonläuft und zu massiven Ernährungsproblemen geführt hat, zeigt das taiwanesische Beispiel, daß die gleichzeitige Entwicklung von Bevölkerungs- und Wirtschaftswachstum eine unabdingbare Voraussetzung des gesellschaftlichen Fortschritts darstellt. Gerade in den dichtbesiedelten Agrargebieten Südost- und Ostasiens kann die Industrialisierung zu einem wichtigen Entwicklungsinstrument werden, wenn sie in eine balancierte gesamtnationale Planung eingebunden ist. Die agrarpolitische Schwerpunktsetzung neben der gewerblichen Wirtschaftsentwicklung in Taiwan demonstriert, daß eine forcierte Industrialisierungspolitik nicht unbedingt zur Verelendung breiter Massen in den Städten und auf Kosten einer pauperisierten Landbevölkerung gehen muß, wie dies aus anderen Ländern bekannt ist. Es bleibt jedoch die Frage nach einer Übertragbarkeit des "taiwanesischen Modells" auf Staaten, die großflächiger und in ethnisch-sozialer Hinsicht heterogener strukturiert sind und außerdem nicht so hohe Kapitalhilfen (pro Kopf der Bevölkerung) erhalten haben.

In einem zweiten Schritt wurde versucht, unter Berücksichtigung besonderer regionaler Verhältnisse die Komplexität sozio-ökonomischer Wirkungszusammenhänge zu erfassen. Um den Untersuchungsraum einzugrenzen, wurde Südtaiwan mit seiner zentralisierten Industriemetropole Kaohsiung/Tainan und ihrem agrarischen Hinterland ausgewählt. Eine ausführliche Beschreibung der Region erläutert den hohen Grad der Konzentration wirtschaftlicher und administrativer Funktionen, die in der Umgebung des Wachstumspoles zusammengezogen wurden.
Naturräumliche Begrenzungen durch Meer und Gebirge sowie die daraus resultierende Nord-Süd-Orientierung der Infrastruktur entlang der Hauptverkehrsachsen legen die geographische Wirkungsrichtung der Industrialisierungseinflüsse weitgehend fest. Damit gewinnt das Kriterium der räumlichen Nähe bzw. Entfernung

zum Zentrum entscheidende Bedeutung für die ländliche Entwicklung, wie dies in der abgestuften wirtschaftlichen Differenzierung der drei untersuchten Küstengemeinden (Linyuan, Fangliao, Checheng) zum Ausdruck kommt.
Gleichzeitig geht die Entwicklung jedoch an den abseits gelegenen Gemeinden vorbei und führt, falls diese nicht durch besondere landwirtschaftliche Standortvorteile weiterhin Existenzmöglichkeiten für die bäuerliche Bevölkerung zu bieten haben (Meinung), zur Entstehung marginalisierter Regionen (Putai).
Eine detaillierte Regionalanalyse ist daher von außerordentlicher Bedeutung für raumbezogene agrarpolitische Planungen seitens der Behörden, damit auch die benachteiligten Gemeinden in den regionalen Entwicklungsprozeß integriert werden können.

Industrialisierungsprozeß und Agrarverfassungsänderungen haben die Grundlagen für einen umfassenden sozio-ökonomischen Wandel in der landwirtschaftlichen Bevölkerung Südtaiwans geschaffen, der sich in tiefgreifenden strukturellen, funktionalen und normativen Veränderungen in den Familien manifestiert.
Die Ergebnisse der Untersuchung weisen darauf hin, daß die Auswirkungen der Industrialisierung im ländlichen Raum und auch innerhalb der Familien in einer außerordentlichen regionalen und typologischen Differenzierung ihren Ausdruck finden.

In diesem Zusammenhang sind zunächst die Verschiebungen in der generativen und verwandtschaftlichen Zusammensetzung der Familien zu berücksichtigen. Geburtenrückgang und höhere Lebenserwartung zogen ein Schwinden gleichgenerationaler Verwandtschaftsgrade zugunsten einer Verstärkung der vertikalen Abstammungslinie nach sich, d.h. bereits aufgrund des Reproduktionsverhaltens wichen vormals häufigere großfamiliäre Verwandtschaftsgruppen mit mehreren Geschwisterhaushalten den einfachen Mehrgenerationsfamilien. Die zunehmende Reduktion auf Zwei- bzw. Dreigenerationsfamilien ist u.a. ein Resultat dieser Entwicklung.
Neben den biologischen Determinanten kommen weitere, soziale und ökonomische Faktoren zum Tragen, die zur Herausbildung unterschiedlicher Familientypen führen. Hauptkennzeichen dieses Prozesses ist ein hoher Grad an Flexibilität der bäuerlichen

Familie bezüglich ihrer strukturellen und organisatorischen
Ausgestaltung, die ihr eine schnelle und wirksame Reaktion auf
Veränderungen des gesellschaftlichen Umfeldes ermöglicht. Die
zeitlich-räumliche Verzögerung bzw. Beschleunigung der Familienteilungen führte zu einem gravierenden Wandel in den Haushalts-
und Versorgungsfunktionen. Etwaige Defizite, wie z.B. zeitwei-
lige Arbeitskräfteknappheit, Einkommensschwankungen oder unge-
sicherte Altersversorgung werden nach Möglichkeit mit Hilfe
spezieller Haushaltsarrangements ausgeglichen und innerfamiliär
aufgefangen. Da dies aufgrund von Abwanderung und ungleichgewich-
tiger regionaler Entwicklung nicht in allen Fällen gelingt, bilden sich in den entlegenen Gemeinden aber einkommensschwache,
migrationsgeschädigte und Rentnerfamilien als Problemgruppen
heraus. Ihnen stehen in Industrienähe starke Großfamilienverbän-
de gegenüber, die ihren Haushaltsbereich ausgesprochen flexibel
gestalten, alle notwendigen Sozialleistungen erbringen können
und sich als Übergangsform zur Kernfamilie urbanen Typs auf längere Zeit bewähren. Infolge ihrer erwerbsstrukturellen Diversifizierung sind sie in der Lage, auch den landwirtschaftlichen
Betrieb, von dem allein sie als Gruppe nicht mehr existieren
können, als Einkommensquelle und Arbeitsplatz zumindest für
einen Teil der Familie zu erhalten. Ähnliche Bedingungen gelten
für die einfache Dreigenerationsfamilie, die jedoch in ihren
Haushalts- und Versorgungsfunktionen stärker durch ihre Personalstruktur fixiert ist.

Des weiteren hat mit der massiven sozialen und geographischen
Mobilisierung in vielen Familien ein tiefgreifender demographischer Selektionsprozeß hinsichtlich Alter, Bildung und Beruf eingesetzt, der bislang zuungunsten der bäuerlichen Bevölkerung und
zum Vorteil ihrer abgewanderten Mitglieder verläuft. Das sozio-
demographische Entwicklungspotential der landwirtschaftlichen
Bevölkerung wird in den benachteiligten Gebieten zunehmend eingeschränkt.
Überalterungsprobleme, die gesamtgesellschaftlich gesehen erst
zukünftig auf die taiwanesische Bevölkerung zukommen werden,
machen sich in vielen ländlichen Gemeinden bereits heute bemerkbar. Bildungs- und Berufsdefizite beeinträchtigen auch weiterhin

die landwirtschaftlichen wie die außerlandwirtschaftlichen Erwerbschancen der Bauern. Obwohl sie große Anstrengungen zur (Berufs-)Ausbildung ihrer Kinder unternehmen, wandern diese zu den günstigeren Arbeitsplätzen in die Städte, während die weniger gebildeten Angehörigen als ungelernte Arbeiter im Dorf oder auf dem Hof bleiben. Die Verjüngung und Ausbildungsförderung der bäuerlichen Bevölkerung stellt deshalb eine Vorbedingung für die weitere ländliche Entwicklung Südtaiwans dar. Sie könnte u.a. durch eine Minderung des Migrationsdrucks in den strukturschwachen Gemeinden erreicht werden, d.h. durch einkommensschaffende, die Erwerbssituation verbessernde Maßnahmen sowie den weiteren instituionellen und infrastrukturellen Ausbau mit Schulen und Werkstätten oder im Dienstleistungs- und Freizeitbereich, um das Leben auf dem Land auch für junge Familien attraktiv zu gestalten.

Aufgrund der Dynamik des familialen Strukturwandels muß nach einem möglichen Spannungsverhältnis zwischen organisatorischen Veränderungen in der Familie und gleichzeitig ablaufenden ökonomischen Prozessen gefragt werden. Auch hier reagieren die Familien recht unterschiedlich auf die von Bodenreform, industriellem Erwerb und Migrationsverschiebungen gekennzeichneten, geänderten Umweltverhältnisse. Der soziale Wandel stellt sich als interdependent mit der Erweiterung der ökonomischen Grundlagen der Familien dar. In Wechselwirkung zwischen lokalen landwirtschaftlichen Ressourcen, der Verfügbarkeit außerlandwirtschaftlicher Arbeitsplätze und der Personalstruktur in den Haushalten bilden sich verschiedene landwirtschaftliche Betriebstypen heraus, die man nach Erwerbsstruktur und Einkommenszusammensetzung klassifizieren kann.

Die Existenz von Nebenerwerbsbetrieben ist in starkem Maße an die Verfügbarkeit von Arbeitsplätzen des gewerblichen Sektors gebunden und nimmt mit sinkenden Erwerbschancen ab. In umgekehrt proportionalem Verhältnis steigt die Zahl der Haupterwerbsbetriebe an. Darüber hinaus entstehen in dieser Anpassungsphase Betriebe, in denen entweder die Arbeitskraft infolge familialer Desaggregation unzureichend geworden ist oder aber das außerlandwirtschaftliche Einkommen die Rolle der Landwirtschaft als Erwerbsbasis immer weiter zurückdrängt. Diese Familien haben zunehmend Schwierigkeiten, ihren Betrieb rentabel zu erhalten. In Hinblick auf die entsprechenden Familientypen wird ein Trend zur Übereinstimmung von Kernfamilien und Vollerwerbsbetrieben deutlich, während Mehrgenerationsfamilien auf außerlandwirtschaftliches Einkommen angewiesen sind. Die Landwirtschaft allein kann heutzutage nurmehr kleine Familien ernähren.

Der betriebstypische Anpassungsprozeß manifestiert sich vor allem in der Neubewertung und Umgestaltung des Verhältnisses zwischen den Produktionsfaktoren Boden, Arbeit und Kapital. Da der Landbesitz nach der Bodenreform und infolge der Erbteilung einer starken Zersplitterung unterliegt und sich die Größe der Betriebe stetig verringert, hat sich seine Rolle als existenzsichernde und gesellschaftspolitische Ressource gewandelt. Er dient in zunehmendem Maße der Vermögensbildung und sozialen Sicherung, je stärker sich die Erwerbstätigkeit in den Familien durchsetzt.

Zwar führen geographische Mobilität und berufliche Diversifizierung nicht zu einer grundsätzlichen Änderung der bäuerlichen Familienarbeitsverfassung, sie bringen jedoch eine organisatorische Umgestaltung mit sich. Wichtigste Determinanten in diesem Prozeß der erwerbsstrukturellen Differenzierung sind die Anzahl erwerbstätiger Familienmitglieder, Arbeitskraftkapazität und -nutzung im Betrieb. Dort, wo Nebenerwerb und Migration zu Knappheiten führen, wird Arbeitsmangel durch Kapitaleinsatz substituiert. Generell hat aber die Mehrzahl der Betriebe eine volle Arbeitskraft zur Verfügung, die von einer oder mehreren Personen eingebracht werden kann. In vielen erweiterten Familien geht ein Teil der Familienmitglieder nicht-landwirtschaftlichen Tätigkeiten nach, und der Betrieb wird vollzeitlich von einer Person geleitet. Die innerfamiliäre Arbeitsteilung geht also häufig mit einer Entscheidung zum landwirtschaftlichen Vollerwerb einher. Diese Entwicklung wurde in den taiwanesischen Agrarstatistiken bislang unterschätzt, da bei Erwerbstätigkeit eines Familienmitgliedes bereits ein Nebenerwerbsbetrieb postuliert wird.

Auch die Einkommenslage der Familien richtet sich nach dem Grad ihrer Arbeitsteilung: je höher der Stellenwert außerlandwirtschaftlicher Erwerbstätigkeit desto besser gestaltet sich das Einkommensniveau. Da erweiterte Familien infolge ihrer personalen Besetzung vermehrt gewerbliche Arbeit aufnehmen können und der Verdienst in den gemeinsamen Haushalt fließt, erzielen sie eine relativ hohe Lebenshaltung, die sich kaum von dem städtischer Familien unterscheidet. - Auf der anderen Seite entstehen unter Boden- und Migrationsdruck Rentner- und Restgruppenhaushalte, deren wirtschaftliche Marginalisierung voranschreitet. Viele Kernfamilien, deren Einkommenslage zum gegenwärtigen Zeitpunkt noch zufriedenstellend ist, entwickeln sich in die gleiche Richtung. Ihr herausragendstes Problem liegt in der ungesicherten Hofnachfolge und Altersversorgung. Damit ergibt sich gleichzeitig eine Situation, in der bei sinkender Bedeutung des landwirtschaftlichen Betriebes durch den Nebenerwerb in Industrienähe die Hofübernahme in erweiterten Familienverbänden weitgehend gesichert ist, während diejenigen Familien in den eigentlichen landwirtschaftlichen Haupterwerbsgebieten, die nicht über genügend Boden verfügen, zunehmend in wirtschaftliche Schwierigkeiten geraten. Diese Problematik bedarf einer dringenden weiteren Untersuchung für die zukünftige Agrarpolitik. Von ihrer Zielsetzung wird es abhängen, ob man diese Familien zur Aufgabe ihrer Betriebe bewegen will. Dann müßten alternative Existenzmöglichkeiten, d.h. Arbeitsplätze oder staatliche Maßnahmen zur Alterssicherung geschaffen werden, wenn es nicht zu einer weiteren Entleerung der ländlichen Gebiete kommen soll. Eine Reihe der bäuerlichen Familien könnte sich durch Einkommenssteigerungen oder zusätzliche Nebenerwerbschancen halten. Beide Schritte tragen zur Risikominderung und sozialen Absicherung bei. Die Propagierung der chinesischen Familiensolidarität allein greift längerfristig jedoch nicht mehr.

Außer in den strukturellen und funktionalen Bereichen wird auch eine Veränderung im Beziehungsgefüge der Familien zunehmend relevant. Sie schlägt sich u.a. in der Partnerwahl, bei familiären Entscheidungsmechanismen und in den Autoritätsverhältnissen

nieder, in denen traditionellen Leitbildern und konfuzianischen Werthaltungen eine von sozio-ökonomischen Entwicklungen bestimmte Realität gegenübersteht, so daß man von einer phasenverschobenen aber interdependenten Anpassung der Wertvorstellungen an die von der Industrialisierung bestimmten Umweltbedingungen sprechen kann.
Sowohl innerhalb der Familien als auch in bezug auf andere Gruppen (z.B. Verwandtschaft, Nachbarschaft, Dorf) haben die sozialen und wirtschaftlichen Sachzwänge zu einer Lockerung der ehemaligen festgefügten Sozialordnung geführt. Der korporative Charakter der Verwandtschaftsgruppen tritt zugunsten individueller Interessen und staatlich-institutioneller Integration in den Hintergrund. Dennoch erweisen sie sich weiterhin als wichtige Träger des gesellschaftlichen Kontaktes, organisierter Hilfsaktionen und sozialer Sicherung für die bäuerliche Familie. Probleme ergeben sich erst dann, wenn die strukturelle und personelle Schwächung dieser Gruppen so weit fortgeschitten ist, daß sie solche Funktionen nicht mehr gewährleisten.

Sekundäranalyse und empirischer Befund der Arbeit haben sehr nachdrücklich aufgezeigt, daß der Industrialisierungsprozeß in Taiwan tatsächlich gleichartige Strukturwandlungen hervorgebracht hat wie sie auch aus den westlichen Industrienationen bekannt sind. Ihre wichtigsten Merkmale sind :
- hohe Steigerungen der Agrarproduktion und Ernährungssicherung unter wachsendem Bevölkerungsdruck bis hin zur Überschußproduktion;
- Herausbildung eines kapitalkräftigen Binnenmarktes und einer exportorientierten Industrie;
- Ausgliederung landwirtschaftlicher Arbeitskräfte und ihre Überführung in den industriellen Produktionsprozeß;
- demographische Umstrukturierungen der Bevölkerung, z.B. Reproduktionsverhalten, soziale Mobilität, Migration, Kernfamilienbildung.

Ähnliche strukturelle Erscheinungsformen sollten jedoch nicht automatisch mit gleichen Kausalitäten und kulturellen Inhalten identifiziert werden. Selbst wenn sie, wie im Falle Taiwans, über das Modernisierungskonzept Sun Yat-sen's und seiner Verbindung europäischer und chinesischer Vorstellungen vermittelt wurden, so gingen sie doch aus der chinesischen Kulturtradition hervor und wurden in ihrem Sinne interpretiert.

Taiwan hat in zweierlei Hinsicht eine eigenständige Entwicklung erfahren:

- Alle genannten sozio-ökonomischen Veränderungen haben sich, verglichen mit der europäischen Industrialisierungsgeschichte in einem wesentlich verkürzten Zeitablauf (von nur 40 Jahren), unter kleinräumlichen geographischen Bedingungen und in einem konzentriert geplanten Transformationsprozeß vollzogen. Auf diese Weise konnten verschiedene Phasen der Industrialisierung "übersprungen" werden.

- Gleichzeitig haben spezifisch chinesische Werthaltungen wie Familismus, Gruppenloyalität, Bildungsideale oder Autoritätsvorstellungen Eingang in die staatliche Sozial- und Entwicklungsprogrammatik gefunden. Zwar werden sie häufig von den materiellen Bedingungen der wirtschaftlichen Entwicklung verdeckt, sie üben aber wichtige Überbrückungsfunktionen im sozialen Wandlungsprozeß aus. Das chinesische Familiensystem erleichtert vor allem geographische und soziale Mobilisierungsprozesse, indem es die Berufsbildung seiner jüngeren Generation fördert und ihr finanziellen und sozialen Rückhalt für die erste Zeit der Existenzgründung gibt. Auch die soziale Absicherung in der Familie, die fast immer zum größeren Problem der bäuerlichen Bevölkerung im Industrialisierungsprozeß wird, trägt offensichtlich für längere Zeit, als dies in anderen Ländern der Fall war.

Viel eher als im europäischen Vergleich sind es allerdings die Parallelen zu anderen konfuzianisch geprägten Staaten, welche die weiterführende Frage nach einer chinesisch-ostasiatischen Form der Industriegesellschaft und ihren Sozialsystemen für die Zukunft interessant erscheinen lassen.

A N H A N G

Karte und Liste der Gemeinden in Südtaiwan
Fragebogen (chinesisch - deutsch)
Ausgewählte Profile bäuerlicher Familien
Literaturverzeichnis
Verzeichnis der Statistiken

Karte 10 : Kreise, Städte und Gemeinden in Südtaiwan

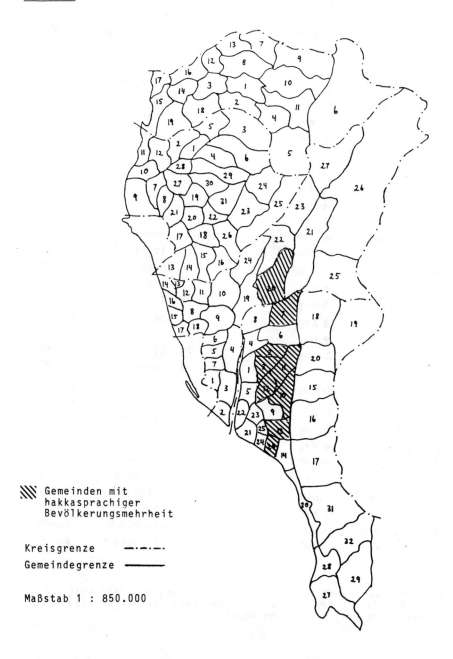

▨ Gemeinden mit
   hakkasprachiger
   Bevölkerungsmehrheit

Kreisgrenze   —·—·—·—
Gemeindegrenze ————

Maßstab 1 : 850.000

Liste der Gemeinden in Südtaiwan

	Chiayi Hsien [1)	嘉義縣
1	Chiayi S.	嘉義市
2	Shuishang H.	水上鄉
3	Taipao H.	太保鄉
4	Chungpu H.	中埔鄉
5	Tapu H.	大埔鄉
6	Wufeng H.	吳鳳鄉
7	Talin C.	大林鎮
8	Minhsiung H.	民雄鄉
9	Meishan H.	梅山鄉
10	Chuchi H.	竹崎鄉
11	Fanlu H.	番路鄉
12	Hsinkang H.	新港鄉
13	Chikou H.	溪口鄉
14	Putze C.	朴子鎮
15	Putai C.	布袋鎮
16	Liuchiao H.	六腳鄉
17	Tungshih H.	東石鄉
18	Lutsao H.	鹿草鄉
19	Ichu H.	義竹鄉

	Tainan Hsien	台南縣
1	Hsinying C.	新營鎮
2	Yenshui C.	鹽水鎮
3	Paiho C.	白河鎮
4	Liuying H.	柳營鄉
5	Houpi H.	後壁鄉
6	Tungshan H.	東山鄉
7	Chiali C.	佳里鎮
8	Hsikang H.	西港鄉
9	Chiku H.	七股鄉
10	Chiangchun H.	將軍鄉
11	Peimen H.	北門鄉
12	Hsuechia C.	學甲鎮
13	Jente H.	仁德鄉
14	Kueijen H.	歸仁鄉
15	Kuanmiao H.	關廟鄉
16	Lungchi H.	龍崎鄉
17	Yungkang H.	永康鄉
18	Hsinhua C.	新化鎮
19	Shanhua C.	善化鎮
20	Hsinshih H.	新市鄉
21	Anting H.	安定鄉
22	Shanshang H.	山上鄉
23	Yuching H.	玉井鄉
24	Nanhsi H.	楠西鄉
25	Nanhua H.	南化鄉
26	Tsochen H.	左鎮鄉
27	Matou C.	麻豆鎮
28	Hsiaying H.	下營鄉
29	Liuchia H.	六甲鄉
30	Kuantien H.	官田鄉
31	Tanei H.	大內鄉

	Kaohsiung Hsien	高雄縣
1	Fengshan S.	鳳山市
2	Linyuan H.	林園鄉
3	Taliao H.	大寮鄉
4	Tashu H.	大樹鄉
5	Jenwu H.	仁武鄉
6	Tashe H.	大社鄉
7	Niaosung H.	鳥松鄉

1) Hsien bezeichnet den Kreis; die Abkürzungen S. für Shih (市), H. für Hsiang (鄉) und C. für Chen (鎮) stehen für Städte, ländliche bzw. städtische Gemeinden

8	Kangshan C.	岡山鎮		13	Hsinpi H.	新埤鄉
9	Yenchao H.	燕巢鄉		14	Fangliao H.	枋寮鄉
10	Tienliao H.	田寮鄉		15	Taiwu H.	泰武鄉
11	Alien H.	阿蓮鄉		16	Laii H.	來義鄉
12	Luchu H.	路竹鄉		17	Chunjih H.	春日鄉
13	Hunei H.	湖內鄉		18	Santi H.	三地鄉
14	Chiating H.	茄萣鄉		19	Wutai H.	霧台鄉
15	Mito H.	彌陀鄉		20	Machia H.	瑪家鄉
16	Yungan H.	永安鄉		21	Tungkang C.	東港鎮
17	Tzukuan H.	梓官鄉		22	Hsinyuan H.	新園鄉
18	Chiatou H.	橋頭鄉		23	Kanting H.	崁頂鄉
19	Chishan C.	旗山鎮		24	Linbian H.	林邊鄉
20	Meinung C.	美濃鎮		25	Nanchou H.	南州鄉
21	Liukuei H.	六龜鄉		26	Chiatung H.	佳冬鄉
22	Shanlin H.	杉林鄉		27	Hengchun C.	恒春鎮
23	Chiahsien H.	甲仙鄉		28	Checheng H.	車城鄉
24	Neimen H.	內門鄉		29	Manchou H.	滿州鄉
25	Maolin H.	茂林鄉		30	Fangshan H.	枋山鄉
26	Taoyuan H.	桃源鄉		31	Shihtzu H.	獅子鄉
27	Sanmin H.	三民鄉		32	Mutan H.	牡丹鄉
				33	Liuchiu H.	琉球鄉

	Pingtung Hsien	屏東縣
1	Pingtung S.	屏東市
2	Changchih H.	長治鄉
3	Linlo H.	麟洛鄉
4	Chiuju H.	九如鄉
5	Wantan H.	萬丹鄉
6	Yenpu H.	鹽埔鄉
7	Kaoshu H.	高樹鄉
8	Likang H.	里港鄉
9	Chaochou C.	潮州鎮
10	Wanluan H.	萬巒鄉
11	Neipu H.	內埔鄉
12	Chutien H.	竹田鄉

Fragebogen [1)]

1. 你們家裡講那一種語言？
   Welche Sprache wird in Ihrer Familie gesprochen ?

2. 你們家裡一共有多少人吃、住在一起？
   Wieviele Personen leben in Ihrem Haushalt ?

3. 14歲以下的小孩有幾個？
   Wieviele Kinder unter 14 Jahren ?

4. 請告訴我們，家裡成年人（14歲以上）與你的關係？
   Wer sind die erwachsenen Mitglieder ? Bitte sagen Sie uns, wie sie mit Ihnen verwandt sind.

5. 他們幾歲？
   Wie alt sind Sie / sie ?

6. 教育程度？
   Welche Schule haben Sie / sie besucht ?

7. 在農場每天工作時間？
   Wieviel Zeit verbringen Sie / sie täglich mit der Arbeit im Betrieb ?

8. 你們家有任何人去幫別的農場工作（季節性）嗎？
   人機工或人畜工？
   Arbeiten Sie oder eines der Familienmitglieder als saisonale Helfer, mit Maschinen oder Zugvieh auf anderen Höfen ?

9. 他們（或你）幫別的農家做多少天或甲？
   Wieviele Tage / Hektar arbeiten Sie / sie auf anderen Höfen ?

10. 所得的工資每天（或每甲）多少？
    Wie hoch ist die Bezahlung pro Tag / Hektar ?

11. 這些工資是否併入家用開銷？
    Wird das Geld in eine gemeinsame Haushaltskasse eingebracht ?

---

1) Deutsche Übersetzung der chinesisch - englischen Vorlage ; aus Platzgründen wurde die Fassung hier auf den Fragenkatalog reduziert, so daß anzukreuzende Antwortmöglichkeiten für den Interviewer weitgehend fehlen.

12. 這些家人是否有非農業的工作？那些？
    Haben Sie / sie eine Beschäftigung außerhalb des Betriebes ? Welche ?

13. 在那裡工作？
    Wo arbeiten Sie / sie ?

14. 在一年中，這些家人上班多少天？（或多少個月）
    Wieviele Tage / Monate pro Jahr arbeiten Sie / sie dort ?

15. 薪水多少？
    Wie hoch ist Ihr /ihr Einkommen aus dieser Arbeit ?

16. 這些薪水是否併入家用開銷？
    Wird das Geld in eine gemeinsame Haushaltskasse eingebracht ?

17. 你家裡是否有成員不住家裡的？
    Haben ein oder mehrere Mitglieder Ihrer Familie den Haushalt verlassen ?

18. 幾人？
    Wieviele ?

19. 若有，請問是那些？
    Wenn ja, bitte sagen Sie uns, wer das ist.

20. 幾歲？
    Wie alt sind sie ?

21. 目前住在那裡？
    Wo leben sie jetzt ?

22. 他們是否也在（幫）你的農場工作？
    Arbeiten sie im Betrieb mit ?

23. 教育程度？
    Welche Schule haben sie besucht ?

24. 他們何時離家的？
    Wann haben sie den Haushalt verlassen ?

25. 為什麼離家？
    Warum haben sie ihn verlassen ?

26. 他們現在做什麼？
    Was tun sie jetzt ?

27. 他們是否送錢、食物或禮物回家?
    Schicken sie Geld oder Geschenke nach Hause ?

28. 他們多久回家一次?
    Wie oft kommen sie zu Besuch nach Hause ?

29. 您家住本村住多少年了?
    Wie lange lebt Ihre Familie schon in diesem Ort ?

30. (若為近20年才移入本鄉)則問:以前您在那裡出生?
    (Falls in den letzten 20 Jahren zugezogen)
    Wo wurden Sie geboren ?

31. 以前您住在那鄉?
    Aus welchem Ort sind Sie zugezogen ?

32. 您如何結婚的?
    Wie haben Sie geheiratet ?

33. 您的兒子及女兒呢?
    Und Ihr Sohn / Ihre Tochter ?

34. (若與親戚同住於一棟房子者)則問:你覺得和親戚住在一起有什麼好處或壞處?
    Falls zutreffend : Sie leben mit Ihren Verwandten zusammen, wo sehen Sie die Vor- bzw. Nachteile dieser Situation ?

35. 與你們同住的親戚是否已登記為另一戶(戶口名簿)? 為什麼?
    Leben in Ihrem Haushalt derzeit Verwandte, die als eigenständiger Haushalt registriert sind ? Warum ?

36. 是否有親戚住在同一宅院或同村裡?
    Leben andere Mitglieder Ihrer Familie im gleichen Gehöft oder Dorf ?

37. 那些人?
    Wer sind sie ?

38. 何時分家的?
    Wann wurde der Haushalt geteilt ?

39. 為什麼?
    Weshalb ?

40. 你們是否互相幫忙? Helfen Sie einander :
    - 交換勞力   - durch Austausch von Arbeit,
    - 交換食物   - durch Austausch von Lebensmitteln,
    - 若是緊急事情 - in Notfällen mit Geld ?

41. 你家信什麼教？
    Welche Religion üben Sie aus ?

42. 你們是否敬拜祖先？
    Verehren Sie Ihre Vorfahren ?

43. 你家裡是否參加社會或宗教節日慶典？
    Nehmen Sie an gesellschaftlichen und religiösen Festen
    in Ihrer Familie teil ?

44. 是否參加村裡的活動？
    Und in Ihrem Dorf ?

45. 若家裡有重大事情，你們找誰商量？
    Wenn Sie wichtige Familienangelegenheiten zu entscheiden
    haben, wen fragen Sie um Rat ?

46. 當你要購置或投資於下三項事情時，你會去問誰？
    Mit wem besprechen Sie Anschaffungen oder Investitionen

    - 土地   - in Land
    - 改善房屋   - Hausverbesserungen,
    - 機械   - Maschinen ?

47. 你家裡是否有下列設備？
    Besitzen Sie eines oder mehrere der folgenden Geräte :

    | - 電風扇 | - Ventilator | - 摩托車 | - Nähmaschine |
    | - 收音機 | - Radio | - 彩色電視機 | - elektr. Kocher |
    | - 黑白電視 | - s/w Fernsehen | - 洗衣機 | - Gasherd |
    | - 腳踏車 | - Fahrrad | - 縫紉機 | - Wasserboiler |
    | - 電鍋 | - Kühlschrank | - 冷氣機 | - Klimaanlage |
    | - 瓦斯爐 | - Motorrad | - 電話 | - Telefon |
    | - 熱水器 | - Buntfernsehen | - 汽車 | - Auto |
    | - 電冰箱 | - Waschmaschine | | |

48. 你與你的太太是否有共同存款戶頭？
    Haben Sie und Ihre Frau ein gemeinsames Konto ?

49. (若回答不) 則問：你太太是否可支用你的戶頭存款？
    (Wenn nicht) Hat Ihre Frau Zugang zu Ihrem Konto ?

50. 你太太是否有私房錢？
    Hat Ihre Frau eigenes Geld für ihre persönlichen Ausgaben ?

51. 若你家裡或土地，或水有糾紛時，你會找誰評理？
    Wenn Sie Meinungsverschiedenheiten über Familienangelegenheiten, Land oder Wasser hätten, wen würden Sie um eine Lösung des Problems bitten ?

52. 你是否參加下列組織？
    Sind Sie Mitglied in ein oder mehreren der folgenden Gruppen :

    - 農會   - Farmer's Association   - 宗教團體 -Religionsgemeinschaft
    - 漁會   - Fishermen's Associat.   - 討論團體 -Diskussionsgruppe
    - 標會   - Spargruppe   - 其他   -sonstige
    - 政黨   - Partei

53. 你太太呢？她是否參加任何團體活動？那一種？
    Und Ihre Frau ? Nimmt sie an irgendwelchen Gruppenaktivitäten teil ? Welchen ?

54. 你在該組織中是否擔任特別職務？
    Haben Sie in dieser(n) Gruppe(n) eine bestimmte Funktion ?

55. 上次參加該組織的會議是何時？
    Wann haben Sie zuletzt an einem Treffen der Gruppe teilgenommen ?

56. 是何種會議？
    Welcher Art war dieses Treffen ?

57. 你自何處取得有關農業的消息？
    Woher bekommen Sie Ihre täglichen Informationen über die Landwirtschaft, Preise etc. ?

58. 是否訂閱報紙？
    Haben Sie eine Zeitung abonniert ?

59. 農會推廣人員：
    Es gibt Berater von der Farmer's Association :

    - 你認識其中任何一個人嗎？   - Kennen Sie ihn ?
    - 你時常與他交談嗎？   - Sprechen Sie regelmäßig mit ihm ?
    - 他時常來你家嗎？   - Sucht er Sie in Ihrem Haus auf ?

60. 是否有其他推廣人員（比如工廠的）來與你接觸？
    Gibt es andere Berater, zu denen Sie Kontakt haben ?

61. 你多久去大城市一次？（像嘉義、屏東、臺南、高雄、臺北）
    Wie oft fahren Sie in größere Städte (wie z.B. Chiayi, Pingtung, Tainan, Kaohsiung, Taipei) ?

62. 你太太也一起去嗎?
    Begleitet Ihre Frau Sie ?

63. 是坐什麼車去?
    Mit welchem Verkehrsmittel fahren Sie ?

64. 通常你去城裡做什麼?
    Was tun Sie für gewöhnlich in der Stadt ?

65. (若你能移轉你的農場)你喜歡住在大城市附近嗎?為什麼?為什麼不?
    Würden Sie lieber in der Nähe einer Großstadt leben ?
    Warum ?   Warum nicht ?

66. 下列各項你認為那一項較重要?
    Allgemein gesprochen, welche der folgenden Maßnahmen halten
    Sie in Zukunft für wichtiger :
    - ①免稅
    - ②免學雜費   - Steuerfreiheit oder Schulgeldfreiheit ?
    - ①子女教育
    - ②購買土地   - Schulbildung der Kinder oder Ankauf von Land ?
    - ①買土地
    - ②買房子出租   - Ankauf von Land oder Kauf eines Mietshauses ?
    - ①在工廠工作
    - ②買一甲地   - Arbeit in der Industrie oder 1 ha Landbesitz ?
    - ①好價格
    - ②養老金   - Bessere Preise oder Altersversicherung ?

67. 回顧十年來你的農場有何重要改變?
    Wenn Sie zurückblicken, welches waren die wichtigsten Ver-
    änderungen in ihrem Betrieb während der letzten 10 Jahre ?

68. 你們村子裡呢?
    Und in Ihrem Dorf ?

69. 目前你們的家庭情況和十年前相同嗎?或你認為有些改變?
    是什麼改變呢?
    War die Situation in Ihrer Familie vor 10 Jahren gleich
    oder meinen Sie, daß sich etwas verändert hat ?

70. 下列那些事項你覺得村子裡應該加以改善的？
   Welche der folgenden Entwicklungsmaßnahmen halten Sie
   für Ihr Dorf am notwendigsten :

   - 修建馬路　　　　　　　　　　- Straßenausbau
   - 排水溝改善　　　　　　　　　- Abwasserverbesserungen
   - (更好的)公車搭運系統　　　　- (bessere) Verkehrsver-
   　　　　　　　　　　　　　　　　　bindungen
   - 電影院　　　　　　　　　　　- Kino
   - 其他　　　　　　　　　　　　- sonstiges

71. 以後你打算如何處理你的地？
   Wie werden Sie später einmal Ihr Land vererben ?

   - 均分給每一個子女　　- teilen und jedem Sohn ein Stück geben,
   - 全部過給一個兒子　　- alles einem Sohn hinterlassen,
   - 其 他　　　　　　　- sonstiges
   - 不知道　　　　　　　- unentschlossen

72. 以前你的父親如何處理他的田地？
   Wie hat Ihr Vater sein Land vererbt ?

73. 你是否想過，若你的孩子全部都不接你的農場，你的農場會
   發生什麼問題？
   Haben Sie sich schon einmal Gedanken darüber gemacht, was
   aus Ihrem Betrieb wird, wenn keines Ihrer Kinder ihn übernehmen will ?

74. 當你年老時你喜歡住在那裡？
   Wo möchten Sie leben, wenn Sie alt sind ?

Ausgewählte Profile bäuerlicher Familien

1. Familie Wang [1]

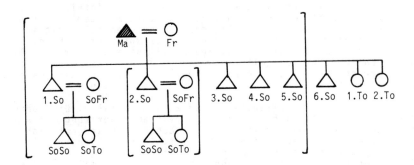

Familie Wang gehört zu den alteingesessenen Familien eines Dorfes am Nordrand Linyuans und bewohnt mit dreizehn Personen den geräumigen Neubau, der vor einigen Jahren neben dem alten Gehöft errichtet wurde. Im alten Haus wird nur noch die Empfangshalle mit dem Ahnenaltar zu gegebenen Anlässen benutzt; die übrigen Räume dienen als Lager für Geräte und Nahrungsvorräte.

Herr Wang, 68 Jahre alt, und seine Frau (64) sind nie zur Schule gegangen. Sie bewirtschafteten bis vor einigen Jahren 1.6 ha Land, haben dann jedoch die Hälfte davon als Bauland verkauft und aus dem Erlös das neue Haus finanziert, nachdem sich herausgestellt hatte, daß keiner der Söhne hauptberuflich den Betrieb übernehmen würde. Heute baut Herr Wang auf den verbliebenen 0.8 ha Reis, Spargel, Erdnüsse und Süßkartoffeln an und stellt für fast alle Arbeitsgänge Lohnunternehmer mit Maschinen oder Erntehelfer ein. Durch die Umstellung hat sich die Lage des Betriebes ziemlich verschlechtert. Die Landwirtschaft erbringt nicht mehr viel und macht nurmehr 16 % des Gesamteinkommens der Familie aus.

Das Gros des Einkommens bringen die erwerbstätigen Söhne in die gemeinsame Haushaltskasse ein. Man hat bei ihnen auf eine gute Ausbildung Wert gelegt; alle sechs Söhne haben eine Fachoberschule besucht, drei von ihnen sind jetzt als Angestellter, Ingenieur und Facharbeiter in Kaohsiung beschäftigt. Der zweitälteste Sohn sucht derzeit eine neue Stellung, ein weiterer leistet seinen Militärdienst ab und der Jüngste geht noch zur Schule. Die beiden ältesten Töchter haben nur einen Volksschulabschluß erhalten; sie sind bereits seit mehreren Jahren in Linyuan verheiratet und halten nur lockeren Kontakt zur Familie. Die beiden Schwiegertöchter führen den gemeinsamen Haushalt, in dem auch Frau Wang gelegent-

---

[1] Die Namen der Familien entsprechen nicht der Realität.

lich hilft, kocht oder die Enkelkinder beaufsichtigt. Die gemeinschaftliche Haushaltsführung bringt viele Vorteile mit sich, vor allem die Kosten für Wohnung und Lebensunterhalt seien in Kaohsiung erheblich höher.

Als man sich entschloß, das neue Haus zu bauen, hat man es aus steuerlichen Gründen direkt auf den Namen des zweiten Sohnes eingetragen, der seither mit getrenntem Haushalt registriert ist. Die Eltern bleiben wegen der Altersversorgung mit dem ältesten Sohn zusammen. Gesetzt den Fall, daß die anderen Söhne mit ihrer Heirat aus dem Haus gehen - dann würde der Wohnraum doch etwas zu eng - sind so für die zukünftige Familienteilung bereits alle wichtigen Schritte geregelt. Auch das Land soll noch einmal geteilt werden. Mit seiner gegenwärtigen Anbaustruktur kann es ohne weiteres im Nebenerwerb weiterbewirtschaftet werden.

Einstweilen will man allerdings noch zusammenbleiben. Die Söhne haben den Haushalt nach vorheriger gemeinsamer Beratung mit allen modernen Gütern ausgestattet, der Lebensstandard hat sich in den letzten Jahren erheblich verbessert. Auch die Ernährung : Herr Wang erinnert sich noch an die Zeit als Süßkartoffeln anstelle von Reis das Grundnahrungsmittel für die Familien bildeten. Außerdem beleben die Enkel das Haus und man ist im Alter nicht allein.

Im gleichen Dorf wohnen noch zwei ältere Brüden von Herrn Wang. Man hatte die Familie nach hergebrachter Sitte mit der Heirat des jüngsten Sohnes vor mehr als zwanzig Jahren geteilt. Dennoch kommt man gelegentlich zusammen, vor allem an Feiertagen, und man hilft sich im Notfall. - Insgesamt gesehen ist Herr Wang zufrieden mit seiner derzeitigen Situation. Auch in der Gemeinde hat sich viel getan während der letzten Jahre, insbesondere im Ausbau der Straßen und öffentlichen Einrichtungen. Leider habe man die Landwirtschaft darüber ziemlich vernachlässigt, die Preise seien schlecht und die Lohnkosten hoch - das sollte sich ändern.

2. Familie Chen

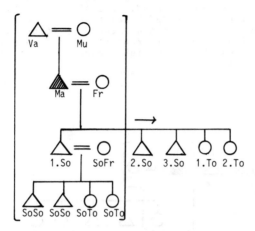

Im Ortszentrum der Gemeinde Fangliao befindet sich das neue Haus der Familie Chen, in dem vier Generationen zusammenleben. Neben dem Ehepaar (56 und 55 Jahre alt) verbringen die weit über siebzigjährigen Eltern ihren Lebensabend mit Kindern, Enkeln und Urenkeln. Auch der älteste Sohn ist bereits verheiratet und hat vier Kinder.

Herr Chen hat den Betrieb nach seiner Heirat, Abwanderung der älteren Brüder und Teilung des väterlichen Besitzes übernommen. Durch den Zukauf von Land liegt die Betriebsgröße heute bei 1.5 ha. Reis, Bohnen und seit mehreren Jahren eine kleine Wachsapfelplantage werfen guten Gewinn ab. Der Sohn hat die landwirtschaftliche Fachschule absolviert und ist ebenfalls voll im Betrieb beschäftigt. Gleichzeitig arbeitet er als Lohnunternehmer mit Maschinen auch für andere Bauern am Ort. Die Frauen kümmern sich hauptsächlich um einen reibungslosen Tagesablauf in dem Zehn-Personen-Haushalt und helfen lediglich bei Ernte und Verpackung des Obstes im Betrieb aus.

Alle Söhne und auch die Töchter der Familie haben eine gute Schulausbildung erhalten. Die älteste Tochter heiratete nach Nordtaiwan und ist dort als Angestellte tätig. Vor einiger Zeit konnte sie für den zweiten Sohn eine Mechanikerausbildung im gleichen Betrieb vermitteln, der damit ebenfalls nach Hsinchu umzog. Er unterstützt die Familie daheim monatlich mit 3.000 NT$. Der jüngste Sohne ist derzeit beim Wehrdienst und die zweite Tochter hat auf einen Hof in der nahegelegenen Gemeinde Neipu geheiratet. Auch sie hat eine landwirtschaftliche Ausbildung.

Bislang konnte der Bodenbesitz der Familie über zwei Generationen zusammengehalten werden, so daß Betrieb und landwirtschaftlicher Zuerwerb eine ausreichende Einkommensbasis bieten. Obwohl Herr Chen der Tradition und Gerechtigkeit halber das Land an die Söhne aufteilen will, zeichnet sich doch ab, daß der älteste Sohn den Betrieb vollständig übernehmen und sich mit den abgewanderten Brüdern einigen wird. Er sieht seine Zukunft in der Landwirtschaft und würde den Betrieb gerne noch vergrößern, um seine Maschinen rentabler einzusetzen. Das Stadtleben und einen Job in der Industrie hält er nicht für erstrebenswert. Auf dem Land seien die Menschen viel freundlicher und das Leben ist weniger hektisch.

3. Familie Liu

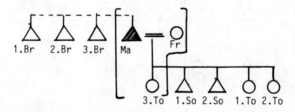

Herr und Frau Liu, beide in den Fünfzigern, leben gemeinsam mit ihrer jüngsten, noch schulpflichtigen Tochter in einem der neuen Reihenhäuser im Zentrum von Checheng. Die älteren vier Kinder im Alter von 17 - 26 Jahren sind bereits abgewandert und leben heute in Taipei.
Mit Ausnahme einer verheirateten Tochter sind alle berufstätig. Die Söhne sind als Verkäufer bzw. Autolackierer beschäftigt, die Tochter in einer Elektrofabrik. Regelmäßig fließt ein Teil ihres Verdienstes (etwa ein Drittel) an den elterlichen Haushalt in Checheng zurück, damit das Haus abbezahlt werden kann und für die spätere Heirat.

Ebenfalls in Taipei lebt der ältere Bruder von Herrn Liu, dem die Hälfte der bewirtschafteten 0.7 ha Reisland gehört. Seit mehreren Jahren versucht Herr Liu, seinem Bruder diese Felder abzukaufen, um die derzeitige Produktionsstruktur des Betriebes (Reis, Bohnen und Zwiebeln) umzugestalten, jedoch ohne Erfolg. Jener möchte den Besitztitel nicht aufgeben und vielleicht im Alter nach Checheng zurückkehren.
Zum Hof gehören weitere 2.5 ha Hügelland mit Jutepflanzungen, die allerdings aufgrund mangelnder Rentabilität aufgegeben werden mußten. Auch die vormals ausgeübte Küstenfischerei, so Herr Liu, sei nicht mehr der Rede wert, so daß dem Haushalt in den letzten zwei wichtige Einkommensquellen entzogen sind. Geblieben ist der saisonale Nebenerwerb von Frau Liu während der Zeit des Zwiebelanbaus.

Obwohl der Dreipersonenhaushalt finanziell einigermaßen zurechtkommt und zur Not auch auf die Unterstützung weiterer Geschwister zählen kann - die anderen beiden Brüder sind nach der Teilung im alten Gehöft wohnen geblieben und es werden enge Kontakte gepflegt - setzt sich das Einkommen der Familie doch aus zu vielen unsicheren Quellen zusammen. Da die Arbeit in der Landwirtschaft mit zunehmendem Alter beschwerlicher wird und die beiden Söhne wohl nicht zurückkehren werden, rechnet Herr Liu damit, den Hof über kurz oder lang verkaufen zu müssen. Er hat dann noch sein Haus als Sicherheit und beabsichtigt, zeitweise bei den Söhnen in der Hauptstadt zu wohnen.

4. Familie Huang

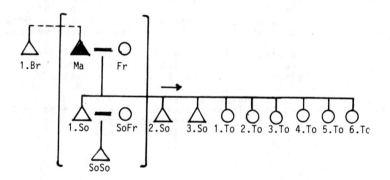

Im nordwestlichen Randgebiet am Fuß der Bergkette, die das Tal der Gemeinde Meinung umschließt, liegt das Einzelgehöft von Familie Huang. In der alten Anlage mit U-förmigem Grundriß lebt das Ehepaar, beide in den Sechzigern, zusammen mit dem ältesten Sohn (43 Jahre), dessen Frau und einem halbwüchsigen Enkel. Der rechte Gebäudeflügel wird außerdem von dem älteren Bruder und seiner Frau bewohnt, deren Kinder jedoch seit langem aus dem Haus sind. Die Haushalte der Geschwister und der Familienbesitz sind seit dem Tod des Vaters vor mehr als zwanzig Jahren getrennt.

Auch die sechs Töchter der Huangs sind längst verheiratet und haben kaum noch Kontakt zum Elternhaus. Zwei weitere Söhne leben und arbeiten in Taipei bzw. Kaohsiung. Der ältere hat zwar eine landwirtschaftliche Ausbildung erhalten, arbeitet in der Stadt jedoch als Kraftfahrer; regelmäßig schickt er etwas Geld nach Hause. Auch der jüngere Sohn hat das College absolviert und ist in einer guten Angestelltenposition tätig, die es ihm erlaubt monatlich ca. 3.000 NT$ an die Eltern zu überweisen.

Faktisch hat der älteste Sohn den 1.8 ha großen Betrieb, der erst kürzlich um 0.3 ha erweitert wurde, bereits übernommen, obwohl der Besitz noch nicht geteilt, der Hof noch nicht formell übergeben ist. Auch er hat eine landwirtschaftliche Fachschule besucht und den Vater vor einigen Jahren dazu überredet zum herkömmlichen Reis- und Tabakanbau eine Pflanzung von über 1000 Zitronenbäumen anzulegen. Zusätzlich werden in einem ehemaligen Fischteich hinter dem Haus Weichschildkröten als ausgesprochen lukrativer Nebenerwerb gezüchtet.

Alle Söhne und auch der Bruder von Herrn Huang haben damals in die neuen Produktionszweige investiert und dazu noch einige notwendige Maschinen angeschafft, um den Reisanbau zu mechanisieren. Die anfallende Arbeit kann daher von Sohn und Schwiegertochter geleistet werden, nur zur Ernte stellt man Arbeitsteams an. Herr Huang kümmert sich derweil um die Schildkröten während seine Frau zusammen mit der Schwiegertochter den Haushalt versorgt. - Der Betrieb, so seine eigene Einschätzung, laufe recht gut, sobald die "Zitronenplantage" richtig in Gang gekommen ist, verspricht sich die Familie daraus guten Gewinn.

Sollte das Land in einigen Jahren geteilt werden, ist die Ausgangsbasis für eine landwirtschaftliche Existenz der Söhne, selbst bei verkleinerter Betriebsgröße, nicht schlecht. Daß zumindest der zweite Sohn zurückkommen und sich als Bauer in Meinung niederlassen wird, davon ist Herr Huang überzeugt. Schließlich sei das Stadtleben nichts für hakkasprachige Leute wie sie; man bewahre in Meinung eine gute Tradition, die dem hektischen Lebensstil der Städte doch weit überlegen sei.

5. Familie Kuo

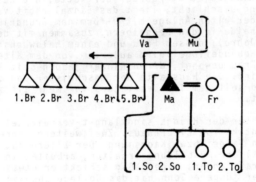

Abseits der nördlichen Hauptausfallstraße in Putai liegt das alte, renovierungsbedürftige Gehöft der Familie Kuo. Das Ehepaar, beide Anfang vierzig, lebt darin mit seinen vier schulpflichtigen Kindern.

Im Seitenflügel bewohnen die Eltern von Herrn Kuo noch zwei Räume. Sie wirtschaften weitgehend für sich selbst, essen aber mitunter bei den Kindern und helfen bei Bedarf auch in Haushalt und Betrieb aus. Der Tradition folgend leben sie beim ältesten Sohn; trotzdem sind sie im Haushalt eines der jüngeren Söhne registriert, der als Beamter der Gemeindeverwaltung für die Altersversorgung der Eltern Zuschüsse bekommen kann. Fünf jüngere Brüder von Herrn Kuo haben mit ihrer Heirat einen eigenen Hausstand gegründet. Zum Teil wohnen sie noch in Putai und beteiligen sich am Unterhalt der Eltern.

Den Hof bewirtschaftet Herr Kuo jedoch allein mit seiner Frau. Noch hat sein Vater die 2 ha Land nicht aufgeteilt, die überwiegend mit Reis und Sorghum bestellt werden. Obwohl Abnahmemengen und Preise garantiert werden, werfen sie keine großen Gewinne ab. Da ein Teil der Felder im Küstenvorland von geringer Qualität ist, hat Herr Kuo sie mit finanzieller Unterstützung der Brüder in Fischteiche umgewandelt. Allerdings sind die Fischpreise derzeit so niedrig, daß diese Investition bislang kaum gelohnt hat.

Deshalb versucht das Ehepaar zusätzlich durch landwirtschaftliche Arbeit auf anderen Betrieben, z.B. Ernten, Jäten, Fischsortierung, das Auskommen der Familie zu sichern. Da es meist dann Beschäftigungsmöglichkeiten gibt, wenn auch auf dem eigenen Hof die meiste Arbeit anfällt, ist die Belastung groß, obwohl Vater und Brüder manchmal mithelfen.

Kopfzerbrechen bereitet der Familie neben den hohen Lebenshaltungskosten auch die spätere Ausbildung der Kinder. Die beiden Töchter können bald in eine Fabrik zum Arbeiten gehen, meint der Vater. Die jüngeren Söhne sollen jedoch einen Beruf erlernen. Dazu müssen sie in die Stadt umziehen, denn in Putai gibt es kaum geeignete Lehrstellen. Was mit dem Hof passiert? Darüber hat sich Herr Kuo noch keine Gedanken gemacht. Aber wenn das Land erst geteilt wird, muß er wohl verkaufen und sich eine andere Existenz aufbauen. Vielleicht haben bis dahin die Söhne etwas erreicht, so daß er im Alter bei ihnen leben kann.

Literaturverzeichnis

Ahern, Emily M.	"The Cult of the Dead in a Chinese Village", Stanford 1973
Ahern, Emily M./ Gates, Hill	"The Anthropology of Taiwanese Society", Stanford 1981
Albrecht, Günther	"Soziologie der geographischen Mobilität", Stuttgart 1972
Apthorpe, Raymond	"Social Development Planning Studies 1971-2, Taiwan, China", Social Development Research Studies No. 1, UN-Mission to the Republic of China for the preparation of a program in training and research in community development, Vol. I-IV, Taipei 1972
Baker, Hugh D.R.	"Chinese Family and Kinship", London 1979
Buck, John L.	"Land utilization in China", London 1937
Council of Economic Planning and Development	"Four-Year Economic Development Plan for Taiwan, Republic of China (1982-1985)", Taipei 1980
ders.	"Ten-Year Economic Development Plan for Taiwan, Republic of China (1980-1989)", Taipei 1980
ders.	"The Social Welfare System and Social Welfare Expenditures of the Republic of China", Industry of Free China Vol. LX, No. 3, 1983, p. 25-35
Chang, Kun-kang	"Rural Health Programs in the Taiwan Area, R.O.C.", Industry of Free China Vol. LVIII, No. 3, 1982, p. 7-25
Chang, Hsuin-Shwen	"Problems and challenge of agriculture in a rapidly developing economy - the Taiwan experience", ASPAC-Food & Fertilizer Technology Center, Extension Bull. No. 160, Taipei 1981
Chang, Ly-yun/ Chen, Kuan-jen/ Hsiao, Hsin-huang	"Aging in Taiwan: Demography and Welfare", Papers in Social Sciences, The Institute of Three Principles of the People, Academia Sinica, Taipei 1981

Chang, Sai "Wirtschaftspolitik und Wirtschaftsentwicklung Taiwans seit Kriegsende (von 1945 bis 1980)", Diss., Aachen 1982

Chen, Shao-hsing "Family, Lineage and Settlement Pattern in Taiwan", Paper prepared for the Conference "Kinship in Chinese Society", Sept. 15-18, 1966, Greyston House, Riverdale 1966

Cohen, Myron L. "House United, House Divided: The Chinese Family in Taiwan", New York 1976

ders. "Development Process in the Chinese Domestic Group", in: Wolf, A.P. (ed.) "Studies in Chinese Society", Stanford 1978

Coombs, Lolagene C. "Prospective Fertility and Underlying Preferences: A Longitudinal Study in Taiwan", Population Studies Vol. 33, No. 1, 1979, p. 447-455

Coombs, L.C. / Sun, Te-Hsiung "Family Composition Preferences in a Developing Culture: The Case of Taiwan, 1973", Population Studies Vol. 32, No. 1, 1978, p. 43-64

Crissmann, Lawrence W. "Spatial Aspects of Marriage Patterns as Influenced by Marketing Behaviour in West Central Taiwan", in: Smith, C.A. (ed.) "Regional Analysis", New York 1976, p. 123-148

Diamond, Norma "K'un Shen: A Taiwan Village", New York 1969

Dietze, Constantin v. "Agrarverfassung", in: "Staatslexikon", Bd. 1, Freiburg 1957 (6.)

Doh, Joon-Chien "Culture and Industrialization: An Indigenous Perspective", in: Vente, R.E./Chen, P.S.J. (eds.) "Culture and Industrialization", Baden-Baden 1980, p. 67-75

Durau, Joachim "Die Krise der chinesischen Agrarökonomie", in: Lorenz, R. "Umwälzung einer Gesellschaft. Zur Sozialgeschichte der chinesischen Revolution (1911-1949)", Frankfurt 1977, S. 94-193

Durkheim, Emile "La famille conjugale", Revue philosophique No. 20, 1921

Fei, Hsiao-tung/ Chih, I-chang "Earthbound China. A Study of Rural Economy in Yunnan", London 1949

Freedman, Maurice "Family and Kinship in Chinese Society", Stanford 1970

Freedman, Ronald/ "Household Composition and Extended Kinship
Moots, Baron et.al. in Taiwan", Population Studies Vol. 32,
No. 1, London 1978, p.65-80

Fried, Morton H. "Some Political Aspects of Clanship in a
Modern Chinese City", in: Swartz, M.J.
et. al. "Political Anthropology", Chicago,
New York 1972 (2.), p. 285-300

Fuchs, Werner et.al. "Lexikon der Soziologie",
Opladen 1978 (2.)

Gallin, Bernard "Hsin Hsing: A Chinese Village in Change",
Berkeley, Los Angeles 1966

ders. "Mediation in Changing Chinese Society in
Rural Taiwan", in: Buxbaum, D.C. (ed.)
"Traditional and Modern Legal Institutions
in Asia and Africa", Leiden 1967, p. 77-90

Gates, Hill "Ethnicity and Social Class", in: Ahern, E.M./
Gates, H. (eds.) "The Anthropology of Taiwanese Society", Stanford 1981, p. 241-281

Goode, William J. "World Revolution and Family Patterns",
London 1963

ders. "Soziologie der Familie",
München 1971 (2.)

Han, Seung-Soo "Of economic success and Confucianism...",
Far Eastern Economic Review 20.12.1984,
p. 104-106

Harrell, Stevan "Social Organization in Hai-shan", in:
Ahern, E.M./Gates, H. (eds.) "The Anthropology of Taiwanese Society", Stanford 1981,
p. 125-147

Harris, Christopher C. "Die Familie. Eine Einführung in ihre
Soziologie", Freiburg 1973

Hemmer, Hans-R. "Wirtschaftsprobleme der Entwicklungsländer",
München 1978

Henning, Friedrich W. "Die Industrialisierung in Deutschland
1800-1914", Paderborn 1973

Hoffmann-Nowotny, "Soziale Indikatoren",
H.-J. (Hrsg.) Frauenfeld 1976

Homans, George C. "Funktionalismus, Verhaltenstheorie und sozialer Wandel", in: Zapf, W. (Hrsg.) "Theo-
rien des sozialen Wandels", Königstein 1979,
S. 95-107

Hsieh, Chia-min   "Taiwan - ilha Formosa. A Geography in
                         Perspective", London 1964

Hsu, Francis L.K.   "The Myth of Chinese Family Size", American
                         Journal of Sociology Vol. 48, 1943

ders.   "The Study of Literate Civilizations",
                         New York, Chicago 1969

ders.   "Under the Ancestor's Shadow",
                         Stanford 1971

Hu, Hsien-chin   "The Common Descent Group in China and its
                         Functions", Viking Fund Publications in
                         Anthropology No. 10, New York 1948

International Labour   "International Standard Classification of
Organization (ed.)   Occupations", Geneva 1981 (2.)

Jordan, David K.   "Gods, Ghosts and Ancestors. The Folk Reli-
                         gion of a Taiwanese Village", Los Angeles
                         1972

Junghans, Kurt-H.   "Das landwirtschaftliche Hinterland Rour-
                         kelas", in: Südostasien-Jahrbuch No. 41,
                         Heidelberg 1968, S. 34-51

Junghans, Kurt-H./   "Indische Bauern auf dem Weg zum Markt -
Nieländer, W.   Das Beispiel Rourkela", Wissenschaftliche
                         Schriftenreihe des Bundesministeriums für
                         Wirtschaftliche Zusammenarbeit Bd. 20,
                         Stuttgart 1971

Kerckhoff, Alan C.   "The Structure of the Conjugal Relationship
                         in Industrial Societies", in: Sussman, M.B./
                         Cogswell, B.E. (eds.) "Cross-National Family
                         Research", Leiden 1972, p. 53-69

Kiang, Yu-lung   "Determinants of Migration from Rural Areas.
                         A Case Study of Taiwan", Saarbrücken 1975

Kindermann, Gottfried K. "Pekings chinesischer Gegenspieler.
                         Theorie und Praxis nationalchinesischen
                         Widerstandes auf Taiwan", Düsseldorf 1977

Koch, Wilfried   "Funktionale Strukturwandlungen in Taiwan.
                         Das Beispiel Luchou im Umland der Millio-
                         nenstadt Taipei", Diss., Köln 1971

König, René   "Handbuch der empirischen Sozialforschung",
                         Bd. 7 "Familie.Alter", Stuttgart 1972 (2.)

ders.   "Die Familie der Gegenwart",
                         München 1977 (2.)

Kraus, Willy	"Geschichte, Tradition und Industrialisierungsprozeß", in: Südasien-Institut der Universität Heidelberg (Hrsg.) "Ethnologie und Geschichte", Festschrift für Karl Jettmar, Wiesbaden 1983, S. 373-388
Krekeler, Hans-J.	"Changes in the Employment Structure among Farm Households in Southern Taiwan", Projektabschlußbericht an die Deutsch-Chinesische Gesellschaft für Sozialökonomie, Bonn 1985
Kung, Lydia	"Factory Work, Women, and the Family in Taiwan", Diss., New Haven 1978
Kuo, Yi-chung	"Structure of employment and income for farm households in Taiwan", ASPAC-Food & Fertilizer Technology Center, Extension Bull. No. 168, Taipei 1981
Kuznets, Simon	"Demographic Aspects of the Size Distribution of Income : An Exploratory Essay", Economic Development and Cultural Change Vol. 25, No. 1, p. 1-94
Lamley, Harry S.	"Subethnic Rivalry in the Ch'ing Period", in: Ahern, E.M./Gates, H. (eds.) "The Anthropology of Taiwanese Society", Stanford 1981, p. 282-318
Lang, Olga	"Chinese Family and Society", New Haven 1946
Lasson, Aksel de	"The Farmer's Association Approach to Rural Development - The Taiwan Case", Sozialökonomische Schriften zur Agrarentwicklung, Saarbrücken 1976
Lee, Chiang-su	"Impact of Growth Pole Policy on Age Structures of 61 Townships, Kaoping-Area of Taiwan" (chinesisch), National Chung Hsing University Taichung 1981
Lee, Everett S.	"Eine Theorie der Wanderung", in: Széll, G. (Hrsg.) "Regionale Mobilität", Nymphenburger Texte zur Wissenschaft 10, München 1972
Lehmann, Hubert	"Wirtschaftsordnung und Entwicklungspolitik in Taiwan", Diss., Bochum 1970
Lévy-Strauss, Claude	"The Elementary Structures of Kinship", Boston 1969

Li, K.T.	"Population Distribution and Quality of Life in the Taiwan Area", Industry of Free China Vol. LX, No. 3, 1983, p. 1-24
Liu, Chien-zer	"Bäuerliche Landwirtschaft in Taiwan. Organisationsformen, regionale Differenzierung und Entwicklungstendenzen", Bonner Studien zur ländlichen Entwicklung in der Dritten Welt Bd. 3, Saarbrücken 1982 (a)
ders.	"Regional Distribution of Agricultural and Industrial Production in Taiwan", in: Tschen, H./Schug, W. (eds.) "Rural Development and Agricultural Trade", Sino-German Association for Economic and Social Research, Board-Meeting Reports No. 2, Taipei 1982 (b), p. 59-111
Liu, Paul K.C.	"A Study on the Definition of Urban Population in Taiwan Area" (chinesisch), The Institute of Economics, Academia Sinica, Taipei 1975
ders.	"Relationship Between Urbanization and Socio-Economic Development in Taiwan", Industry of Free China Vol. XVL, No. 3, 1976, p. 15-38
ders.	"Determinants of Income Inequality over Family Development Cycle: The Case of Taiwan", Academia Economic Papers Vol. 9, No. 1, The Institute of Economics, Academia Sinica, Taipei 1981, p. 85-114
Lo, M.C.	"A Study on Taiwan Small Farm Problem and its Development in Future" (chinesisch), National Chung Hsing University, Taichung 1977
Long, Norman	"An Introduction to the Sociology of Rural Development", London 1977
Lüschen, Günther/ Lupri, Eugen (Hrsg.)	"Soziologie der Familie", Kölner Zeitschrift für Soziologie und Sozialpsychologie Sonderheft 14, Opladen 1970
Lupri, Eugen	"Soziale Werte und sozialer Wandel in der ländlichen Gesellschaft", Sociologia Ruralis Vol. III, 1963, S. 166-185
Mao, Yu-kang	"Agricultural Problems and Policy Issues in Taiwan", Industry of Free China Vol.LV, No.3, 1981, p. 15-21
Mayer, Kurt	"Einführung in die Bevölkerungswissenschaft", Stuttgart 1972

Metzger, Thomas A.	"Max Webers Analyse der Konfuzianischen Tradition. Eine Kritik", in: Schluchter, W. (Hrsg.) "Max Webers Studie über Konfuzianismus und Taoismus. Interpretation und Kritik", Frankfurt 1983, S. 229-270
Morello, Ted	"Only as old as you feel", Far Eastern Economic Review 7.5.1982, p. 34
Mrohs, Edmund	"Landbewirtschafter in der Bundesrepublik Deutschland 1980", Forschungsgesellschaft für Agrarpolitik und Agrarsoziologie e.V., Bonn 1981
Myrdal, Gunnar	"Asiatisches Drama. Eine Untersuchung über die Armut der Nationen", Frankfurt 1980 (2.)
Nimkoff, M.F./ Middleton, R.	"Types of Family and Types of Economy", American Journal of Sociology Vol. 66, 1960, p. 215-225
Osterhammel, Jürgen	"Chinas Weltmarktabhängigkeit und industrielle Entwicklung (1914-1937)", in: Lorenz, R. (Hrsg.) "Umwälzung einer Gesellschaft. Zur Sozialgeschichte der chinesischen Revolution (1911-1949)", Frankfurt 1977, S. 194-256
Pasternak, Burton	"Kinship and Community in Two Chinese Villages", Stanford 1972
ders.	"Economics and Ecology", in: Ahern, E.M./ Gates, H. (eds.) "The Anthropology of Taiwanese Society", Stanford 1981, p. 151-183
Peters, Heinz	"Die sozialökonomische Lage bäuerlicher Landwirtschaft unter dem Einfluß regionaler Industrialisierung in Taiwan", Diss., Bonn (im Erscheinen)
Pieper, B.u.M.	"Familie - Stabilität und Veränderung", München 1975
Planck, Ulrich/ Ziche, Jürgen	"Land- und Agrarsoziologie", Stuttgart 1979
Quack, Anton/ Schröder, Dominik	"Kopfjagdriten der Puyuma von Katipol (Taiwan)", Collectanea Instituti Anthropos Vol. 11, St. Augustin 1979
Ravenstein, E.G.	"Die Gesetze der Wanderung" in: Széll, G. (Hrsg.) "Regionale Mobilität", München 1972, S. 41-95
Rempel, Henry/ Lobdell, Richard A.	"The Role of Urban-to-Rural Remittances in Rural Development", Journal of Development Studies Vol. 14, No.3, 1978, p. 324-341

Rosenbaum, Heidi	"Formen der Familie", Frankfurt 1982
Schluchter, Wolfgang	"Max Webers Studie über Konfuzianismus und Taoismus. Interpretation und Kritik", Frankfurt 1983
Schmied-Kowarzik, W./ Stagl, J.	"Grundfragen der Ethnologie", Berlin 1981
Schöller, P./ Dürr, H./ Dege, E.	"Ostasien", Fischer Länderkunde Bd.1, Frankfurt 1978
Schulz-Borck, Hermann	"Der Privathaushalt des landwirtschaftlichen Unternehmers in betriebswirtschaftlicher Betrachtung", Berlin 1963
ders.	"Der landwirtschaftliche Haushalt - Buchführung und Budget", Land- und Hauswirtschaftlicher Auswertungs- und Informationsdienst Heft 158, Bonn 1969
Schweitzer, Rosemarie v./ Pross, Helge	"Die Familienhaushalte im wirtschaftlichen und sozialen Wandel", Göttingen 1976
Seiwert, Hubert	"Volksreligion und nationale Tradition in Taiwan", Münchener Ostasiatische Studien Bd. 38, Stuttgart 1985
Shanin, Teodor	"Peasants and Peasant Societies", Harmondsworth 1971
ders.	"The Nature and Change of Peasant Economies", Sociologia Ruralis Vol. XIII, No. 2, 1973, p. 141-171
Smelser, Neill J.	"Social Change in the Industrial Revolution", Chicago 1959
Speare, Alden jr.	"The Determinants of Migration to a Major City in a Developing Country: Taichung, Taiwan", in: The Institute of Economics Academia Sinica (ed.) "Essays on the Population of Taiwan", Taipei 1973, p. 167-188
Sung, Lung-sheng	"Property and Family Division", in: Ahern, E.M./Gates, H. (eds.) "The Anthropology of Taiwanese Society", Stanford 1981, p. 361-378
Thiel, Josef F.	"Grundbegriffe der Ethnologie", Collectanea Instituti Anthropos Vol. 16, Berlin 1983
Tjiu, M.J.	"Die Agrarreform Taiwans und ihre Auswirkungen auf die wirtschaftliche Entwicklung", Diss., Göttingen 1968

Tsai, Hong-chin	"Rural Industrialization in Taiwan", Paper presented to the Korean Development Institute, National Taiwan University, Taipei 1982
Vente, Rolf E./ Chen, Peter S.J.	"Culture and Industrialization", Schriftenreihe der Deutschen Stiftung für internationale Entwicklung, Baden-Baden 1980
Wang, Sung-hsing/ Apthorpe, Raymond	"Rice Farming in Taiwan. Three Village Studies", The Institute of Ethnology, Academia Sinica, Taipei 1974
Weber, Max	"Gesammelte Aufsätze zur Religionssoziologie", Tübingen 1920
Wei, Hsian-chuen/ Reischl, Uwe	"The Impact of Industrialization on Family Structure in Taiwan", Industry of Free China Vol. LVI, No. 3, 1981, p. 11-26
Wilson, Richard W.	"Learning to be Chinese: The political socialization of children in Taiwan", London 1970
Winch, Robert F.	"Theoretische Ansätze in der Untersuchung der Familie", in: Lüschen G./Lupri, E. (Hrsg.) "Soziologie der Familie", Kölner Zeitschrift für Soziologie und Sozialpsychologie Sonderheft 14, Opladen 1970, S. 20-31
Winch, Robert F./ Blumberg, Rae L.	"Societal Complexity and Familial Organization", in: Winch, R.F./Goodman, L.W. (eds.) "Selected Studies in Marriage and the Family", o.O., 1968 (3.), p. 70-92
Wolf, Arthur P./ Huang, Chieh-shan	"Marriage and Adoption in China, 1845-1945", Stanford 1980
Wolf, Margery	"The House of Lim: A Study of a Chinese Farm Family", New York 1968
dies.	"Women and the Family in Rural Taiwan", Stanford 1972
Wolz, Axel/ Junghans, Kurt H.	"Teilzeitlandwirtschaft in Süd- und Südostasien", Zeitschrift für Land- und Agrarsoziologie Jg. 1, Heft 2, Gießen 1984, S. 79-116
Wong, Chung-kit	"The Changing Chinese Family Pattern in Taiwan, Taipei 1981

Wu, Rong-I.   "Urbanization and Industrialization in
                       Taiwan: A Study of the Specific Pattern
                       of Labor Utilization", in: The Institute
                       of Economics, Academia Sinica (ed.) "Con-
                       ference on Population and Economic Deve-
                       lopment in Taiwan", Taipei 1976, p. 593-615

Yang, Martin M.C.   "Chinese Social Structure",
                       Taipei 1978 (2.)

Yeh, W.A./Chang, P.C. "Review and Evaluation on Demographic and
                       Manpower Statistics in the Republic of
                       China", in: The Institute of Economics,
                       Academia Sinica (ed.) "Conference on Po-
                       pulation and Economic Development in Tai-
                       wan", Taipei 1976

Yin, Alexander C.C.   "Voluntary Associations and Rural-Urban
                       Migration", in: Ahern, E.M./Gates, H.
                       (eds.) "The Anthropology of Taiwanes So-
                       ciety", Stanford 1981, p. 319-337

Zapf, Wolfgang   "Theorien des sozialen Wandels",
                       Königstein 1979

Verzeichnis der Statistiken

Census Office of the Executive Yuan

"The 1980 Census of Population and Housing, Taiwan Fukien Area, R.O.C.", Taipei 1982
(alle 10 Jahre)

Committee on Agricultural and Fishery Censuses of Taiwan-Fukien District of the Republic of China, Executive Yuan

"The Report of 1970 (1975) Agricultural Census of Taiwan-Fukien District of the Republic of China", Taipei 1970
(alle 5 Jahre)

Committee on Industrial and Commercial Census of Taiwan-Fukien District of the Republic of China

"The Report of (1971, 1976) 1981 Industrial and Commercial Censuses of Taiwan-Fukien District of the Republic of China", Taipei 1978
(alle 5 Jahre)

Council of Economic Planning and Development

"Taiwan Statistical Data Book 1980", Taipei 1981 (jährlich)

Department of Budget, Accounting and Statistics, Taiwan Provincial Government, R.O.C.

"Statistical Yearbook of Taiwan Province", (jährlich)
"Statistical Yearbook of Chiayi County", (jährlich)
"Statistical Yearbook of Tainan County", (jährlich)
"Statistical Yearbook of Kaohsiung County",(jährlich)
"Statistical Yearbook of Pingtung County", (jährlich)

"Report on the Survey of Family Income and Expenditure, Taiwan Province, Rep. of China", Taipei 1980, (alle 5 Jahre)

Directorate General of Budget, Accounting and Statistics, Executive Yuan

"The Report on 1980 Agricultural and Fishery Censuses. Taiwan-Fukien District, The Republic of China", Taipei 1982 (alle 5 Jahre)

"Monthly Bulletin of Labor Statistics, R.O.C.", (monatlich)

Ministry of the Interior

(1971) 1981 Taiwan-Fukien Demographic Fact Book, Republic of China", Taipei 1981 (jährlich)

Bonner Studien zur ländlichen Entwicklung in der Dritten Welt

Bonn Studies on Rural Development in the Third World

ISSN 0721-815 X

Herausgegeben von / Edited by
Prof. Dr. Herbert Kötter
Prof. Dr. Kurt-Heinz Junghans und
Dr. Hans Joachim Krekeler

---

1 **Benad, Annette:** Grüne Revolution in West-Sumatra. Eine Studie über die Bestimmungsgründe des bäuerlichen Innovationsverhaltens. 1982. V, 292 S. ISBN 3-88156-193-5.

2 **Mtetwa, Jonathan:** Man and Cattle in Africa. A Study of Social Change in Pastoral Societies in Botswana. 1982. X, 287 p. ISBN 3-88156-194-3.

3 **Liu, Chien-Zer:** Bäuerliche Landwirtschaft in Taiwan. Organisationsformen, regionale Differenzierung und Entwicklungstendenzen. 1982. X, 331 S. ISBN 3-88156-195-1.

4 **Bender, Rita:** Entwicklungspolitik und Entwicklungshilfe im Meinungsbild deutscher Landwirte. 1982. VII, 209 S. ISBN 3-88156-196-X.

5 **Weber, Jakob:** Ländliche Kooperationen im regionalen Entwicklungsprozeß Indiens. 1982. VI, 241 S. ISBN 3-88156-222-2.

6 **Gura, Susanne:** Die sozialökonomische Rolle der Frauen in der ländlichen Entwicklung West-Sumatras. 1983. VII, 300 S. ISBN 3-88156-249-4.

7 **Nannen-Gethmann, Folene:** Energy in the Rural Economy – A Case Study of the Philippines and Bangladesh. 1983. XI, 313 p. ISBN 3-88156-253-2.

8 **Lawo, Thomas:** Nahrungsmittelautarkie für Bangladesh – Möglichkeiten und Grenzen. 1984. XI, 271 S. ISBN 3-88156-262-1.

9 **Weber, Christoph:** Tierhaltung in Indien: Organisationsformen, Differenzierung und regionale Entwicklungstendenzen. 1984. X, 372 S. Zahlr. Tab. u. Ktn. ISBN 3-88156-269-9.

10 **Wolz, Axel:** Rural Employment under a Closing Land Frontier. The Case of Selected Villages in Phitsanulok Province, Thailand. 1987. XIII, 316 S. ISBN 3-88156-361-X.

11 **Peters, Heinz:** Bäuerliche Landwirtschaft im Spannungsfeld der Industrialisierung – Das Beispiel Südtaiwan. 1987. VI, 266 S. ISBN 3-88156-385-7.

12 **Scherrer, Beate:** Bäuerliche Familien im Spannungsfeld der Industrialisierung – das Beispiel Südtaiwan. 1987. XI, 246 S. ISBN 3-88156-386-5.

Verlag **breitenbach** Publishers
Memeler Straße 50, D-6600 Saarbrücken, Germany
P.O.B. 16243 Fort Lauderdale, Fla. 33318-6243, USA